나비 박사 석주명의 아름다운 날

Bela tago

TO THE MEMORY

OF SEOK DU MYUNG
& SEOK JU SEON

TO THE MEMORY

OF SEOK DU MYUNG
& SEOK JU SEON

발간사

FOREWORD

단국대학교 석주선기념박물관은 한국의 세계적인 나비 학자로 알려진 석주명(1908.10.17.~1950.10.06.) 선생님의 삶을 조명하는 특별전『나비 박사 석주명의 아름다운 날, Bela Tago』를 준비하였습니다.

석주명 선생님은 난사 석주선 관장님의 친오빠로서 생물학자, 곤충학자, 언어학자, 박물학자, 제주도 연구가, 에스페란토운동가 등 다양한 분야에서 많은 업적을 남긴 선구자입니다. 특히 선생님은 나비 연구에 일생을 바쳐 일제강점기에 영문으로 연구서를 발간한 유일한 한국인 과학도로서 국제적인 명성을 얻었고, 해방 후 세계에 자랑할 만한 위인이 되었습니다. 그러나 석주명 선생님은 1950년 10월 6일, 신원 미상의 청년들에게 피격되어 42세의 젊은 나이로 허망하게 세상을 등졌습니다.

이번에 공개되는 유물은 오빠 석주명의 "생명"이자 "혼(魂)"과 같은 나비 분포 지도 504장을 비롯한 원고와 유품을 짊어지고 피난길에 오른 석주선 관장님의 무한한 사랑과 존경하는 마음이 담겨 있습니다. 석주선 관장님께서 자신의 분신과 같은 옛 옷들을 포기하면서까지 생명을 걸고 지켜낸 석주명 선생님의 유품과 연구 자료를 통해 '인간 석주명'의 시선으로 일제강점기부터 한국전쟁에 이르는 우리나라의 근현대사를 살펴볼 수 있는 기회가 될 것으로 기대해 봅니다.

석주명 선생님은 일제강점기 지식인으로서 한국적인 것을 연구하여 세계에 알리고, 1950년 한국전쟁의 소용돌이 한가운데에서도 "이런 때일수록 더 시간을 아껴 열심히 공부하고 글을 써야 해"라며 의연하게 연구에만 몰입했던 과학자였습니다. 석주명 선생님께서 삶의 위기 상황에서도 꿋꿋하게 자신의 사명을 다했던 것처럼, 지금의 코로나-19 팬데믹 시대를 극복하고자 하는 우리 모두의 노력과 의지를 다시 한번 굳건하게 다짐하는 계기가 되었으면 합니다.

이번 전시와 도록이 발간될 수 있도록 석주명 선생님의 소중한 유물을 기증해 주시고 큰 도움을 주신 석윤희 교수님과 난사전통복식문화재연구소 박성실 교수님께 감사의 말씀을 올립니다. 그리고 원고를 보내 주신 한국에스페란토협회 서진수 회장님, 제주대학교 윤용택 교수님, 전북대학교 문만용 교수님께 감사드립니다. 그리고 항상 같은 마음으로 자신의 역할을 묵묵히 수행하고 있는 석주선기념박물관 모든 직원 여러분께도 고마움을 전합니다.

2021년 11월

단국대학교 석주선기념박물관장

박 경 식

감사의 글

MESSAGE

여러분 안녕하십니까?
참 감개무량합니다. 아버지가 태어나신 지 1세기가 지난 지금 후손들께서 아버지를 찬양하기 위해 "석주명 특별전"을 개최해 주신 것에 대해 대단히 감사합니다.

아버지는 명문 대학도 다니지 못했고 큰 타이틀(자격)이나 포지션(지위)을 갖지도 않은 어려운 학자였습니다. 얼마 전까지도 한국에서는 명문 대학이나 타이틀, 포지션을 중요시했지만, 근래에 한국이 발전하고 선진국으로 도약하면서 학자에 대한 평가에 있어서 학문적 공헌과 업적을 중요한 덕목으로 바뀐 것에 대해서 기쁘게 생각합니다. 이에 따라 아버지가 더욱 빛을 보게 되었기에 저는 아버지가 더 자랑스럽습니다.

아버지는 대단한 애국자였고 한국인으로서의 자부심을 많이 가지신 분이었습니다. 일본이 그토록 강요했던 창씨개명(創氏改名)을 기어코 하지 않았습니다. 그래서 경찰에게 밤낮으로 불려 다니고, 경찰을 만날 때마다 그것을 설득하기 위해 아버지는 설명했습니다. "규슈(九州)의 어느 촌에 가면 '세키'라는 성도 많고 성이 한 글자로 된 이들도 많으니 우리도 할 필요가 없다."고 고집을 부리고 끝끝내 창씨개명을 하지 않았습니다. 그리고 아버지는 한국의 역사나 풍속, 문화, 언어 모든 것을 한국인 학자가 연구하고 공부해야 한다는 신념을 가지고 있었습니다. 그래서 그 짧은 인생을 거기에 바친 것이지요. 아버지는 항상 "인생은 짧고 시간은 없다. 그래서 잠도 잘 수 없다." 그러한 태도로 항상 시간을 쪼개서 사셨습니다. 침실에 들어가서 몇 분 동안에 잠이 오지 않으면 벌떡 일어나 서재로 가셨습니다. 하루 온종일 공부하며, 한 시간에 한 번씩 5분쯤 나와서 운동을 하고는 다시 서재로 들어가셨습니다. 서재 문밖에는 면회 시간을 딱 붙여놓고 꼭 만나야 하는 사람이 와도 그 면회 시간이 아니면 만나지 않았습니다. 그렇게 시간을 아끼고 그야말로 하루에 5시간만을 자면서 공부와 연구에만 몰두 하셨습니다. 그렇지만 저에 대해서는 굉장히 후하셨습니다. 제가 중학교 1학년 때 몸이 좋지 않아 1년간 휴학했는데 그동안 매일 아침에 저를 앉혀 놓고 수학과 국어를 가르쳐 주셨습니다. 그때마다 아버지는 저를 항상 칭찬하시고 똑똑하다고 격려하셨습니다. "전에도 없고 후에도 없는 우리 윤희"라고 항상 자랑하셨습니다. 그때부터 저는 자신감을 갖기 시작했습니다.

아버지는 별로 타협을 하지 않았습니다. 어떻게 보면 결벽에 가까운 성격이라고 할 수 있습니다. 그러니까 사회생활을 하는 데에는 힘드셨습니다. 아마 제 생각에는 정치인은 되지 않았을 것으로 생각합니다. 그래서 그 짧은 인생을 자기 멋대로 열심히 사신 분입니다. 프랭크 시나트라(Frank Sinatra) 가 부른 "My Way"의 가사처럼 "He did it his own way, all the way!"

다음은 저희 가족을 간단히 소개해 드리겠습니다. 저는 1953년에 서울대학교 문리대 화학과에 들어가서 3년 후 1956년에 미국 일리노이대학교(University of Illinois)로 유학을 왔습니다. 그때 저는 전공을 바꾸어서 의상학을 전공하기로 하였습니다. 1959년에 권진길 씨를 만나서 결혼했고, 우리 남편은 아이오와주립대학교(Iowa State University)에서 경제학 박사학위를 취득, 저는 같은 대학에서 석사학위를 취득했습니다. 우리 두 사람은 1968년에 노던 일리노이대학교(Northern Illinois University)에서 자리잡고 교수 생활을 35년간 했습니다. 저에게는 두 아들이 있는데 큰아들 유진은 메이오 클리닉(Mayo Clinic) 비뇨기과에 근무하고, 둘째 아들 대니는 멘털헬스카운슬러(Mental Health counselor)로서 로스앤젤레스(LA)에서 일하고 있습니다. 우리 부부는 2003년에 은퇴하고 이곳 캘리포니아 오렌지카운티(Orange County)의 어바인(Irvine)에 와서 살고 있는데 올해로 결혼한 지 62년이 되었습니다. 코로나-19 팬데믹으로 모두가 어렵고 힘든 시기를 보내는 상황임에도 불구하고 "석주명 특별전"을 기획하고 진행한 석주선기념박물관과 단국대학교 관계자 여러분께 감사드립니다.

2021년 9월 11일

미국 캘리포니아 어바인에서

석 윤 희

나비 박사 석주명의

아름다운날

D-ro. Papilio D. M. SEOK

Bela tago

일러두기

1. 이책은 2021년 "지역문화예술 플랫폼 육성사업" 단국대학교 석주선기념박물관 특별전(2021.10.01.~11.30)의 전시 도록입니다.
2. 도판은 도판번호, 명칭, 연도, 영문 명칭, 설명, 크기(cm)순으로 구성하였습니다.
3. Bela Tago(아름다운 날), D-ro. Papilio(나비 박사)는 에스페란토어입니다.
4. 석주명 선생의 이름의 영문 표기는 생전에 쓰던 한글 "석듀명"의 영문표기 "D. M. SEOK"을 기준으로 "Seok Du Myung"으로 하였으며, 나머지는 한글 영문표기법을 따랐습니다.
5. 도록에 사용된 군접도(群蝶圖)는 단국대학교 석주선기념박물관 소장입니다.
6.

목차

CONTENTS

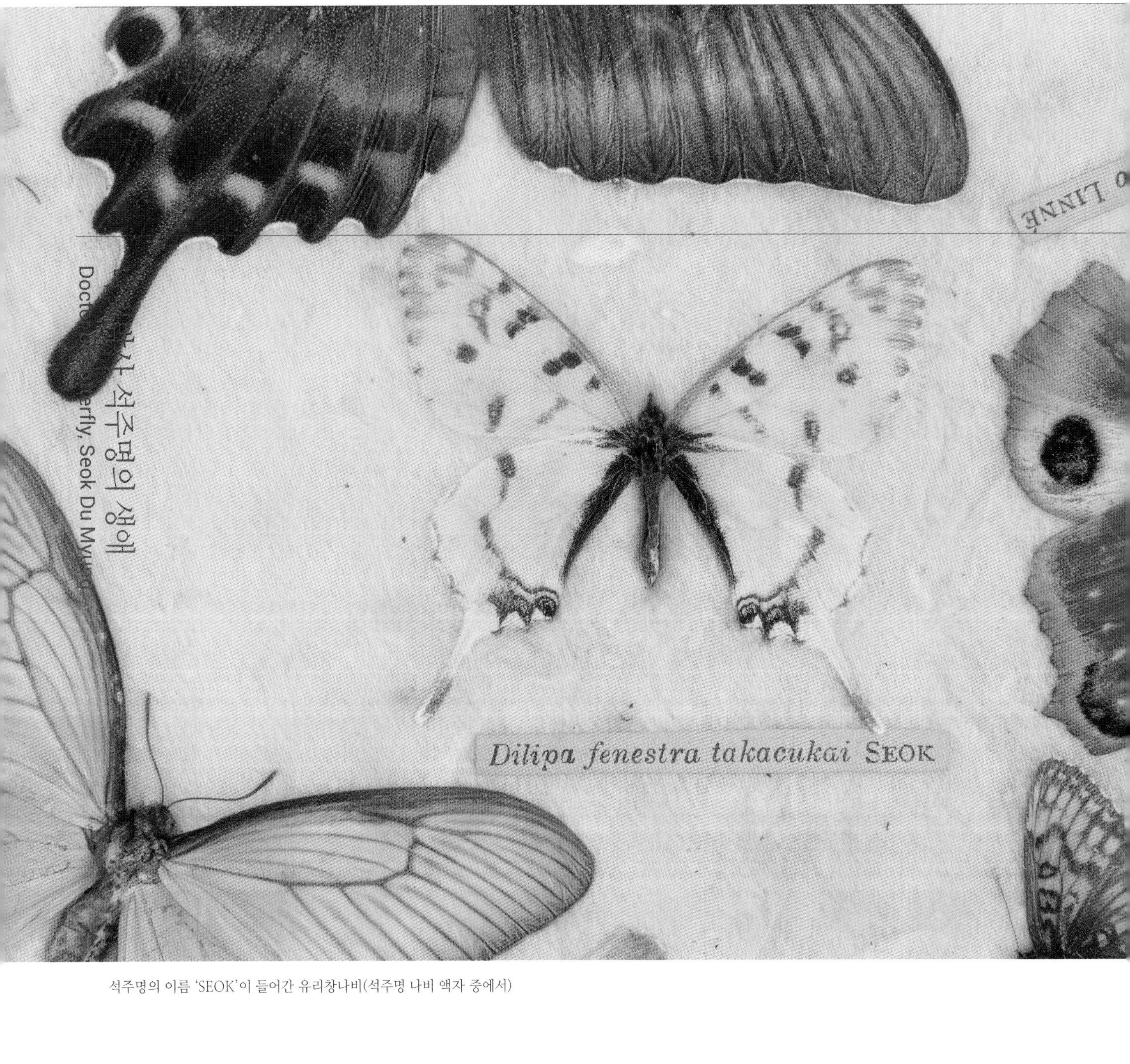

석주명의 이름 'SEOK'이 들어간 유리창나비(석주명 나비 액자 중에서)

나비 박사 석주명의 생애

Doctor of Butterfly, Seok Du Myung

Seok Du Myung is a worldwide scholar of butterfly, also a biologist, an entomologist, a linguist, a naturalist, Jeju Island researcher and an Esperanto activist. His achievements remained in various fields, so he is evaluated as a pioneer of Jeju study and academic convergence.

Seok Du Myung was posthumous awarded Order of Merit for National Foundation of Korean Government in 1964, and selected as a Cultural of the Ministry of Culture and Tourism on April, 1998.

He was dedicated Hall of Fame for the Scientists and Technologists of the KAST(The Korean Academy of Science and Technology) in 2009.

001

석주명_ 1941.9.2.

Seok Du Myung

석주명 石宙明

Seok Du Myung[1)]

1908.10.17.~1950.10.6.

석주명 선생은 평양에서 석승서(石承瑞, ?~?)와 김의식(金毅植, 1881~1938)의 2남으로 출생하였으며, 한국 전통 복식 학자이자 석주선기념민속박물관 초대 관장을 지낸 석주선(石宙善, 1911. 9.17.~1996.3.3.)의 친오빠이다.

평양 종로(鐘路)공립보통학교, 개성 송도(松都)고등보통학교를 거쳐 일본 가고시마(鹿兒島)고등농림학교를 졸업했다. 함흥 영생(永生)고등보통학교 박물교사, 송도고보 박물교사, 경성제국대학 생약연구소(개성) 촉탁, 수원농사시험장 병리곤충학부장을 역임하였으며, 해방 후 국립과학박물관 동물학 연구부장, 조선산악회 이사, 국토구명사업 학술조사대장, 한국에스페란토 협회 사무국장, 국학대학 강사 등 다방면으로 활약하였다. 1950년 한국전쟁에도 피난하지 않고 국립과학박물관을 지켰으나, 1950년 10월 6일 신원 미상의 청년들에게 피격되어 42세의 짧은 생을 마감했다.

한국인 최초로 영국왕립아시아학회의 후원을 받아 『조선산 나비 총목록』을 집필한 한국의 세계적인 나비학자이자 생물학자, 곤충학자, 언어학자, 박물학자, 제주도 연구가, 에스페란토 운동가로서 많은 업적을 남겨 나비박사, 한국에스페란토 운동 공헌자, 제주학의 선구자, 학문 융복합의 선구자로 평가되고 있다.

1964년 대한민국 정부 건국공로훈장이 추서되었고, 1998년 4월 문화관광부 문화인물로 선정되었으며, 2008년 한국과학기술원 한림원 '명예로운 과학자'로 선정, 2009년 "과학기술인 명예의 전당"에 헌정되었고, 2018년 대한민국 과학기술유공자가 되었다.

동생 석주선 박사와 조카 손녀 박성실 교수의 헌신으로 선생의 유품과 유고 등이 보존되었으며, 유품 일부는 2014년 국가등록문화재 제610호로 지정되었다.

1

2
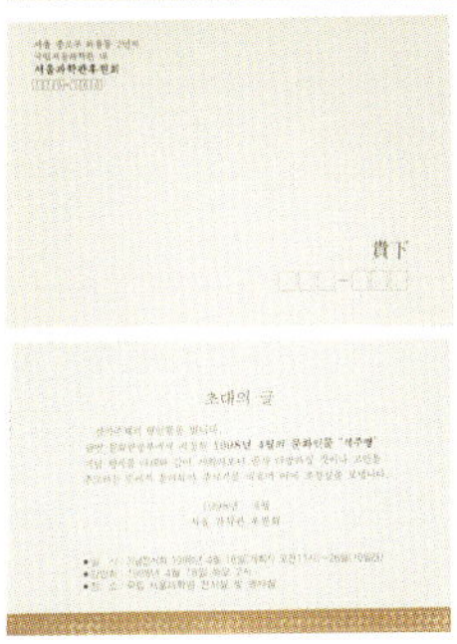

3

002

문화관광부 4월 문화인물 선정 자료_1998.4.

Materials for selected cultural person of April by the Ministry of Culture and Tourism

1 포스터 63×90.5
2 초대장 18×12
3 리플릿 21×29.7

1) 석주명은 자신의 영문 이름을 평안도식 발음인 '석두명'을 딴 'D. M. SEOK'로 표기했다. 석주명은 조선적인 것, 국학(國學)을 강조했다.

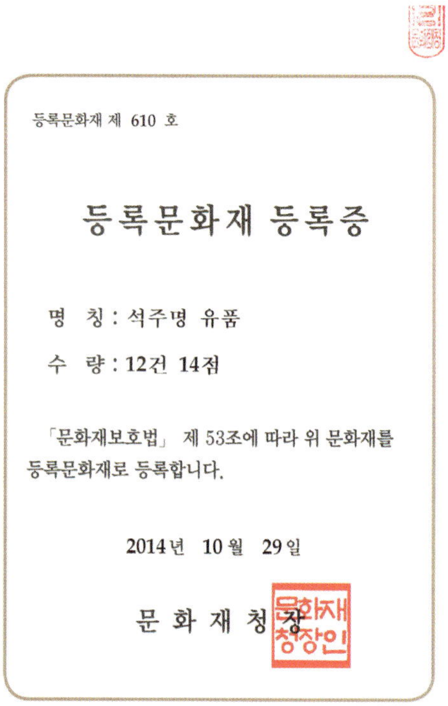
등록문화재 제 610 호

등록문화재 등록증

명 칭 : 석주명 유품

수 량 : 12건 14점

「문화재보호법」 제 53조에 따라 위 문화재를 등록문화재로 등록합니다.

2014년 10월 29일

문 화 재 청 장

003

등록문화재 등록증_2014.10.29.

Registration Certificate of National Registered Cultural Heritage

석주명의 유품은 기성품이 아닌 독창적으로 제작한 과학 도구와 연구 도구로써 석주명 박사가 활발히 활동한 1930~1940년대 우리나라 과학사 및 생활사를 밝혀 주는 자료이다.

These relics related to his butterfly collection activities include scientific and research equipment that was made exclusively for him, shedding light on the history of science and lifestyle in Korea in the 1930s and '40s.

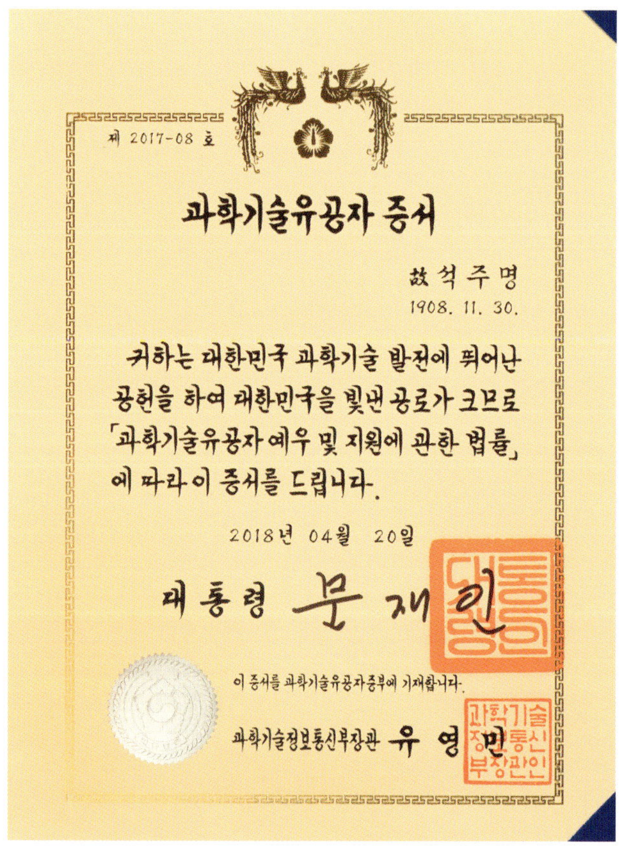
제 2017-08 호

과학기술유공자 증서

故 석주명
1908. 11. 30.

귀하는 대한민국 과학기술 발전에 뛰어난 공헌을 하여 대한민국을 빛낸 공로가 크므로 「과학기술유공자 예우 및 지원에 관한 법률」에 따라 이 증서를 드립니다.

2018년 04월 20일

대 통 령 문 재 인

이 증서를 과학기술유공자증부에 기재합니다.

과학기술정보통신부장관 유 영 민

004

과학기술유공자 증서_2018.4.20.

Certificate for Person of Distinguished Service to Science and Technology

47×35

석주명 연보

Chronological List

1908.10.17. (음9.23.)	1세	평양 이문리(里門里, 현 중구역 대동문동)에서 석승서(石承瑞)와 김의식(金毅植) 사이에서 출생(3남 1녀 중 2남)
1914.	6세	서당에 들어가 한문(漢文) 수학
1917.04.	9세	평양 종로공립보통학교(鐘路公立普通學校) 입학
1921.04.	13세	숭실고등보통학교(崇實高等普通學校) 입학
1922.	14세	숭실고보 중퇴, 개성 송도고등보통학교(松都高等普通學校) 전학
1926.03.	18세	송도고보 제7회 졸업
1926.		강서군 대평(大平)에 사는 최성녀(崔姓女)와 결혼
1926.04.		일본 가고시마고등농림학교(鹿兒島高等農林學校) 농학과(農學科) 입학
1927.01.	19세	교내 "에스페란토 연구회" 참여, 잡문 2편 발표
1927.04.		2학년 '농예생물학전수' 선택
1928.08.	20세	오카지마 긴지(岡嶋銀次) 교수와 대만 곤충 채집 여행
1928.		「이해하라, 에스페난토를」, 「타네 섬에 관한 소감」 기고
1929.03.	21세	가고시마고등농림학교 졸업
1929.04.		함경남도 함흥 영생고등보통학교(永生高等普通學校) 박물교사 부임
1929.11.24.		YMCA 만돌린(Mandolin) 트리오 공연
1930.02.28.	22세	부인과 사별
1930.10.26.		『평양매일신문』에 「국제어 에스페란토」 기고(3회)
1930.11.03.		평양에스페란토회 3주 과정 강습 지도
1931.04.	23세	송도고보 박물교사로 부임, 본격적인 나비 연구 시작
1931.05.		송경곤충연구회(松京昆虫研究會) 조직, 우리말로 곤충명 통일
1931.10.03.		송도고보 창립 25주년 기념 음악의 밤
1931.10.		송도고보 박물교실에서 방과 후 에스페란토 지도
1932.	24세	「조선구장지방산접류목록(朝鮮球場地方産蝶類目錄」(공저), 「한국의 나비 조사」, 「나비의 계절형 (1보)」, 「나비의 제2차 성적 형질(1보)」, 「때아닌 계절형 나비를 채집함」 등 작성
1933.06.10.	25세	「에스페란토론」 기고
1933.07.		백두산 채집 조사(미국 하버드대학 T. Barber 박사 재정 지원)
1933.		학술논문 2편, 잡문 1편 발표, 「개성지방의 나비」, 「조선산 나비의 미기록종, 이상형 및 은점표범나비 얼룩무늬의 변이성에 대하여」
1934.	26세	김윤옥(金允玉)과 결혼
1934.05.		금강산을 비롯한 강원도 채집 조사
1934.08.		함경북도 일대와 간도의 용정 지방 채집 조사

1934.		학술논문 5편, 잡문 1편 발표, 「백두산 지방 동물 채집기, 附개성산 살모사」, 「조선산 나비 연구 제1보」, 「조선산 기형 나비」
1935.03.19.	27세	외동딸 석윤희(石允希) 출생
1935.05.		금강산을 비롯한 강원도 지역 채집 조사
1935.07~08.		충청남도, 전라도 일대 채집 조사
1935.		학술논문 6편 발표
1936.02.	28세	나비 관련 논문의 에스페란토 요약 발표
1936.05~08.		전라남도 해안 지방과 제주도 채집 조사
1936.		학술논문 8편, 잡문 1편 발표
1937.06.		경상남도 일대 채집 조사
1937.08.02.	29세	제13회 일본 동물학회 학술대회에서 「조선산 굴뚝나비의 변이에 대하여」 강의
1937.08.		홋카이도, 사할린 일대 채집 조사
1937.		학술논문 13편, 잡문 8편 발표
1938.	30세	일본 동경제국대학 학술대회에서 논문 발표(석주선 동반), 영국왕립아시아학회로부터 『조선산 나비 총목록』 집필 의뢰,
1938.08.		묘향산을 비롯한 서조선 일대 채집 조사
1938.11.		일본 학술진흥회의 추천으로 국고 연구비 보조
1939.06.11.	31세	나비 관련 논문의 에스페란토 요약 발표
1939.07.15.		라디오 강연 "조선접류의 연구와 흥미"
1939.08.		북경, 만주, 몽골 채집 조사, 「일호 남계우의 나비 그림에 대하여」 발표
1940.	32세	국제인시류학회 정회원
1940.07~08.		함경도, 만주 일대 채집 조사
1940.		학술논문 3편, 잡문 9편 발표
1941.08.	33세	조복성과 중강진을 비롯한 압록강 유역과 평안북도 일대 채집 조사
1941.10		송도고보 창립 35주년 기념식에 근속 10년 표창
1941.		학술논문 6편, 잡문 9편 발표, 「석주명 주요 업적 목록 및 해설」 등
1942.03.31.	34세	송도고보 사직
1942.04.18.		나비 표본 60만 마리 화장
1942.		경성제국대학 의학부 미생물학 교실 소속 개성생약연구소 촉탁
1942.06.17. ~ 07.16.		개마고원 일대 채집 조사
1942.08.02.~23.		경기도, 강원도, 경상도 채집 조사
1942.09.02.~16.		서울 미나카이백화점에서 "세계의 나비 전람회" 개최
1942.		학술논문 9편, 잡문 3편 발표
1943.04.	35세	경성제국대학 생약연구소 제주도시험장 전근, 제주도 방언 수집 시작
1943.		학술논문 3편, 잡문 2편 발표, 「南啓宇の蝶圖に就て」 시바타니 아츠히로(柴谷篤弘, 1920~2011)가 네바나비과에 '석(石)' 자를 딴 세오키아(seokia)라는 속(屬, Genus)을 설정하고, 홍줄나비 학명을 "Seokia pratti"로 헌정
1944.02.	36세	제주도 인구 조사 시작

1944.		「마라도 엘레지」경성제대 신문에 기고
1945.05.05.	37세	생약연구소 개성 본소로 복귀, 수원농사시험장 병리곤충학부장 부임
1945.12.15.		대한에스페란토학회 창립 발기
1945.		학술논문 1편, 잡문 1편 발표
1946.02.16.	38세	서울대학에서 에스페란토 강연 및 강습
1946.06.28.		조선산악회 이사로 선출
1946.07.25.~08.12.		조선산악회 주최 제2차 국토구명사업 '오대산·태백산맥 학술조사' 참가
1946.09.		국립과학박물관 동물학 연구부장 취임
1946.11.05.~10.		국립박물관「蝶類」전람회 개최
1946.12.15.		에스페란트 보급 전개운동에 위원으로 참여
1946.		학술논문 3편, 잡문 4편 발표
1947.04.05.	39세	조선산 나비를 248종으로 분류하고 조선말 이름을 지어 '조선생물학회'에서 통과됨
1947.04.06.		조선산악회 주최 제1회 시민식목대회 강연(북한산)
1947.04.13.		대한에스페란토학회 자멘호프 박사 30주년제 기념식 연설
1947.05.11.		조선산악회 이사로 선출
1947.07.13.~25.		조선산악회 주최 제3차 국토구명사업 '소백산맥 학술조사' 참가
1947.08.		조선산악회 주최 제4차 국토구명사업 '울릉도 학술조사' 참가
		국학대학 에스페란토를 제2외국어 선택과목으로 채택, 강의를 맡음
1947.09.10.		조선산악회 강연회, 울릉도조사 결과 "동물"부문 발표
1947.		『중등동물』, 『중등과학 생물』 4·5학년용, 『국제어 에스페란토 교과서 附 소사전』, 『국립과학박물관동물학부연구보고』, 『조선 나비 이름의 유래기』, 『제주도방언집』 등 발간, 학술 저서 및 논문 10편, 잡문 32편 발표
1948.01.	40세	조선산악회 전택(田鐸) 조난, 구호활동 참여
1948.08.17.~29.		조선산악회 주최 제5차 국토구명사업 '차령산맥 학술조사' 대장
1948.08.		홍익대학 에스페란토어 강의
1948.		학술논문 2편, 잡문 19편 발표, 김윤옥과 이혼
1949.06.11.~17.	41세	조선산악회 주최 제6차 국토구명사업 '선갑도 덕적군도 학술조사' 대장
1949.08.09.~25.		조선산악회 주최 제7차 국토구명사업 '다도해 총해 학술조사' 대장
1949.08.		대한에스페란토학회 제5회 강습회 지도
1949.11.07.		「에스페란토 만국대회」 기고
1949.		『제주도 생명조사서-제주도인구론』, 『제주도관계문헌집』 등 발간, 학술논저 5편, 잡문 45편 발표
1950.	42세	한국산악회 제5회 정기총회에서 부회장으로 피선
		학술 논문 3편, 잡문 18편 발표
1950.10.06.		충무로 근처에서 피격 사망

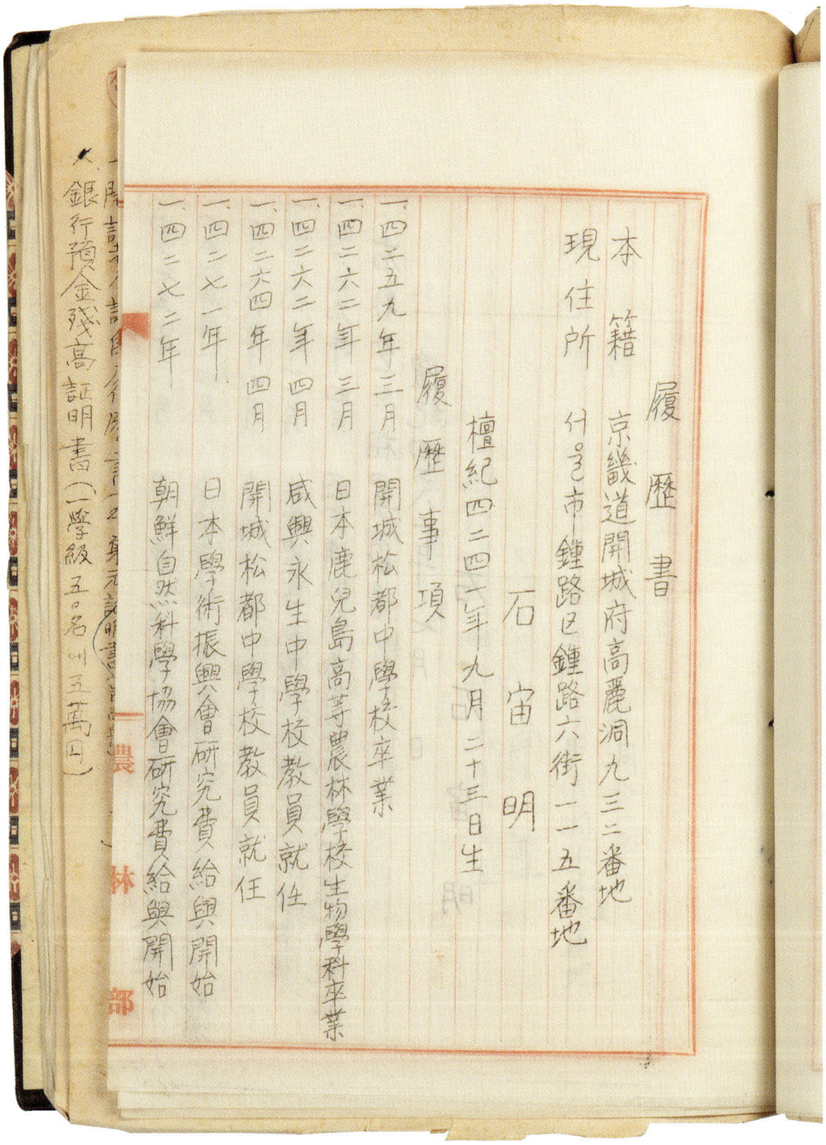

履歷書

本籍 京畿道開城府高麗洞九三二番地

現住所 서울市鍾路区鍾路六街一一五番地

石宙明

檀紀四二四一年九月二十三日生

履歷事項

一、四二五九年三月 開城松都中學校卒業

一、四二六二年三月 日本鹿児島高等農林學校生物學科卒業

一、四二六二年四月 咸興永生中學校教員就任

一、四二六四年四月 開城松都中學校教員就任

一、四二七一年 日本學術振興會研究費給與開始

一、四二七二年 朝鮮自然科學協會研究費給與開始

005

석주명 이력서_1949.7.20.

Resume

조선에스페란토학회 국학대학강습회 허가신청서에 첨부된 석주명 이력서이다.

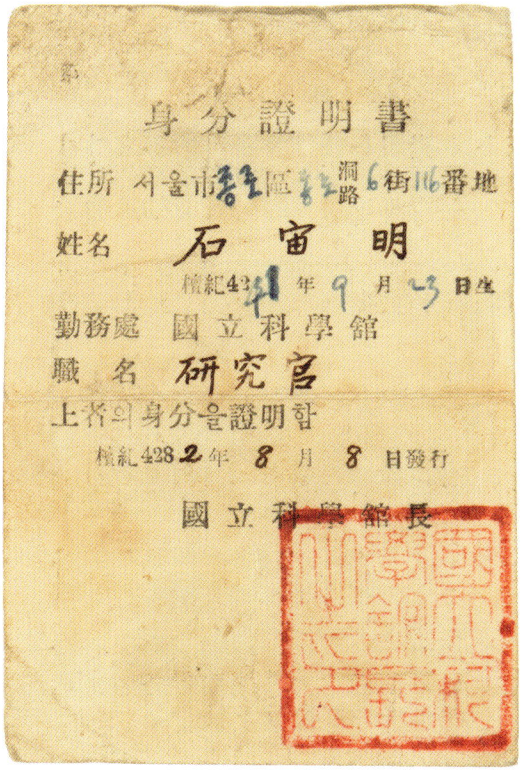

第

身分證明書

住所 서울市종로區종로洞路6街116番地

姓名 石宙明

檀紀42[illegible]年 9 月 23 日生

勤務處 國立科學館

職名 研究官

上者의身分을證明함

檀紀4282年 8 月 8 日發行

國立科學館長

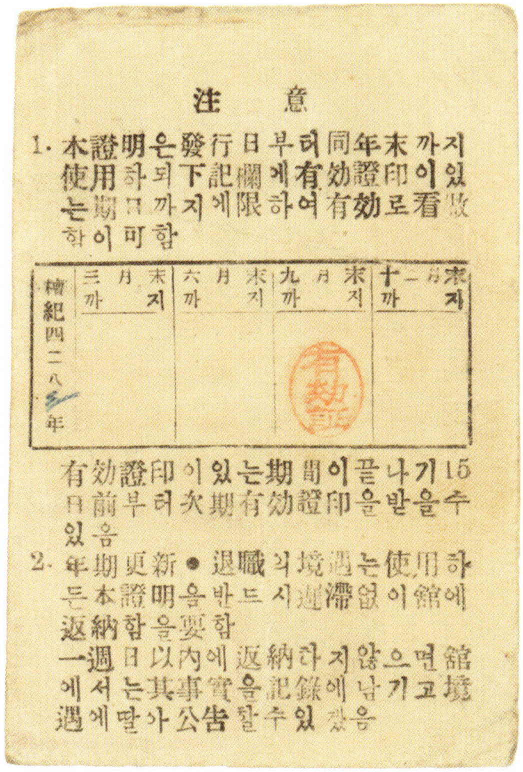

注意

1. 本證明은發行日부터同年末까지使用하되下記欄에有効證印이있는期日까지에限하여有効로看做함이可함

檀紀四二八[illegible]年	三月末까지	六月末까지	九月末까지	十二月末까지
			有効印	

有効證印이있는期間이끝나기15日前부터次期有効證印을받을수있음

2. 年期更新●退職의境遇는使用하든本證明을반드시遲滯없이館에返納함을要함
一週日以內에返納하지않으면館에서는其事實을記錄에남기고境遇에따라公告할수있음

006

석주명 신분증명서(앞, 뒤)_1949.8.8.

ID card, National Science Museum

국립과학관장이 발행한 신분증명서이다.

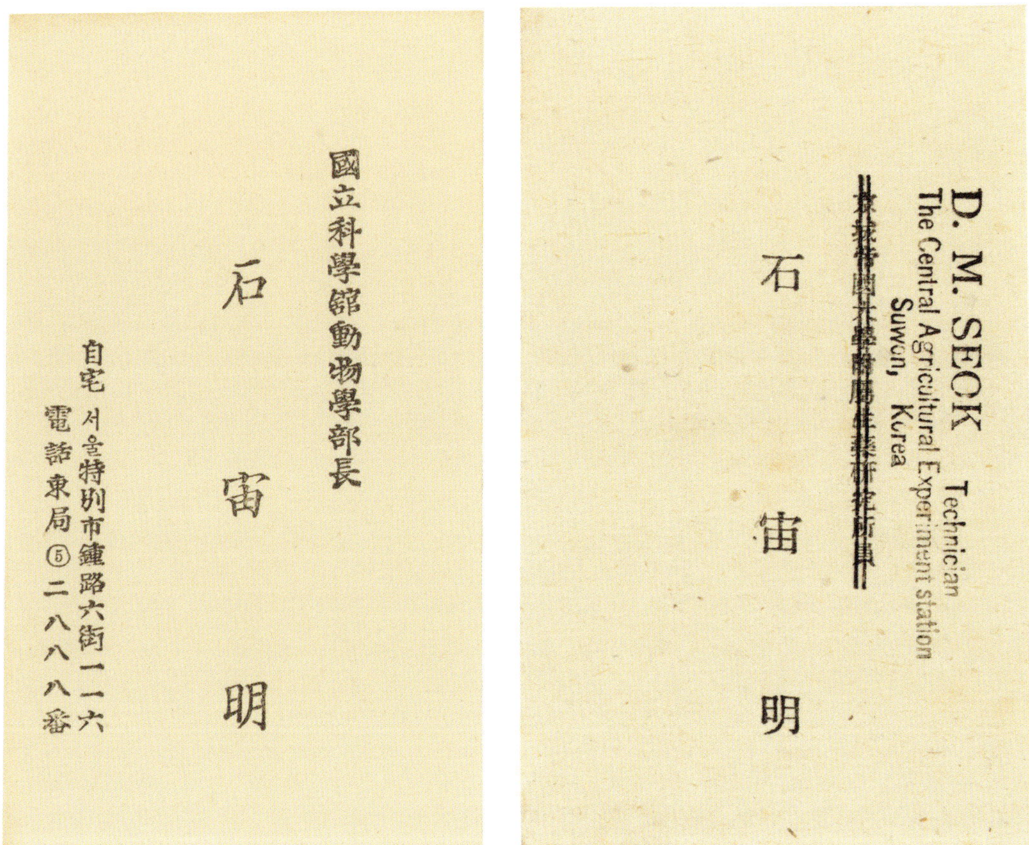

007

석주명 명함_1950 이전

Calling card

해방 전 수원중앙농업시험장 '경성제국대학부속생약연구소' 시절 사용했던 명함을 재사용한 것과 해방 후 국립과학관 동물학부장 시절 사용한 명함이다.

RICEVATESTO POR MEMPRO-KOTIZO
회 비 받 은 표

4283					
1	2	3	4	5	6
7	8	9	10	11	12
42					
1	2	3	4	5	6
7	8	9	10	11	12

N-ro 6

ESPERANTO K E I

MEMBRO-KARTO
회 원 증

KOREA ESPERANTO-INSTITUTO
대 한 ~~조 선~~ 에 스 페 란 토 학 회
SEOULO, KOREUJO
서 울, 한 국

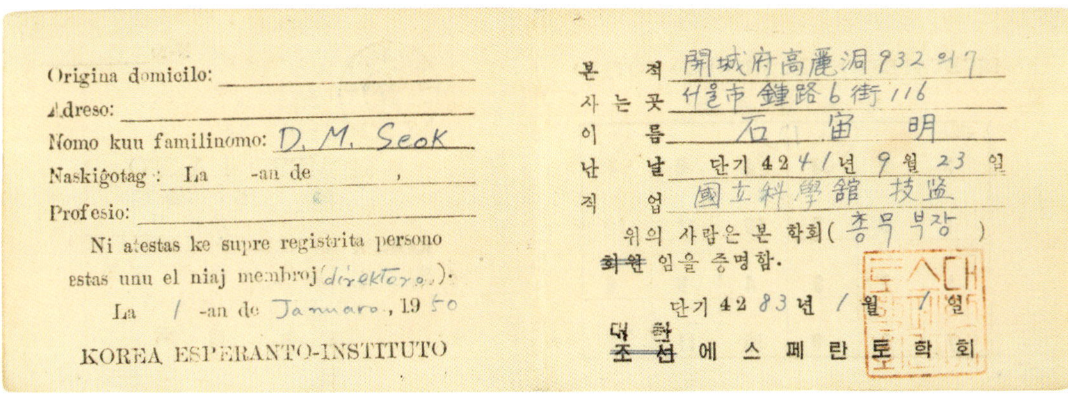
Origina domicilo:
Adreso:
Nomo kuu familinomo: D. M. Seok
Naskiĝotag : La -an de ,
Profesio:
Ni atestas ke supre registrita persono estas unu el niaj membroj (direktoro).
La 1 -an de Januaro, 1950
KOREA ESPERANTO-INSTITUTO

본 적 開城府高麗洞 932 의 7
사 는 곳 서울市 鍾路 6 街 116
이 름 石 宙 明
난 날 단기 4241 년 9 월 23 일
직 업 國立科學館 技監
위의 사람은 본 학회(총무 부장)
~~회 원~~ 임을 증명함.
단기 4283 년 1 월 1 일
대 한 ~~조 선~~ 에 스 페 란 토 학 회

008

석주명 대한에스페란토학회 회원증(앞, 뒤)_1950 이전

Membership card of K.E.I

조선의 부흥을 위한 포부

The Aspiration for Revival of Korea

조선의 부흥을 위한
포부

The Aspiration for Revival of Korea

Seok Du Myung actively used Esperanto learnt during study abroad.
He empathized Esperanto spirits which represent 'Peace and Hope' as a colonist in Joseon.

After back in Korea, he kept Esperanto movement. Because he could escape from the forcing to use Japanese, and also could academic exchanges with foreign. The Esperanto was a part of national movement for him against exterminating Korean by Japanese imperialism. And it is also helped him to be famous as a doctor of butterfly.

009

어머니 김의식_1930.

Seok Du Myung's mother, Kim Eui Sik

석주명의 학문을 뒷바라지하는 일이라면 아무것도 가리지 않는 가장 믿음직한 후견인이었다.

His mother was the most reliable guardian who did anything if she could support Seok Du Myung's learning

평양에서의 어린 시절

Childhood in Pyongyang

1908~1922.08

010

만돌린을 연주하는 석주명_1920년대

Playing the mandolin.

석주명은 다른 아이들처럼 1914년(6세)에 서당에 들어가 한문을 배웠다. 1917년(9세) 나이를 속이고 신식 학교인 평양 종로공립보통학교에 들어갔다. 글 읽기보다는 장난치기를 좋아하고, 특히 동물을 좋아해서 아버지 몰래 동물을 기르기도 하였다. 1921년(13세)에 평양의 기독교 계열의 민족학교인 숭실학교에 진학하였으나 1922년 '제2차 조선교육령'으로 인한 동맹휴교[2] 이후 1922년 9월 개성 송도고등보통학교(松都高等普通學校)로 전학하였다.

숭실고보를 중도 하차한 석주명이 1922년 가을 개성 명문 송도고보로 가게 된 이유는 확실하지 않지만, 여러 증언을 종합해볼 때, 훗날까지 극성스럽게 아들의 공부 뒷바라지를 해준 어머니 김의식 여사가 계속 놀게 해서는 안되겠다는 생각에 동맹 휴학 사태가 번지지 않은 개성으로 보낸 것이 아닌가 한다.[3]

평양에서 석주명은 형 석주흥의 같은 반 친구인 홍종인(洪鍾仁, 1903~1998, 언론인, 한국산악회 임원)과 상급생인 안익태(安益泰, 1906~1965) 등과 교유하였다.

2) 조선총독부는 제2차 조선교육령을 통해 기독교계열의 학교가 학력을 인정받는 '지정학교'가 되기 위한 요건으로 성경 과목과 예배 의식 폐지를 명문화하였다. 이에 기독교 계열의 학생들은 성경 교과 포기를 통해 조선총독부 인정 '고등보통학교' 승인을 요구하면서 동맹휴교에 들어갔으나, 숭실학교 교장이었던 선교사 마펫(S. A. Moffett, 馬布三樂, 1864~1939)이 학생들의 요구를 거부하여 많은 학생들이 학교를 옮기게 되었다.

3) 홍성조·길정자, 『나비 박사 석주명』, 한국에스페란토협회, 2005, 18쪽.

석주명의 형제들

Brothers and sister

형 석주흥(石宙興, 1905~?)은 월남하지 못했고, 누이동생 석주선(石宙善, 1911~1996)은 전통복식 학자로 단국대학교 석주선 기념민속박물관장을 지냈으며, 막내 석주일(石宙一, 1914~1981)은 피부과 의사가 되었다.

사업가였던 석주흥은 동생의 나비 연구에 재정적 도움을 주었고, 막내 동생 주일은 나비 채집을 함께하였으며, 석주선은 유고와 유품을 소중히 간직하여 유고집을 펴냄으로써 오빠를 세상에 알렸다.

A Businessman Seok Ju Heung financially supported younger brother's butterfly research, the youngest brother Seok Ju Il collected butterfly together, and Seok Ju Seon kept brother's posthumous works and informed him to the world.

011

석주흥_1939.

Seok Ju Heung

012

석주선_1995.

Seok Ju Seon

석주명의 유일한 혈육 석윤희(石允希, 1935~)는 이화여고를 거쳐 1953년 서울대학교에 입학하였다가 중퇴하고 1956년 미국으로 건너가 북일리노이주립대학에서 미학 교수를 지냈다.

Seok Du Myung's the only family Seok Yoon Hui moved to the US in 1954 and became a esthetics professor of the Northern Illinois University.

013

석주명의 형제들_1929.

Seok Ju Heung family and Ju Il

앞줄 석주홍 가족, 뒷줄 석주일

014

석주일_1942.

Seok Ju Il

015

석주명 가족_1936년경

Seok Du Myung's family

뒷줄 오른쪽 첫 번째가 부인 김윤옥, 두 번째가 어머니 김의식

016

석주명 가족_1930년대 후반

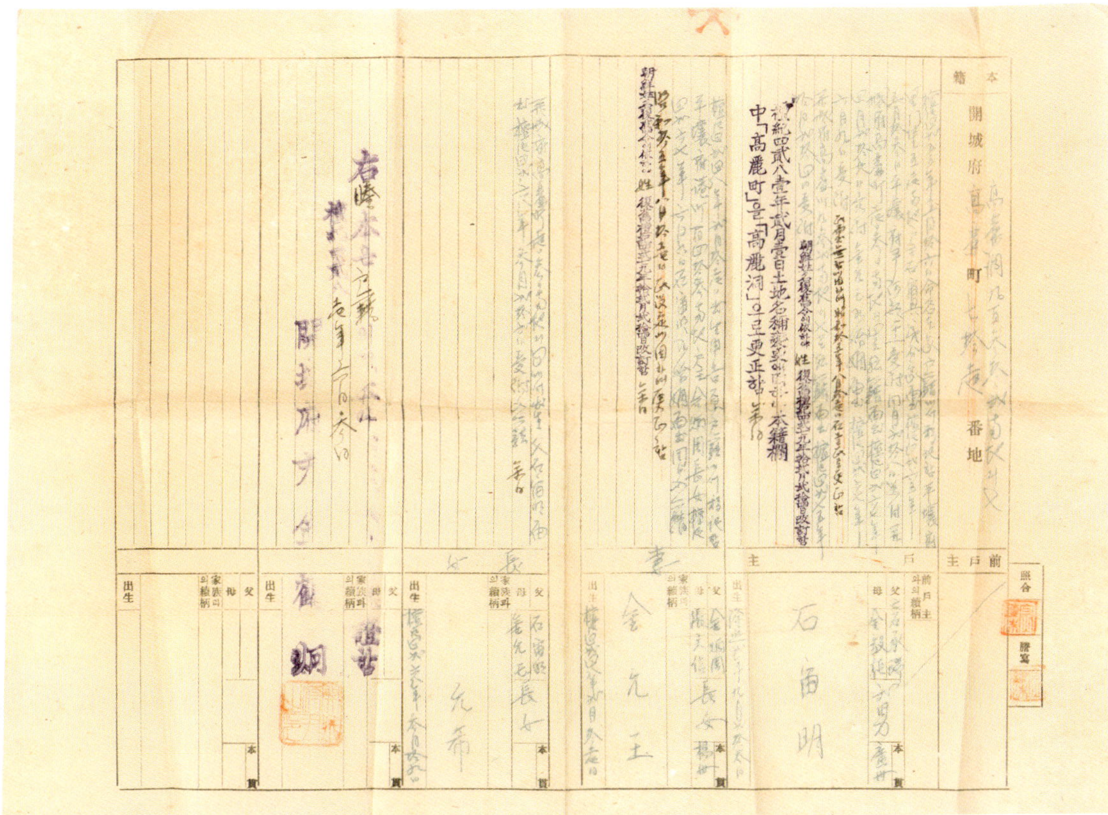

017

석주명 등본(謄本)_1948.6.3.

Seok Du Myung's Certified Copy

그동안 석주명은 일제에 의한 강제 창씨개명을 끝까지 거부하였다고 알려져 왔다. 등본의 기록에는 1940년 8월 31일 성씨가 경정(更正)되어 있다. 창씨개명은 신고에 의한 설정창씨(設定創氏)와 신고를 하지 않은 경우에도 성(姓)을 '씨(氏)'로 하는 법정창씨(法定創氏)를 하여 사실상 모든 조선인에게 창씨를 강요하였다. 석주명의 등본에는 '소화 15년 8월 31일 석(石)을 씨(氏)로 경정함'이라고 기록되어 있다. 따라서 석주명은 끝까지 창씨개명을 신고하지 않았음을 알 수 있다.

Seok Du Myung strongly rejected forcing to change their names to Japanese name.

37.5×26

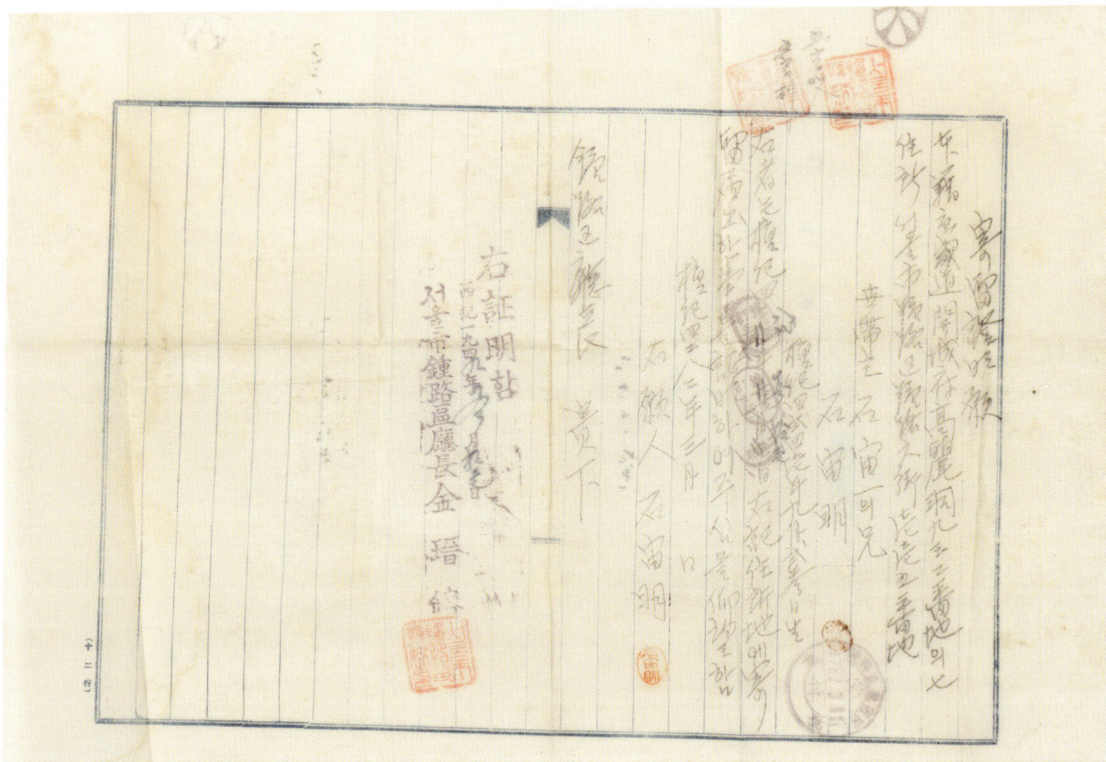

018

기유증명원(寄留證明願)_1949.3.

Certificate for actual residence

석주명이 동생 석주일의 집(종로6가)에 잠시 머무르고 있음을 인정해 달라는 청원에 대한 종로구청장(김진용) 명의 인정증명서이다.

This is the certificate from the head of Jongno-gu for the request that Seok Du Myung actual resided at his younger brother Seok Ju Il's house.

36.5×24.2

개성에서의 생활
Life in Gaeseong

1922.09~1926.03.

019

송도고보시절 석주명_1920년대

Songdo High School days

송도고등보통학교로 전학한 석주명은 소문난 말썽꾸러기였다. 공부는 게을리하면서도 놀기를 좋아하여 휴일에는 개성 근처의 명승지로 놀러 다니거나 친구들과 어울리는 것이 전부였다.

1922년 가을 첫 학기를 마치고 받아든 성적표에는 낙제 과목이 여럿이었고 반에서 꼴찌였다. 충격에 휩싸이기도 잠시 석주명은 방학에도 고향으로 돌아가지 않고 공부에 매진하였다. 방학이 되었어도 돌아오지 않는 아들 걱정에 개성으로 찾아온 어머니는 공부에만 빠져 있는 석주명을 보고 안심하여 아무 말 없이 평양으로 돌아갔다고 한다. 이때의 일로 어머니는 석주명의 가장 든든한 후원자가 되었다.

Seok Du Myung was a troublemaker that didn't study hard and prefer to playing. On the holidays he used to go landmarks in Gaeseong or hang around with friends.

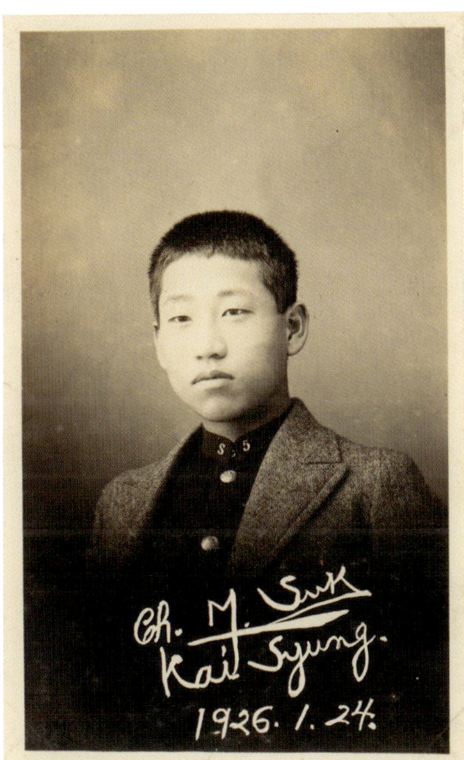

020

석주명_1926.1.24.

Seok Du Myung

송도고보를 졸업한 석주명은 “Ch. M. Suk”로 영문 이름을 썼다. 송도고보는 윤치호(尹致昊, 1965~1945)가 1906년 설립한 한영서원을 모태로 하였는데, 교내에는 한옥 기숙사와 박물표본실 등 당시로서는 최신 시설을 갖추고 있었다. 또한 제1회 한일 유학생으로 가고시마고등농림학교를 졸업한 조류학자 원홍구(元洪九, 1888~1970)가 생물 교사, 사학자 문일평(文一平, 1888~1936)이 역사 교사로 근무하였는데, 원홍구는 당시 우리나라에서 가장 많은 조류 표본을 박물관 표본실에 전시하고 있었다. 이들이 석주명의 진로와 학문 세계에 큰 영향을 끼쳤던 것으로 보인다.

유학 생활

Studying Abroad in Japan

1926.04~1929.03.

석주명은 식민지 조선의 부흥이라는 원대한 포부를 가지고 낙농과 축산을 염두에 두고 일본 가고시마고등농림학교(鹿児島高等農林學校) 농학과에 입학하였다. 2학년 때 농예생물학전수를 전공으로 선택하여 「사과독나방의 사육연구(りんごどくがノ飼育研究)」로 졸업 논문을 제출하였다.

Seok Du Myung had the great ambition that the revival of colonial Joseon. So he enterend department of Agriculture of Kagoshima University to study Dairy and Animal Husbandry

021

가고시마고등농림학교 전경_1927.

Kagoshima University

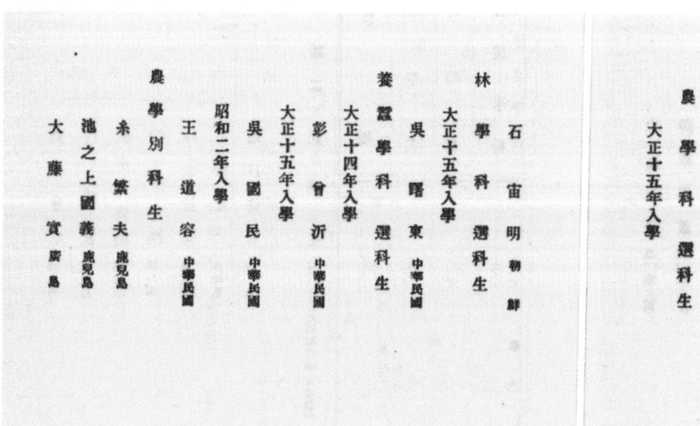

農學科選科生
大正十五年入學

石宙明 朝鮮
林學科選科生
大正十五年入學
吳曙東 中華民國
養蠶學科選科生
大正十四年入學
彭會沂 中華民國
大正十五年入學
吳國民 中華民國
昭和二年入學
王道容 中華民國
農學別科生
糸繁夫 鹿児島
池之上國義 鹿児島
大藤實 廣島

022

『가고시마고등농림학교일람(鹿児島高等農林學校一覧)』 농학과 명단의 석주명

Seok Du Myung is on the List of Department of Agriculture of Kagoshima University

023

석주명 사진 책갈피_1927.3.

Photo bookmark, by Jiryu Photo studio in Hondory Yamanoguchi, Kagoshima, Japan

일본 가고시마시 야마노구치조(山之口町) 혼도리(本通リ)에 있던 지류사진관(持留寫眞館)에서 제작한 증명사진이 담긴 책갈피이다.

14.5X5

당시 가고시마고농은 실습에 중점을 둔 학교로 3학년은 타이완, 한국 또는 일본을 3주간 견학 여행하여 조사 보고서를 쓰도록 하였으며, 농예생물학 전공 학생들은 동식물을 채집하고 표본을 제작하는 방법을 배웠다. 석주명은 3학년이던 1928년 8월 여름방학에 지도교수 오카지마 긴지(岡嶋銀次, 1875~1955)[4]와 타이완으로 채집 여행을 떠났다. 이때 석주명은 폭우 속에서 아무도 그 어떤 곤충을 잡아 오지 못했지만, 홀로 하루살이 수백 마리를 삼각 봉지에 담아 분류하는 집념을 보였다. 석주명은 유학 생활을 통해 국제어 에스페란토를 배우고 나비 연구의 길을 결심하게 되었다.

Seok Du Myung learnt international language Esperanto during studying abroad and decided to research butterfly.

024

유학 생활의 석주명_1928.

With classmates

오른쪽 첫 번째

4) 오카지마 긴지는 당시 동물학, 곤충학, 양잠학의 대가로서 교내에 박물관학동지회를 만들어 학생들의 과외활동을 지도하였으며, 가고시마의 동물, 식물, 광물 등을 조사 연구하고 교육하였다. 천연기념물 조사위원으로 사적과 자연경관 보호운동을 펼치기도 하였는데 엄격하면서도 온후하고 관용적이어서 많은 학생들로부터 존경을 받았다고 한다. 석주명도 큰 영향을 받았는데, 석주명이 한국 나비 연구의 길을 가도록 권유한 인물이다(윤용택, 『석주명의 삶과 사상』, 2018, 29쪽).

025

유학시절_1929.

Days of studying abroad

뒷줄 왼쪽에서 두 번째가 석주명

026

오카지마 긴지(岡嶋銀次) 교수와 동급생들_1929.

With Prof. Okajima Kinji and classmates

왼쪽 맨 앞이 석주명

027

가고시마고농 졸업을 앞두고 동급생들과 함께_1929.

With classmates beforehand graduation of Gagoshima University

뒷줄 오른쪽 두 번째가 석주명

028

유학 중 하숙집에서 기타를 들고 있는 석주명_1929.

Holding a guitar at boarding house

029

하숙집 가족들과_1920년대 후반

With family of boarding house

맨뒤

030

석주명과 오카지마 긴지(岡嶋銀次) 교수_1942.

With Prof. Okajima Kinji

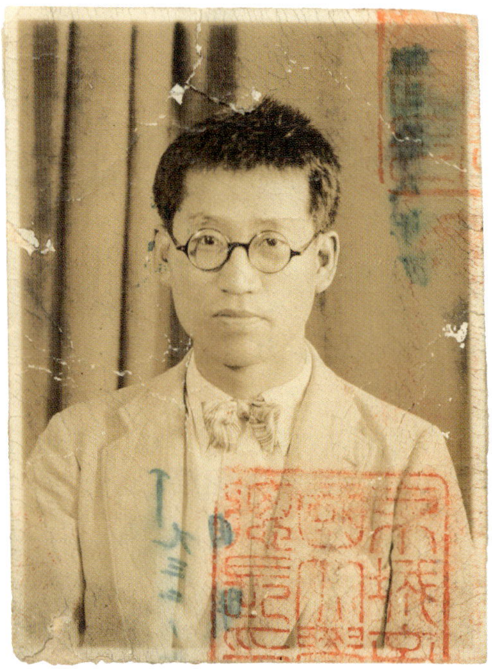

031

석주명_1930.

Seok Du Myung

경성제국대학 총장인이 찍혀 있다.

032

송도고보 재직 시절_1938.

When he was a teacher at Songdo High School

세계로 통하는 희망, 에스페란티스토 석주명

The Hope Toward the World, Esperantisto Seok Du Myung

세계로 통하는 희망, 에스페란티스토 석주명

The Hope Toward the World, Esperantisto Seok Du Myung

Seok Du Myung actively used Esperanto learnt during study abroad. He empathized Esperanto spirits which represent 'Peace and Hope' as a colonist in Joseon.

After back in Korea, he kept Esperanto movement. Because he could escape from the forcing to use Japanese, and also could academic exchanges with foreign.

The Esperanto was a part of national movement for him against exterminating Korean by Japanese imperialism. And it is also helped him to be famous as a doctor of butterfly.

033

한복을 입은 석주명_1931.

Seok Du Myung

가슴에 에스페란토의 별이 그려진 배지를 달고 있다.

에스페란티스토, 석주명

Esperantisto, D.M. Seok.

에스페란토는 1887년 폴란드의 라자로 루드비코 자멘호프(L. L. Zamenhof, 1859. 12.15.~1917.04.14.) 박사가 창안한 국제어이다. 중립적인 언어를 목표로 세계 주요 언어의 공통 어휘와 간략한 문법을 갖추 있다. 자멘호프는 강대국의 일부 언어를 대신하여 각 민족은 모국어를 쓰면서 외국인과 소통할 때 에스페란토를 사용하자는 운동을 전개하였다. 'Esperanto'는 희망하는 사람이라는 뜻으로 자멘호프의 필명 "D-ro Esperanto (에스페란토 박사)"에서 유래하였다고 한다. 희망과 평화를 목적으로 만들어진 언어로써 세계에서 가장 성공한 인공어이다.

에스페란티스토(Esperantisto)는 에스페란토를 사용하는 목적에 관계없이 에스페란토를 알고 사용하는 모든 사람을 가리킨다. 또한 '직업적으로 에스페란토를 보급하는 사람' 또는 에스페란토주의를 표방하는 사람을 의미하기도 한다.

* 석주명의 에스페란토 관련 주요 약력 Profile related Esperanto

1927.	가고시마고농 "에스페란토 연구회" 참여 『La Espero』 1927-1, 2호에 에스페란토 잡문 발표
1928.	가고시마고농 잡지 『想思樹』 창간호와 교우회 잡지 『土』 2호에 에스페란토 잡문 발표
1930.	『평양매일신문』에 「국제어 에스페란토」 기고(3회), 평양에스페란토회 3주 과정 강습 지도
1931.	송도고보 박물교실에서 방과 후 에스페란토 지도
1932.	논문 「한국의 나비 조사(Papilioj en Sondo, Koreujo)」를 에스페란토로 발표
1933.	송도고보 『松友』에 「에스페란토론」 기고
1936 · 1939.	나비 관련 논문 에스페란토 요약 발표
1945.	대한에스페란토학회 창립 발기
1946.	서울대학에서 에스페란토 강연 및 강습, 에스페란토보급운동 위원
1947.	자멘호프 박사 30주년제 기념식 연설, 국학대학 에스페란토 강의 시작, 『국제어 에스페란토 교과서』 집필
1948.	홍익대학에서 에스페란토 강의 시작
1949.	대한에스페란토학회 제5회 강습회 지도, 『연합신문』에 「에스페란토 만국대회」 기고 대한에스페란토학회 발족 선고(총무부장 석주명)
1949~1950.	조선에스페란토학회, 대한에스페란토학회 통합을 위한 10차 회의 주도(간사 석주선)

034

송도고보 에스페란토 클럽_1931.

Esperanto Club of Songdo High School

석주명은 송도고보 교사로 부임하여 박물관에서 방과 후 에스페란토 강습을 진행하였다. 칠판에 쓰인 '희망 클럽 Esperanta Klubo'에서 에스페란토에 대한 석주명의 생각을 짐작할 수 있다. Seok Du Myung worked as a teacher of Songdo High School, and he taught Esperanto in the museum after school.

035

송도고보 에스페란토 클럽_1931.

Esperanto Club, Songdo High School Museum

송도고보 박물관 앞에서 촬영한 사진이다. 오른쪽 세 번째가 석주명이다.

036

에스페란티스토들과 함께_1932.

With Esperantisto

에스페란토 깃발은 녹색은 희망, 흰색은 평화와 중립을 뜻하고 별은 아시아, 유럽, 아프리카, 아메리카, 오세아니아 등 다섯 개 대륙을 상징한다.

037

조선에스페란토학회
제3기생 일동_1945년 이후

The 3rd term students of Korea Esperanto Institute(KEI)

석주명 없음

038

조선에스페란토학회
제3기생 일동_1945년 이후

The 3rd term students of Korea Esperanto Institute(KEI)

석주명 없음

039

조선에스페란토학회 제5회 에스페란토 강습 기념_1949.8.

The 5th Esperanto Lesson of Korea Esperanto Association(KEA)

제5회 강습은 여성 8명, 남성 22명이 수강하였으며, 서병택, 석주명, 이정도 등이 지도하였다.
30 students took the 5th Esperanto class taught by Seok Du Myung and others.

맨 앞줄 왼쪽에서 두 번째가 석주명

040

조선에스페란토학회 '자멘호프 데이'_1949.11.15.

'Zamenhof Day'(KEA)

자멘호프 박사 30주년제 기념 사진, 두 번째 줄 오른쪽에서 다섯 번째가 석주명, 여섯 번째 백남규

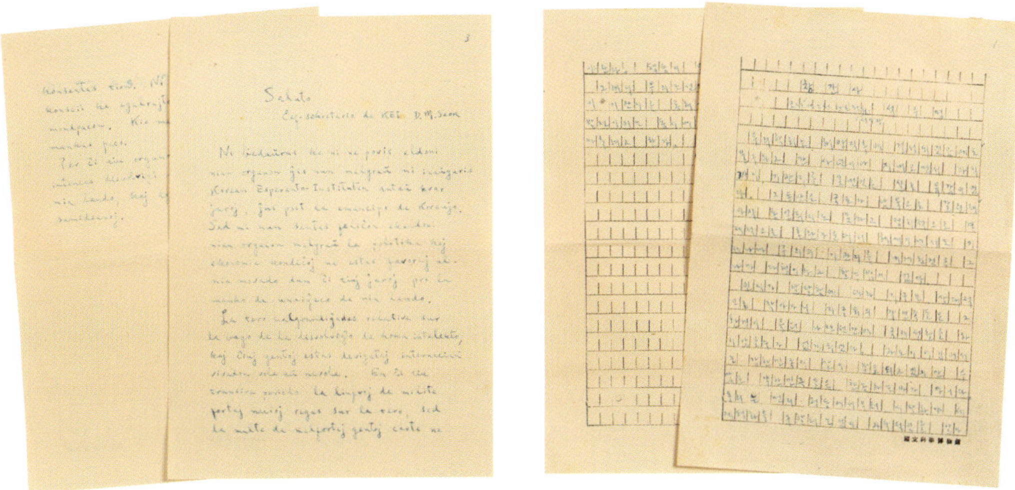

041

에스페란토학회 기관지 창간사_한글본과 에스페란토어본_1949.

Publishing statement for the Korea Esperanto Association magazine

조선에스페란토학회 서기장 석주명

"우리 학회는 해방 직후에 결성되었음에도 불구하고 만 4년이나 지내오면서 아직까지 기관지를 못낸 것은 실로 유감이었다. 그동안은 국토가 남북으로 갈린 채 아직 통일되지도 못하고 정치적으로 경제적으로 혼란 가운데서 헤매면서도 이제나마 우리의 기관지를 내게 된 것은 그나마 다행이라고 할 수밖에 없다.(이하 생략)"

A chief clerk of Joseon Esperanto Association Seok Du Myung. "Since the Korea Esperanto Association been organized, 4 years passed. But I felt sorry for couldn't publish association magazine. During this moment, the country is divided to South and North, could not reunite, and politically and economically confusing."

17.7×25

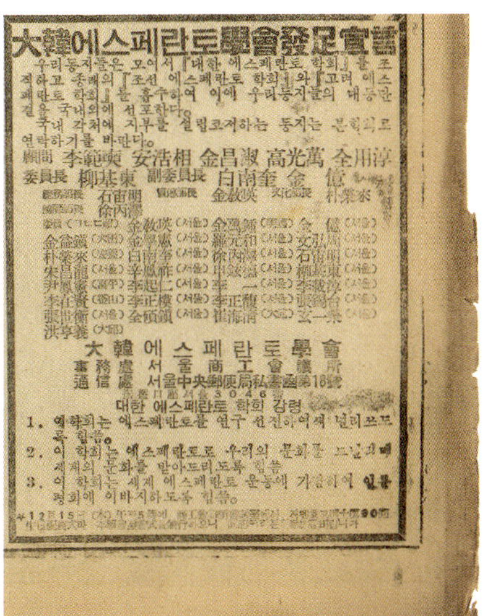

大韓에스페란토學會發足宣言

우리동지들은 모여서『대한 에스페란토 학회』를 조직하고 종래의『조선 에스페란토 학회』와『고려 에스페란토 학회』를 흡수하여 이에 우리동지들의 대동단결을 국내외에 선포한다。

국내 각처에 지부를 설립코저하는 동지는 본학회로 연락하기를 바란다。

顧問 李範奭 安浩相 金昌淑 高光萬 全用淳

委員長 柳基東 副委員長 白南奎 金億

大韓에스페란토學會

事務處 서울商工會議所

通信處 서울中央郵便局私書函第18號

대한 에스페란토 학회 강령

1. 이 학회는 에스페란토를 연구 선전하여서 널리쓰도록 힘씀。
2. 이 학회는 에스페란토로 우리의 문화를 드날리며 세계의 문화를 받아드리도록 힘씀
3. 이 학회는 세계 에스페란토 운동에 가담하여 인류평화에 이바지하도록 힘씀。

042

대한에스페란토학회발족선언_1949.12.15.

Launch announcement of Korea Esperanto Association

서울신문

고　　문　이범석, 안호상, 김창숙, 고광만, 전용순

위 원 장　유기동

부위원장　백남규, 김억

총무부장　석주명

선전부장　김교영

문화부장　박영래

국제부장　서병택

"우리 동지들은 모여서 「대한에스페란토학회」를 조직하고 종래의 「조선에스페란토학회」와 「고려에스페란토학회」를 흡수하여 이에 우리 동지들의 대동단결을 국내외에 선포한다."

40.5×55

1
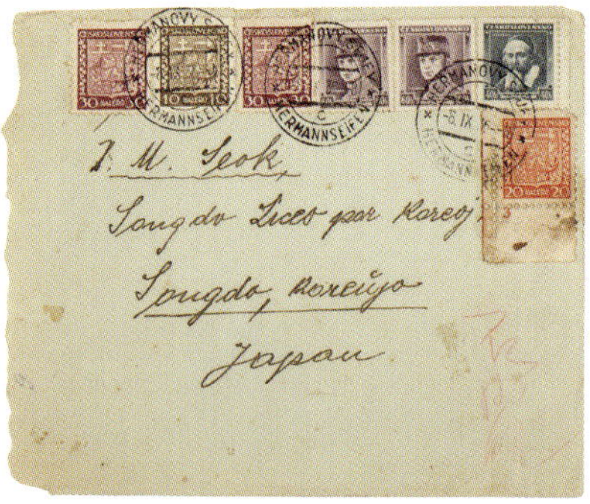

3
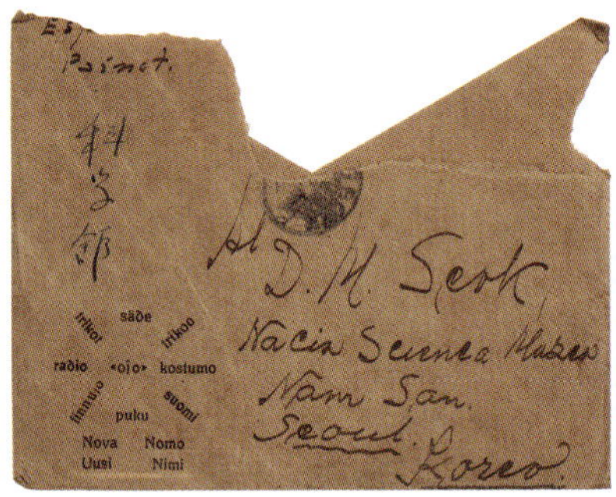

2

3-1
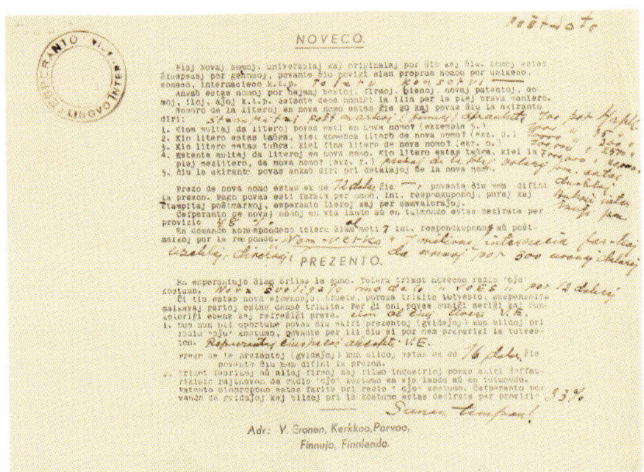

043

에스페란토 해외 편지_1936.

Esperanto letters

이처럼 석주명은 에스페란토 펜팔을 통해 해외의 나비 전문가와 교류하는 기회를 만들었다.
Seok Du Myung made a opportunity that communicate with butterfly experts in abroad via Esperanto pen pal.

1 1936년 9월 8일 체코슬로바키아(Ceskoslovensko, Czechoslovakia)로부터 받은 편지.
편지는 8월 16일 보내지 않을 것이라 생각하고 있었는데 나비 전문가가 표본을 보내 주어서 매우 감사하게 생각하고 있으며, 체코의 나비 전문가에게 표본을 전달해서 그 역시 매우 좋아하였지만, 표본을 새로 잡아야 하기 때문에 시간이 오래 걸릴 듯하다는 내용이다.
15.5×12.4

2 1936년 6월 13일 이탈리아(Italia) 밀라노 소인이 찍힌 편지.
편지에는 보내 준 우표를 잘 받았으며, 밀라노와 제네바에 있는 나비 전문가를 알아보고 나비 표본을 교환할 의지가 있는 그들에게 석주명을 소개하고 주소를 알려주었다는 내용이다.
17×12.5

3 1936년 핀란드(Finlando, Finland)에서 온 편지.
펜팔을 통해 우표 교환을 요청하는 편지이다.
15×11.5

044

국제어(國際語) 에스페란토 교과서(教科書)_1947.

International language Esperanto textbook, by D. M. Seok

석주명이 짓고 조선에스페란토학회에서 발행한 에스페란토 교과서이다.
부록으로 소사전이 함께 수록되었다.

13×18

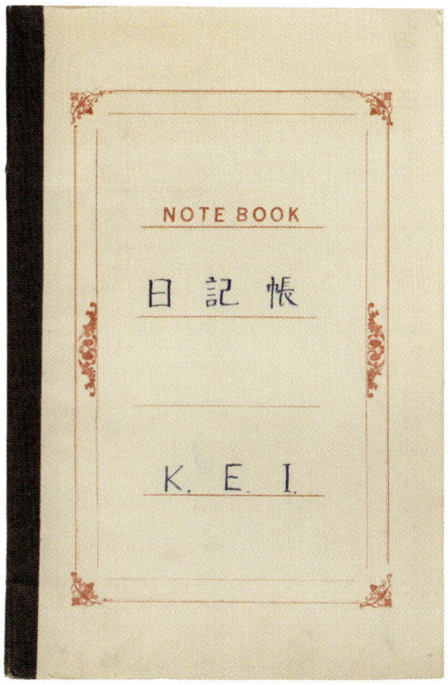

045

대한에스페란토학회 일기장(日記帳)_1949.10.3.~1950.3.22.

Korea Esperanto Institute diary, written by Seok Ju Seon

에스페란토학회의 인물과 통합 과정, 활동 사항 등을 알 수 있는 자료로 간사를 맡았던 석주선 관장이 작성한 위원회의 회의록이다.

17.5×26

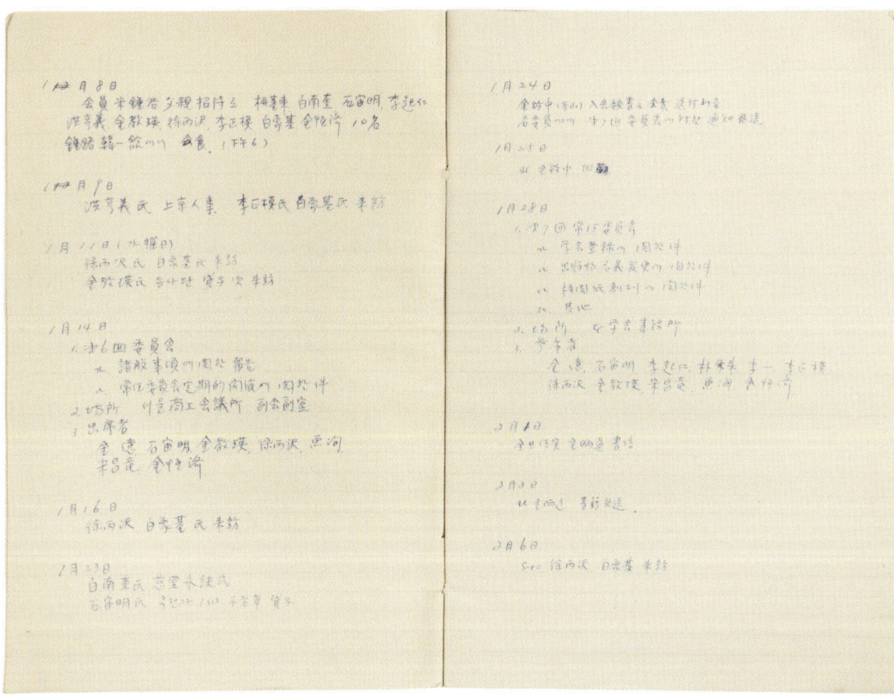

대한에스페란토학회 일기장 부분_1949.12.8.~1950.2.6.

A part of Korea Esperanto Institute diary

위원회 회의와 학회의 주요 일정, 대소사, 우편 수발 상황 등이 기록되어 있다. 위원회 회의는 날짜, 장소, 토의건, 참석자 등을 기록하였다.

046

대한에스페란토학회 자료철_1949~1950.

Korea Esperanto Institute file

학회 관련 사무와 행사 등에 필요한 서류와 증빙 자료 등을 모아 놓은 자료철이다.

20×26

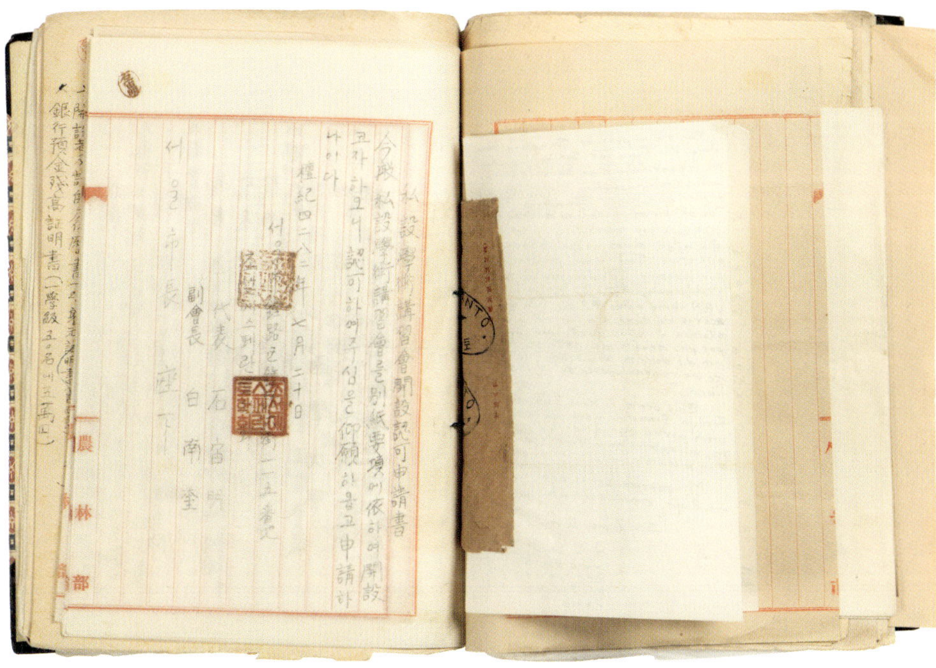

사설학술강습회개설인가신청서(私設學術講習會開設認可申請書)_1949.7.20.

Application for opening private academic class

조선에스페란토학회명의로 서울시장에게 제출한 에스페란토 강습회 인가 신청서이다.
대표 석주명. 부회장 백남규.

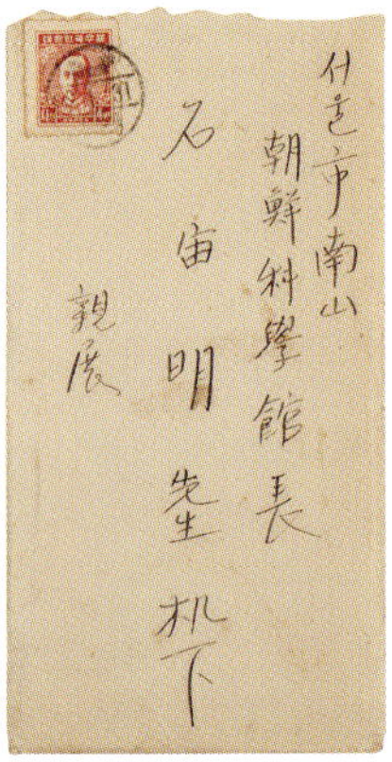

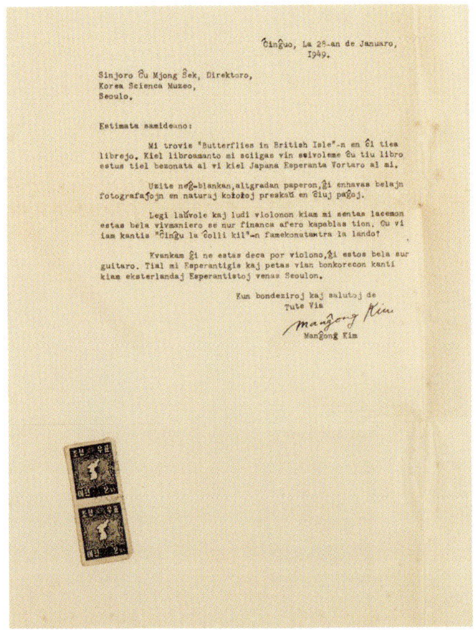

Ĉinĝuo, La 28-an de Januaro, 1949.

Sinjoro Ĉu Mjong Ŝek, Direktoro,
Korea Scienca Muzeo,
Seoulo.

Estimata samideano:

Mi trovis "Butterflies in British Isle"-n en ĉi tiea librejo. Kiel libroamanto mi sciigas vin seivoleme ĉu tiu libro estus tiel bezonata al vi kiel Japana Esperanta Vortaro al mi.

Uzite neĝ-blankan, altgradan paperon, ĝi enhavas belajn fotografaĵojn en naturaj koloroj preskaŭ en ĉiuj paĝoj.

Legi laŭvole kaj ludi violonon kiam mi sentas lacemon estas bela vivmaniero se nur financa afero kapablas tion. Ĉu vi iam kantis "Ĉinĝu la Ĉolli kil"-n famekonatantra la lando?

Kvankam ĝi ne estas deca por violono, ĝi estos bela sur guitaro. Tial mi Esperantigis kaj petas vian bonkorecon kanti kiam eksterlandaj Esperantistoj venas Seoulon.

Kun bondeziroj kaj salutoj de
Tute Via
ManĜong Kim
ManĜong Kim

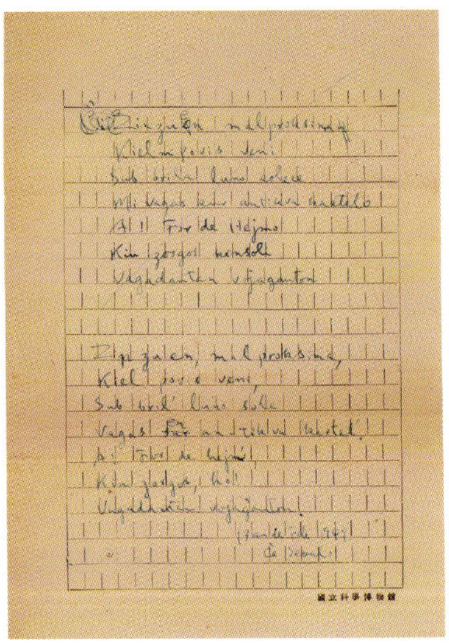

047

김만종 편지_1949.

Letter from Kim Man Jong written in Esperanto

김만종이 석주명에게 보낸 에스파란토어 편지이다. 내용 중에는 영국에서 출판된 나비 관련 책『영국산 나비들』을 발견하였는데 필요한지를 묻고 있다. 이와 함께「진주라 천리길」의 악보를 보내며 기타로 연주하면 좋으니 외국 손님들에게 불러 주라는 내용이 쓰여 있다. 김만종은 석주명의 소개와 추천으로 미국 유학길에 올랐다. 귀국 후 1965년 한국에스페란토 이사회(KES) 회장, 1975~1977년 제13대 한국에스페란토학회 상임이사를 역임했다.

봉투10×18.5, 속지 ① 20.5×26 ② 24.5×17.8

048

대한에스페란토학회 입회 원서_1950.1.1.

Application for membership of Korea Esperanto Institute

에스페란토와 한글 항목이 함께 있으며, 사는곳·이름·난날(생년월일)·직업·이력·기타 사항을 기록하도록 되어 있다. 회원은 학생 회원부터 다양한 연령층이 있다.

19×22.5, 58매

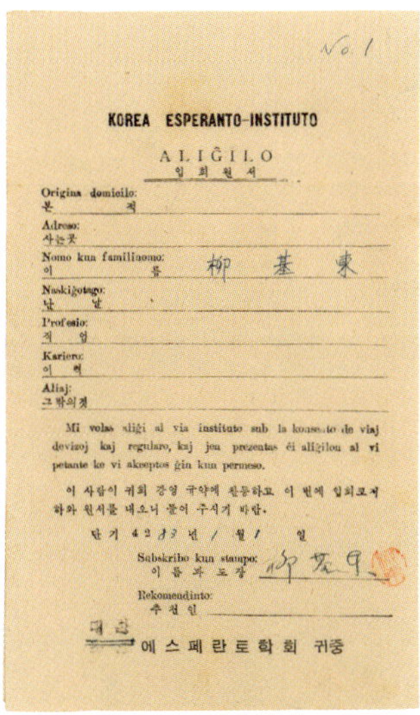

No 1

KOREA ESPERANTO-INSTITUTO

ALIĜILO
입회원서

Origina domicilo:
본 적

Adreso:
사는곳

Nomo kun familinomo:
이 름 柳基東

Naskiĝotago:
난 날

Profesio:
직 업

Kariero:
이 력

Aliaj:
그밖의것

Mi volas aliĝi al via instituto sub la konsento de viaj devizoj kaj regularo, kaj jen prezentas ĉi aliĝilon al vi petante ke vi akceptos ĝin kun permeso.

이 사람이 귀회 강령 규약에 찬동하고 이 번에 입회코져 하와 원서를 내오니 들어 주시기 바람.

단기 4283 년 1 월 1 일

Subskribo kun stampo:
이름과 도장

Rekomendinto:
추천인

대한 에스페란토학회 귀중

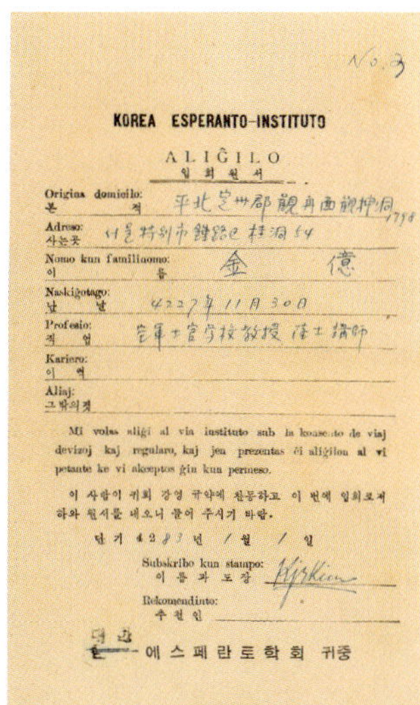

No 3

KOREA ESPERANTO-INSTITUTO

ALIĜILO
입회원서

Origina domicilo:
본 적

Adreso:
사는곳

Nomo kun familinomo:
이 름 金 億

Naskiĝotago:
난 날

Profesio:
직 업

Kariero:
이 력

Aliaj:
그밖의것

Mi volas aliĝi al via instituto sub la konsento de viaj devizoj kaj regularo, kaj jen prezentas ĉi aliĝilon al vi petante ke vi akceptos ĝin kun permeso.

이 사람이 귀회 강령 규약에 찬동하고 이 번에 입회코져 하와 원서를 내오니 들어 주시기 바람.

단기 4283 년 1 월 1 일

Subskribo kun stampo:
이름과 도장

Rekomendinto:
추천인

대한 에스페란토학회 귀중

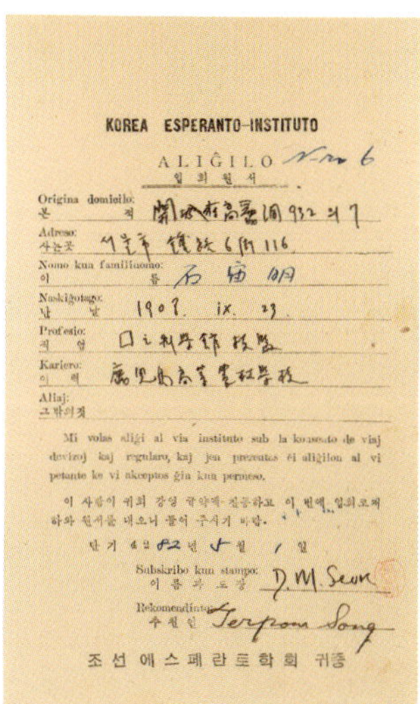

KOREA ESPERANTO-INSTITUTO

ALIĜILO No 6
입회원서

Origina domicilo:
본 적

Adreso:
사는곳

Nomo kun familinomo:
이 름 石宙明

Naskiĝotago:
난 날

Profesio:
직 업

Kariero:
이 력

Aliaj:
그밖의것

Mi volas aliĝi al via instituto sub la konsento de viaj devizoj kaj regularo, kaj jen prezentas ĉi aliĝilon al vi petante ke vi akceptos ĝin kun permeso.

이 사람이 귀회 강령 규약에 찬동하고 이 번에 입회코져 하와 원서를 내오니 들어 주시기 바람.

단기 4282 년 5 월 1 일

Subskribo kun stampo:
이름과 도장 D. M. Seok

Rekomendinto:
추천인

조선 에스페란토학회 귀중

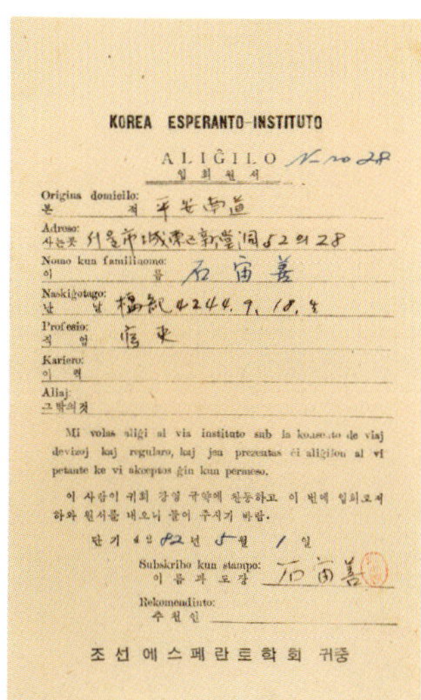

KOREA ESPERANTO-INSTITUTO

ALIĜILO No 28
입회원서

Origina domicilo:
본 적

Adreso:
사는곳

Nomo kun familinomo:
이 름 石宙善

Naskiĝotago:
난 날

Profesio:
직 업

Kariero:
이 력

Aliaj:
그밖의것

Mi volas aliĝi al via instituto sub la konsento de viaj devizoj kaj regularo, kaj jen prezentas ĉi aliĝilon al vi petante ke vi akceptos ĝin kun permeso.

이 사람이 귀회 강령 규약에 찬동하고 이 번에 입회코져 하와 원서를 내오니 들어 주시기 바람.

단기 4282 년 5 월 1 일

Subskribo kun stampo:
이름과 도장 石宙善

Rekomendinto:
추천인

조선 에스페란토학회 귀중

입회 원서 부분

No 1. 유기동
No 3. 김 억
No 6. 석주명
No28. 석주선

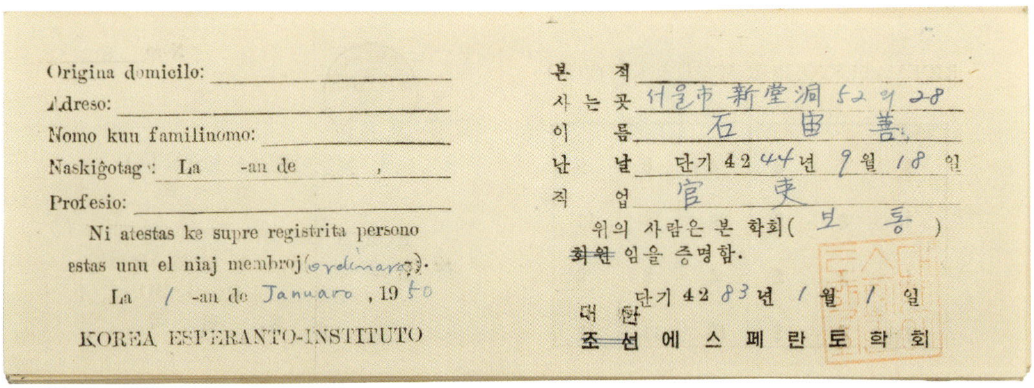
Origina domicilo:
Adreso:
Nomo kun familinomo:
Naskigotago: La -an de ,
Profesio:
Ni atestas ke supre registrita persono estas unu el niaj membroj(ordinaraj).
La 1 -an de Januaro, 1950
KOREA ESPERANTO-INSTITUTO

본 적
사는 곳 서울市 新堂洞 52의28
이 름 石宙善
난 날 단기 4244년 9월 18일
직 업 官吏
위의 사람은 본 학회(보 통) 회원 임을 증명함.
단기 4283년 1월 1일
대한 조선 에스페란토학회

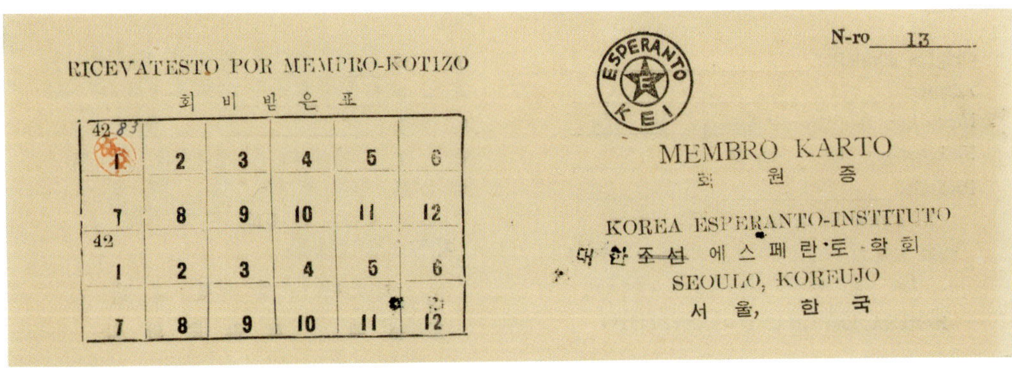
RICEVATESTO POR MEMBRO-KOTIZO
회 비 받 은 표

4283 1	2	3	4	5	6
7	8	9	10	11	12
42 1	2	3	4	5	6
7	8	9	10	11	12

N-ro 13
ESPERANTO KEI
MEMBRO KARTO
회 원 증
KOREA ESPERANTO-INSTITUTO
대한 조선 에스페란토학회
SEOULO, KOREUJO
서울, 한국

049

대한에스페란토학회 회원증_1950.1.1.

Membership card of Korea Esperanto Institute

석주선 선생의 회원증. 앞면에는 회비 납입 현황을 기록한 '회비 받은표'가 있으며, 뒷면에는 오른쪽에 국문, 왼쪽에 에스페란토 작성란이 있다.

Seok Ju Seon's membership card. Payment status of membership fee in front side, and Esperanto form on back side.

18.5×6.3(28매)

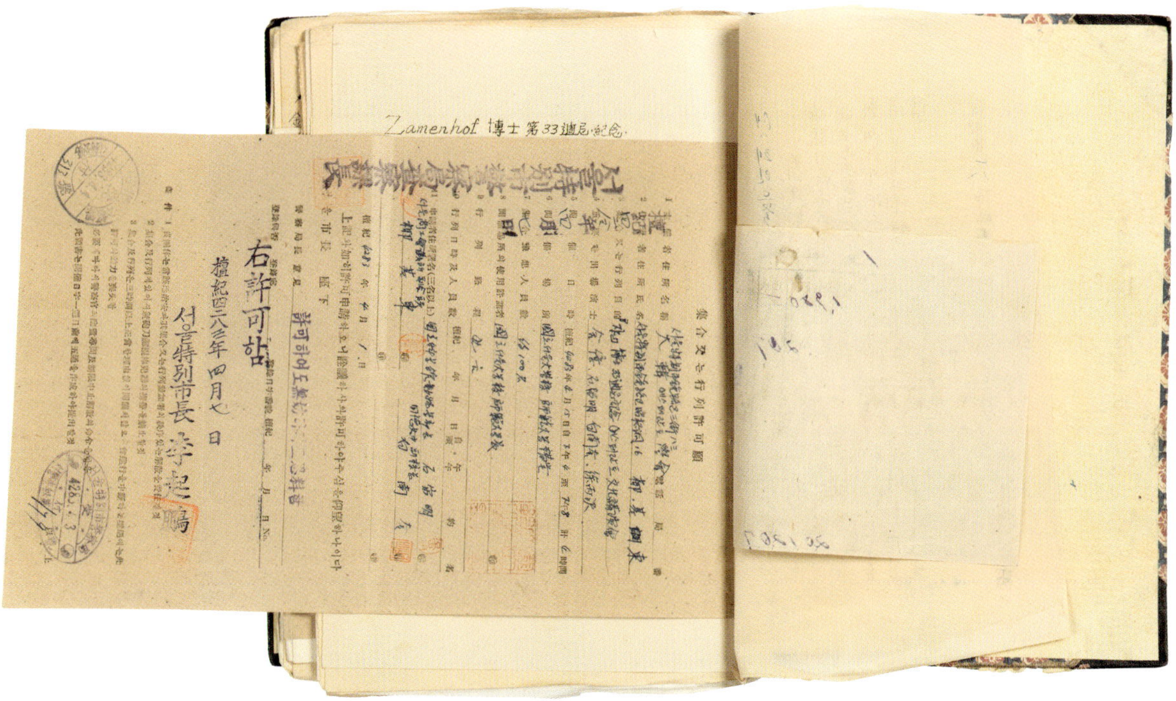

050

집합 또는 행렬허가원(集合又는行列許可願)_1950.4.7.

A Letter of Permission for Gathering and Parade

대한에스페란토학회 자료철에 수록된 1950년 4월 15일 서울대학교 사범대학 강당에서 자멘호프 박사 33주기 기념 에스페란토 문화강연회를 개최하기 위한 증서로 강연자는 김억, 석주명, 백남규, 서병택이다. 허가권자는 서울특별시장 이기붕이다.

This is the permission for opening Esperanto cultural lecture which is to commemorate 33rd anniversary of Dr. Zamenhof. Seok Du Myung was a representative of application also one of speakers.

한국의 나비 연구로 세계적 나비학자가 된 석주명

Became a Worldwide Scholar of Butterfly by Studying Butterflies of Korea

한국의 나비 연구로 세계적 나비학자가 된 석주명

Became a Worldwide Scholar of Butterfly by Studying Butterflies of Korea

Seok Du Myung was a talent of Songdo, he is an eccentric science teacher who was wandering mountains and fields with a collecting net, also Esperantisto, musician and mountaineer.

After he was engrossed in researching butterfly for 10 years, he was recommended by Academic Promotion Association of Japan, became a Korean scholar who got State Funding.

In 1938, he was requested to write A Synonymic List of Butterflies of Korea by the Royal Asiatic Society. He is a full member of the Association of International Poetry.

He is a representative of butterfly researcher in Korea, and a worldwide butterfly scholar.

송도의 기인, 나비 선생님

Talent of Songdo, Butterfly Teacher

석주명은 어려서부터 음악적 재능이 뛰어났다. 만돌린과 기타를 잘 쳤던 석주명은 1938년 송도고보의 음악부장을 맡기도 했으며, 치과의사 방정환(方定煥, 1899~1931, 바이올린), 음악 교사 정사인(鄭士仁, 1881~1958, 플루트)과 함께 삼중주단을 구성하기도 하였다.

석주명은 나비 채집을 다니면서 자연스럽게 등산 취미를 갖게 되었다. 1935년 송도고보 교우회 산악부를 창설하고 산악부장으로서 활동하며, 방종현(1905~1952, 국어학자), 송석하(1904~1948, 민속학자), 이숭녕(1908~1994, 국어학자), 류홍렬(1911~1995, 국사학자) 등 많은 인문 사회과학자들과 교류하였고, 석주명의 '국학적 생물학'에 영향을 주었던 것으로 평가된다.

석주명은 조선인으로서 조선의 나비를 연구하라는 지도 교수의 권유를 받아들여 귀국 후 나비 연구에 매진하였다. 1931년 모교인 송도고보의 박물 교사로 부임하면서 본격적인 나비 연구를 시작하여, 「조선구장지방산접류목록(朝鮮球場地方産蝶類目錄)」(1932년)을 시작으로 많은 나비 연구 논문을 발표하였다. 석주명은 송도고보의 선배이자 교사로서 교내 과학부와 산악부의 활동 지도를 통해 약 60만 점의 나비 표본을 모을 수 있었다. 그는 수집한 나비의 학명을 확인하고 분류하는 과정에서 선행 연구의 많은 오류를 발견하고, 이를 수정하였다. 석주명은 나비 분포 지도를 완성하였으며, 1947년 조선산 나비를 248종으로 분류하고[5] 우리말 이름을 지어 주었다. 한국산 나비의 분류 체계가 정립된 것이었다.

채집망을 들고 산과 들을 누비는 과학 선생님이자 에스페란티스토, 음악가, 산악인이었던 석주명은 송도의 기인이었다. 그러나 나비 연구에만 몰두한 10년 후 석주명은 일본 학술진흥회의 추천으로 국고 연구비 지원을 받는 조선인 나비학자, 영국왕립아시아학회로부터 『조선산 나비 총목록』의 집필 의뢰를 받을 정도로 한국을 대표하는 나비학자로 국제적인 인정을 받았고 만국인시류학회의 정회원이 되는 세계적인 나비학자가 되었다.

051

나비를 연구하는 석주명_1932.

Studying butterfly

5) 후대의 연구자들에 의한 수정과 보완이 이루어져, 현재 우리나라 나비는 5과 280여 종으로 정리되었다.

052

만돌린 트리오.
YMCA_1929.11.24.

Mandolin Trio, YMCA

뒷줄 기타를 들고 있는 석주명

053

송도고보에서 학생들을
가르치는 석주명_1932.

Teaching at Songdo High Shcool

054

원홍구 선생과 함께한 석주명_1931.

with Won Hong Gu(Teacher, Biologist)

생물학자 원홍구는 송도고보에 재직하였던 석주명의 은사이다. 장소는 송도고보 박물관

055

개성 관음사_1931.5.20.

Gwaneum temple, Gaeseong, North Korea.

맨 앞에 웃으며 머리를 만지는 석주명

056

송고 창립 25주년 기념 음악의 밤_1931.10.3.

A musical evening to commemorate the 25th founding of Songdo High School

뒷줄 오른쪽에서 다섯 번째가 석주명

057

개성 박연폭포_1932.

Bakyeon Falls, Gaeseong, North Korea.

맨 앞이 동생 석주일. 지팡이를 든 인물이 석주명

058

송고 각학년 대항 씨름 우승 기념_1932.

Commemoration for winning of Ssireum(Korean wrestling) competition of Songdo High School

뒷줄 오른쪽에서 두 번째가 석주명

059

경주 수학여행_1937.

School trip to Gyeongju(Stele of King Muyeol, National Treasure)

맨앞 중앙, 태종무열왕릉비

060

과수원에서 학생들과 함께_1940.9.29.

With students at orchard

가운데 양복 차림의 석주명

061

제자와 함께_1941.5.

With a student

송도고보박물관

062

송도고보 재직할 때의 석주명_1941.

When Seok Du Myung worked at Songdo High School

나의 생명, 나의 혼, 한국산 나비 연구

My Life, My Spirit, Research Korean Butterfly

"나비를 잡으러 20여 년 동안이나 전국 각처를 싸다니었더니
어느덧 '나비 선생'이란 호가 생겼다.
그리고 그동안에 나비는 왜 잡느냐,
나비는 무엇에 소용이 되느냐의 질문은 아마 수백 번이나 받았을 것이다.

…(중략)…

나비는 동물을 대표하고, 꽃은 식물을 대표하여
인생(人生)에게 윤택을 주는 것을 생각할 때,
같은 자연과학도 사이에서도 이런 재료를 택했다는 것은 분명히 손(損)이 아니었다.
복잡한 가운데서도 조화(調和)되어 있는
이 자연에 처해서 이 아름다운 재료를 써서
자연법칙을 추궁하는 일은 유쾌한 일이다.
자연과학도의 그 다루는 재료는 어떠한 자연물이든 괜찮을 것이지만
이 아름다운 나비와 꽃이 첫째로 눈에 띄는 것도 사실이다."

(석주명 수필 「나비」 중에서)

063

나비채(포충망)을 들고 있는 석주명

Holding a butterfly net

064

수필 「나비」 원고_1940년대

Essay「Butterfly」manuscript

월간지 『민성(民聲』에 게재된 "나비를 잡으러 20여 년 동안이나 전국 각처를 싸다니었더니 어느덧 '나비 선생'이란 호가 생겼다."로 시작하는 석주명 수필 원고의 교정본이다. 『민성』은 1945년 고려문화사에서 정치·경제·사회·문화 등을 망라하여 수록한 잡지로 유명하였는데, 김창집 등이 편집인으로 활약하였으며, 1950년 5월 1일 종간되었다.

To catch butterflies I went all around the country for 20 years, so I got a nickname 'Mr. Butterfly'.

34×25

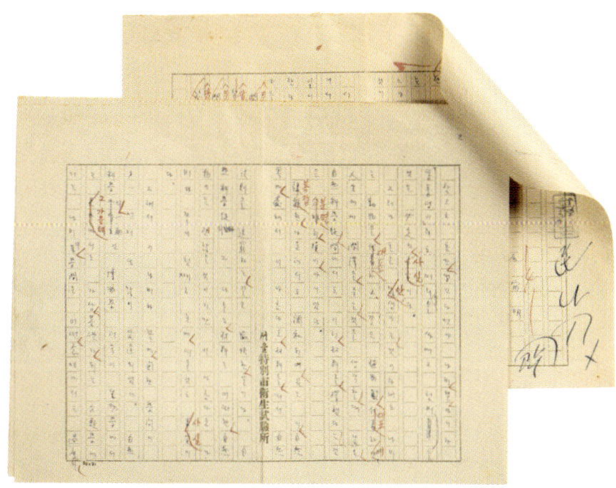

「나비」 원고 부분

「Butterfly」manuscript

석주명의 나비 채집 조사

Collecting Butterflies

석주명은 개성 지방의 나비 조사가 일단락된 1933년부터 전국 각지의 나비 조사를 시작하였다. 미국 하버드대학 비교동물학교실의 경비 지원을 받아 백두산 채집 조사를 시작으로 체계적인 채집 여행을 계획하였다. 1936년 처음으로 실시한 제주도 조사는 나비를 매개로 한 제주도 연구의 시작이었다.

조사 시기	지 역
1933. 07.	백두산
1934.05.	금강산, 강원도
1934.08.	함경북도 일대와 간도의 용정 지방
1935.05.	충청남도, 전라도 일대
1936.05~06	전라남도 해안 지방
1936.07~08.	제주도
1937.06.	경상남도 일대
1937.08.	홋카이도, 사할린 일대
1938.08.	묘향산을 비롯한 서조선 일대
1939.08.	북경, 만주, 몽골
1940.07~08.	함경도, 만주 일대
1941.08.	중강진을 비롯한 압록강 유역과 평안북도 일대
1942.06.17. ~ 07.16.	개마고원 일대
1942.08.02.~23.	경기도, 강원도, 경상도
1950.05.11.~05.20.	대전, 충청남도 일대

석주명은 8·15 광복 후 창립된 조선산악회에 가입(1946)하여 연구 분야의 확대 및 과학의 대중화에 노력하였다. 특히 학술 담당 상임 이사로서 1946년부터 국토구명사업에 적극 참여하였다.

기 간	내 용	비 고
1946.7.25.~8.12	제2회 국토구명사업, 오대산·태백산맥 학술조사대	동물반 조사
1947.7.12.~25.	제3회 국토구명사업, 소백산맥 학술조사대	치안 문제로 실패
1947.8.16.~28.	제4회 국토구명사업, 울릉도·독도 학술조사대	동물반 조사
1948.8.17.~29.	제5회 국토구명사업, 차령산맥 학술조사대	대장
1949.6.11.~17.	제6회 국토구명사업, 선갑도·덕적군도 학술등반대	대장
1949.8.8.~24	제7회 국토구명사업, 다도해 학술조사대	대장

065

백두산 채집 조사_1933.7.30.

Collection survey at Mt. Baekdu.

석주명은 1933년 미국 하버드대학 비교동물학교실로부터 경비를 지원받아 21일 동안 백두산 채집 여행을 떠났다.
After the butterfly investigation in Gaeseong area was almost done in 1933, Seok Du Myung started to investigate butterflies all over the country.

왼쪽부터 우종인, 김숙보, 석주명, 석주일

066

백두산 채집 조사_1933.7.

Collection trip to Mt. Baekdu

뒷줄 오른쪽 첫 번째가 석주명

067

석주명과 우종인의 백두산 채집 조사 경로

Trip route in Mt. Baekdu

백두산 채집 여행은 석주명과 우종인이 한조를 이루고 조복성(趙福成, 1905~1971)과 장재순(張在順)이 한 조를 이루어 진행하였다. 석주명은 함흥-풍산-갑산-혜산진-보천보-포태리-백두산-농사동-삼장-무산까지의 경로였으며, 조복성은 함흥-신포-직동-풍산-갑산-혜산진, 다시 신포-주을온-석성산-무산 경로를 담당하였다. 백두산 채집 여행에서 호랑나비과 6종, 흰나비과 14종, 뱀눈나비과 14종, 네발나비과 50종, 부전나비과 31종, 팔랑나비과 16종 등 6과 130종 5,000여 마리를 채집하였다.

068

함경북도 도정산 나비 채집_1940.7.25.

Butterfly collecting at Mt. Dojeong, Hamgyeongbuk-do, North Korea

포충망을 든 석주명과 장재순

069

관모연봉 채집 여행 경로

Trip route in Gwanmo Peak

1940년 7월 22일부터 30일까지 함경북도 관모연봉 일대를 채집하였는데, 주을온보(朱乙溫堡)를 출발하여 봉파동-문내-도정산(2,201m)-뇌조암(2,075m)-견청대(2,270m)-관모봉(2,541m) 등 해발 2,000m 이상의 높은 봉우리가 있는 지역을 조사하였다.

070

함경북도 관모봉 조사_1940.7.28.

Survey of Gwanmo Peak, Hamgyeongbuk-do

앞줄 오른쪽에서 세 번째가 석주명

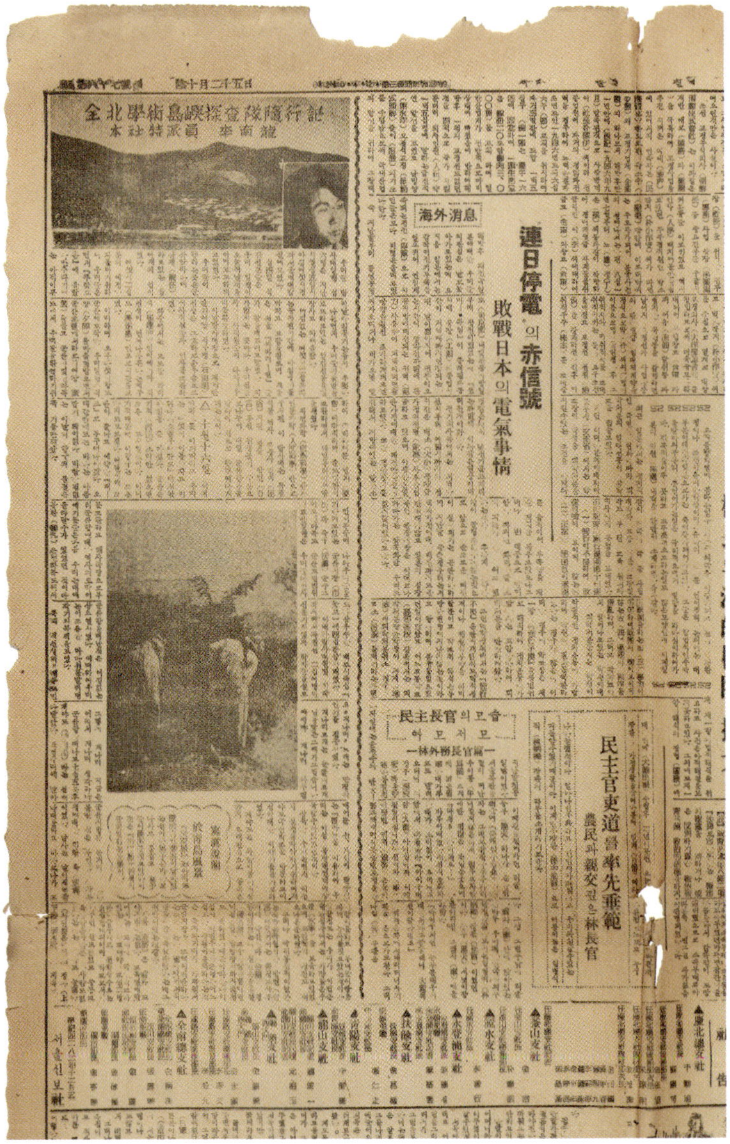
全北學術島嶼探査隊隨行記
本社特派員 李南龍

連日停電의赤信號
敗戰日本의電氣事情

海外消息

民主官吏道를率先垂範
農民과親交맺은林長官

071

서울신보 제87호_1949.12.14.

Seoul Shinbo(Seoul News) No.87.

「전북학술도서탐사대수행기, 특파원 이남용)」.
"특히 석 선생의 제주도 민요 '개나리' 노래는 만장의 인기를 집중시켰다."
「The Record of Jeonbuk Academic Books Exploration Team」. "Especially Mr. Seok sang Jeju folk song 'Gaenari', and it attracted all audience."

39.5×54

全北島嶼學術探査隊隨行記

야마모도의 최후

全北諸島嶼의 學術探査를 마치고

072

서울신보 제88호_1950.1.2.

Seoul Shinbo (Seoul News) No.88

「전북도서학술탐사대수행기. 특파원 이남용」.

39.5×54

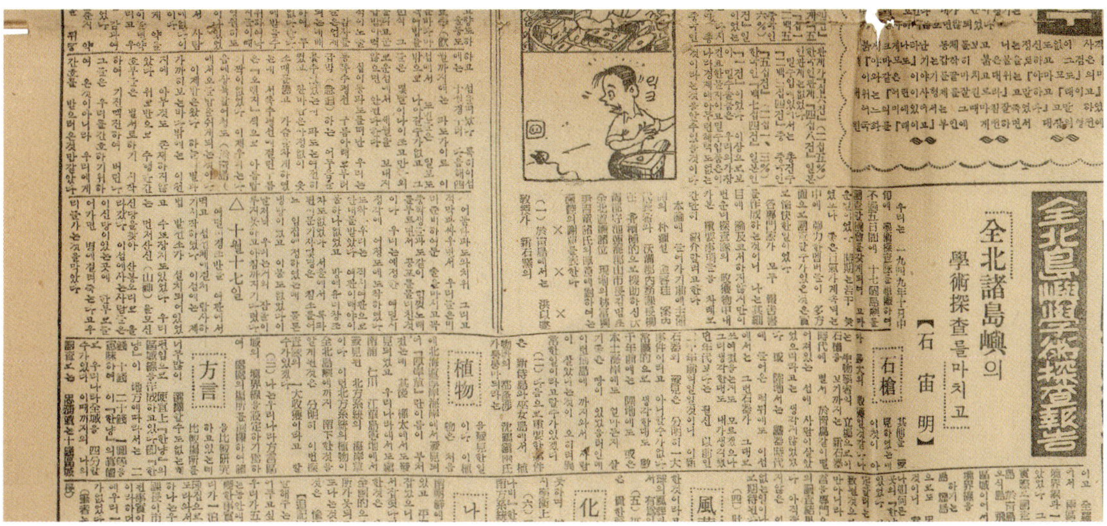
全北島嶼學術探査報告

全北諸島嶼의 學術探査를 마치고

【石宙明】

서울신보 제88호_부분

「전북도서학술탐사보고-전북 제도서의 학술탐사를 마치고(석주명)」.

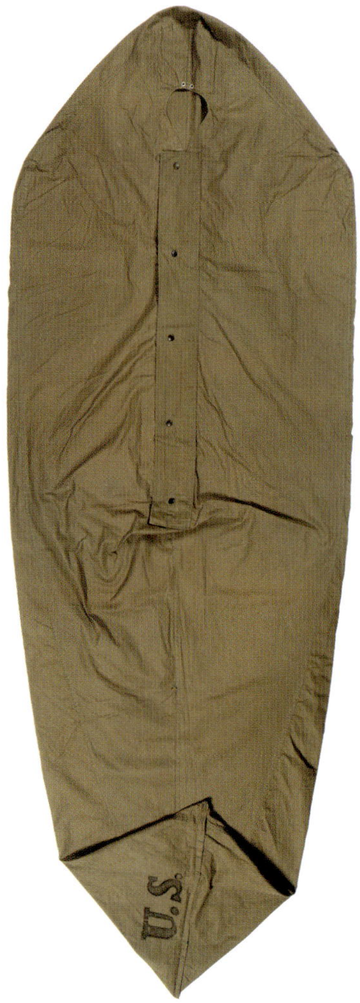

073

침낭_1950 이전

Sleeping bag

얼굴만 내놓고 잘 수 있도록 제작한 홑침낭이다. 1944년 생산된 미국산 평직의 면으로 제작되었는데 사용한 흔적이 없는 새 제품으로 추정된다. 지퍼가 앞 중심에 달려 있는데 지퍼 손잡이가 안쪽으로 달려 있어서 침낭 속에 들어간 후 여닫도록 하였음을 알 수 있다. 소재는 군용지로 튼튼하기는 하지만 얇은 편이고 표면에 특수 처리 가공은 안된 것으로 짐작된다.
A sleeping bag that could put off only face. Produced in the US, 1944.

국가등록문화재 제610호 National Registered Cultural Heritage No. 610
88×240

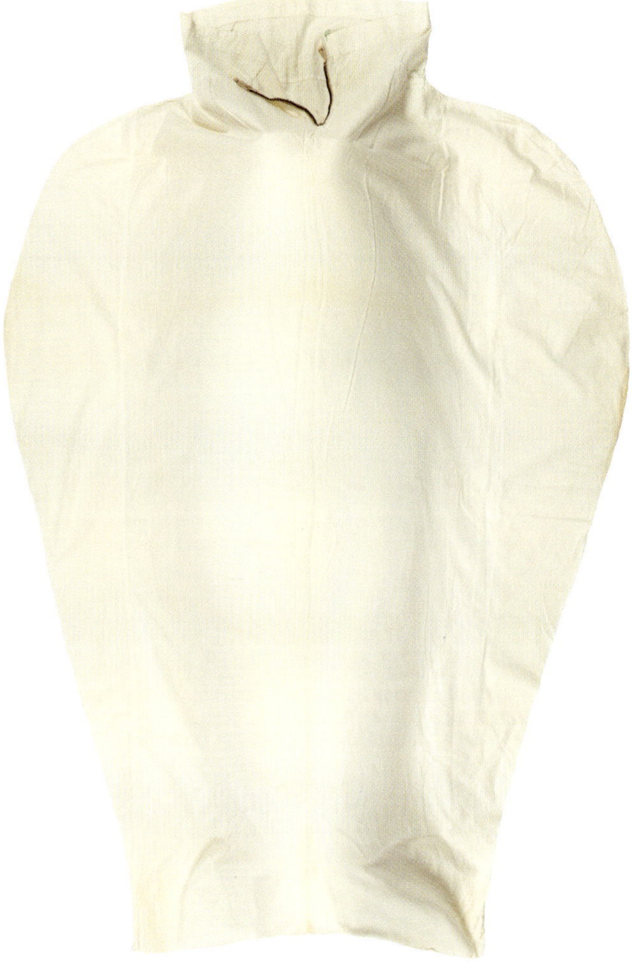

074

침낭_1950 이전

Sleeping bag

침낭 내피로 추정되는데 직접 제작한 것이다. 형태는 매병과 유사하며 소재나 구성법으로 볼 때, 보온 효과나 방수·발수 효과는 거의 없는 것으로 추정된다. 목 부분 이하 발끝까지 감싸는 구조로 제작되었다. 지퍼는 손잡이의 글씨로 볼 때 일본 카이헤이키사(Kaiheiki社)의 것이다.
The inner skin of sleeping bag which is made by himself. This is assumed that not warm keeper and waterproof.

국가등록문화재 제610호 National Registered Cultural Heritage No. 610
124×170

075

비옷_1944.

Raincoat

비닐 소재로 만든 사다리꼴형 사제(私製) 우비이다. 윗부분에는 투명한 비닐을 사용하였고 아랫부분에 불투명한 카키색 비닐을 이어 만들었는데 아랫단 중앙에는 양면에 각각 붉은 조각을 붙였다. 머리 위로 뒤집어 쓰고 투명한 비닐 쪽으로 내다볼 수 있도록 만든 것으로 짐작된다. 가장자리에는 넓은 테이프를 붙여 보강하였다. 기성 제품은 아닌 것으로 추정되며 채집 활동 시 편리하도록 석주명 선생이 고안해 만든 것이 아닐까 추측된다. "COVER PROTECTIVE INDIVIDUAL" 라 쓰여 있으며, 미국 필라델피아에서 생산되었다.

Trapezoidal type vinyl rain coat. The upper part is transparent and lower part is opaque. The main ingredient was produced in Philadelphia, US.

국가등록문화재 제610호 National Registered Cultural Heritage No. 610
118×143

076

트렌치코트_1950 이전

Trench coat.

베이지색 라그란 슬리브의 더블 브레스티드 홑 트렌치 코트이다. 뒤트임이 있으며 뒤트임에 단추 구멍과 단추가 달렸던 흔적이 있다. 홑옷이지만 윗부분 어깨와 가슴, 등 부분에만 짧게 안감을 넣었는데 체크 무늬 소재이다. 앞길 왼쪽 위와 뒷길 오른쪽 아래 기운 자국이 확인된다.

Beige color raglan sleeves and double-breasted single trench coat.

국가등록문화재 제610호 National Registered Cultural Heritage No. 610

길이 110　화장 76　품 48

077

장갑_1950 이전

Knit gloves

굵은 갈색 털실로 짠 니트 장갑이다. 손목 위까지 충분히 올릴 수 있는 넉넉한 크기이다.
Knitted gloves with thick brown wool.

국가등록문화재 제610호
National Registered Cultural Heritage No. 610

길이 30.5

078

물통_1950 이전

Water bottle

평직의 면직물인 캔버스(canvas)지로 원통을 만들고 위에 잡을 수 있는 손잡이를 달았다.
Water bottle with handle made with canvas.

국가등록문화재 제610호.
National Registered Cultural Heritage No. 610

길이 26 지름 29

079

채집망_1950 이전

Collecting net

나선형 구조로 만들어진 채집망이다. 측면은 삼베로 만들고 윗부분은 고운 면으로 제작하였다. 몸통 부분에 원형 금속 테두리 3개가 들어가 있으며, 맨 윗부분에는 끈으로 조여 묶을 수 있도록 하였다.
A spiral collecting net which could tie up with string.

국가등록문화재 제610호
National Registered Cultural Heritage No. 610

길이 50　지름 32

080

얼굴망_1950 이전

Face net(Beekeeping hat)

위가 둥근 소모자형이다. 모자 부분은 6개의 조각을 고깔형으로 붙여서 만들고 그 아래에 항라 조각을 연결하였으며, 다시 아래에 흰색 튤(tulle) 망사를 연결하였다. 아랫단에 잡아당겨 조일 수 있는 검은 끈을 꿰어 두었다.
A beekeeping hat made with 6 scraps and it connected with face shield.

국가등록문화재 제610호
National Registered Cultural Heritage No. 610

길이 48 지름 29

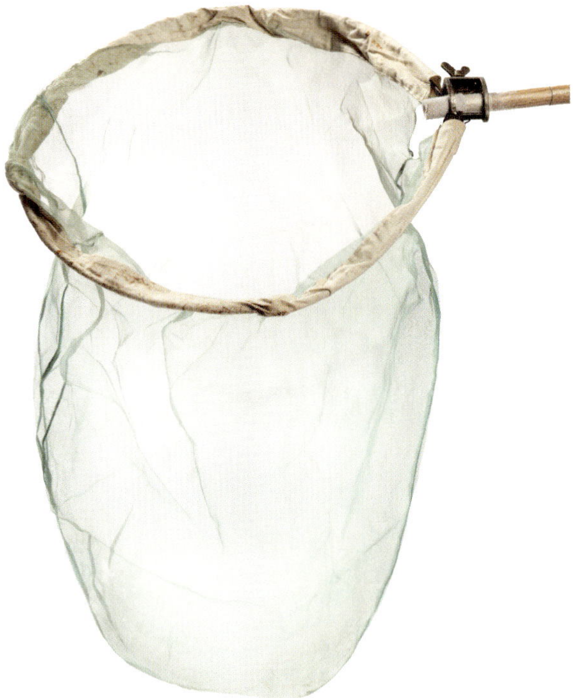

081

나비채(포충망)_1950 이전

Butterfly net

나비채의 본체는 녹색 은조사로 만들고 테 가장자리에는 평직 면직물을 사용하였으며, 원형의 금속테는 4개의 마디로 구성되어 있다.

The tools to catch butterflies or insects.

국가등록문화재 제610호

National Registered Cultural Heritage No. 610

길이 75

082

석주명이 사용한 칼_1950 이전

Knife

국가등록문화재 제610호

National Registered Cultural Heritage No. 610

길이 26

083

석주명 배낭_1950 이전

Backpack

방수가 가능한 캔버스지로 제작한 배낭이다. 밑판은 면을 누벼 만들었으며, 위쪽에 꿰어진 끈으로 조여 여민 뒤 뚜껑을 덮는 구조이다. 끈을 꿰는 둥근 구멍은 정교하게 버튼홀 스티치로 마감하였다.

국가등록문화재 제610호
National Registered Cultural Heritage No. 610

50×54.5

084

석주명 배낭_1950 이전

Backpack

배낭 위쪽에 꿰어진 끈으로 조여 여민 뒤 뚜껑을 덮어 사용하는 배낭이다. 아래 밑 면을 누비지 않았으며, 바느질 상태는 약간 엉성한 편이다. 끈을 꿰는 둥근 구멍은 정교하게 버튼홀 스티치로 마감하였다. 기성 제품이 아닌 가정에서 제작한 것이다.
Bag for collection trip or to put manuscript papers.

국가등록문화재 제610호
National Registered Cultural Heritage No. 610

49×57

석주명의 혼(魂), 한국산 나비 연구 3부작

The Sprit of Seok Du Myung,

Research Trilogy of Korean Butterflies

석주명은 100여 편 이상의 학술 논문을 발표했으며, 1940년 한국산 나비의 연구를 집대성한 영문 연구서『한국산 나비 목록(*A Synonymic List of Butterflies of Korea*)』을 펴냈다. 나비의 개체변이 중요성을 분명하게 인식하고, 개체변이의 범위를 객관적으로 밝히기 위해 수많은 나비의 정량적 형질을 추출하고 통계적으로 처리하는 접근법을 고안하였다.

예를 들어 배추흰나비의 변이 연구를 위해 167,837 개체, 굴뚝나비의 앞날개 길이와 뱀눈무늬의 양상을 규명하기 위해 34,235개체의 표본을 조사하였다. 석주명은 개체변이의 결과를 밝혀내기 위해서는 한 종마다 1만 개 이상의 개체를 조사해야 한다고 보았다. 수십만 마리의 개체를 모으고 정리해서, 그 누구도 시도하지 못했던 통계학적 지식을 생물분류학에 적용시켰던 것이다.

그렇게 탄생한 석주명의 한국산 나비 연구 3부작,『한국산 나비 목록』,『한국산 접류의 연구』,『한국산 접류 분포도』는 석주명에게는 생명이요 동시에 자신의 혼과도 같은 것이었다.

"이건 내 생명이요, 이것이 없어지면 난 죽은 목숨이나 마찬가지다"

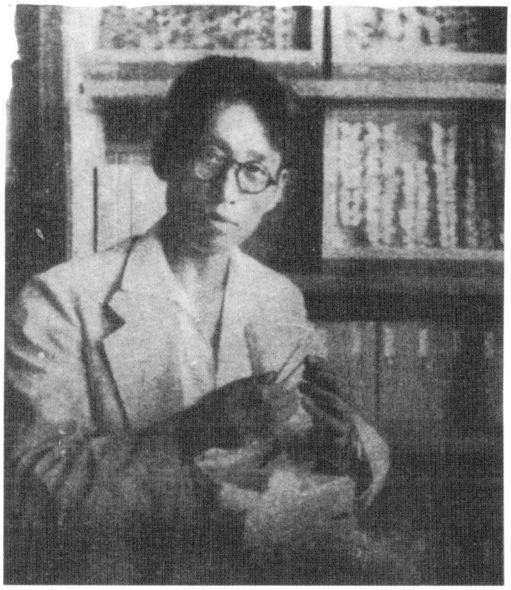

085

국립과학박물관 연구실에서_1949.9.14.

In a lab, the National Scicence Museum

086
석주명의 나비 연구 3부작

087

『여성(女性)』 1939년 10월호

『Yeoseong(Woman)』

잡지 『여성』에는 석주명과 함께 곤충학자 조복성(趙福成, 1905~1971)을 소개하였다.

19×26

趣味에사는사람들(二)

平壤高普一學年붙어 벌서
動物學者의 큰 꿈을 안고
甲虫을 만지시는것이 二十
年이되얏다는데現在는 京
城帝大豫科助手로 게시면
서 硏究를 싸으신답니다。
令孃도 甲虫의 標本을說
明해줄것만갈습니다。

취미에 사는 사람들(二), 「나비와 석주명 씨」

People who lives in the hobby(2),「Butterfly and Mr. Seok Du Myung」

"현재 개성송도중학 박물 선생이신 씨(氏)는 나비 연구로 유명하신 소장 학자이신데 씨의 댁에서는 그 영부인과 영양(令嬢)이 모도 부군(夫君)과 아버지의 연구를 도웁는다니 얼마나 부러운 가정입니까"

Seok Du Myung's wife Kim Yoon Ok and daughter Seok Yoon Hui helped his research of butterfly and it was a big part of his work.

나비와 石宙明氏

平壤光成高普 宮崎高農을 나오서서 現在 開城松都中學博物先生이신 氏는 나뷔研究로 有名하신 少壯學者이신데 氏의 宅에서는 그 令夫人과 令孃이 모도 夫君과 아버지의 研究를 도읍는다니 얼마나 부러운 家庭입니까

088

나비 조사 카드_1930년대

Butterfly investigation card

겉봉투에 '개성송도고등보통학교 박물교실 석주명'이 인쇄되어 있다.

봉투 20.5×28.5, 내지 18×26

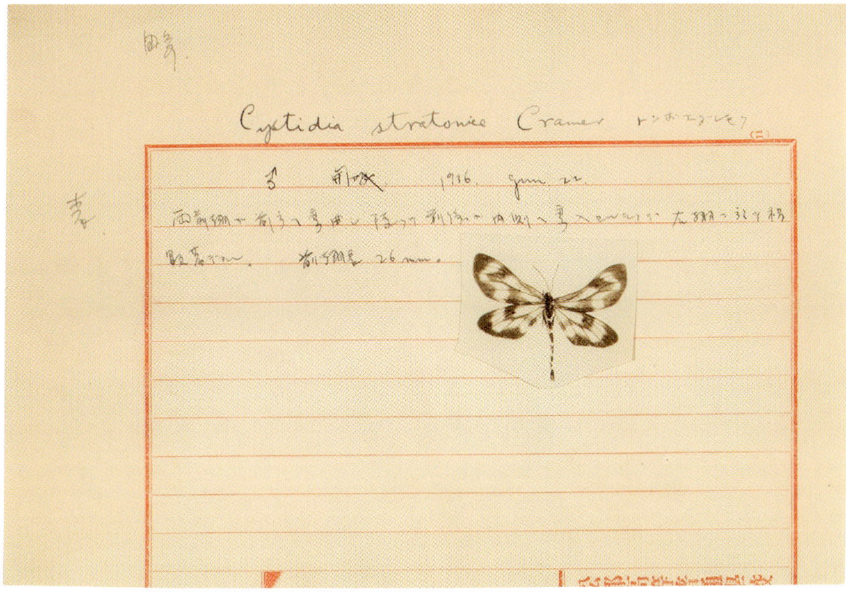

나비 조사 카드 부분
Butterfly investigation cards

잠자리가지나방, 수컷, 개성, 1936.6.22.
Dragonfly-shaped geometrid

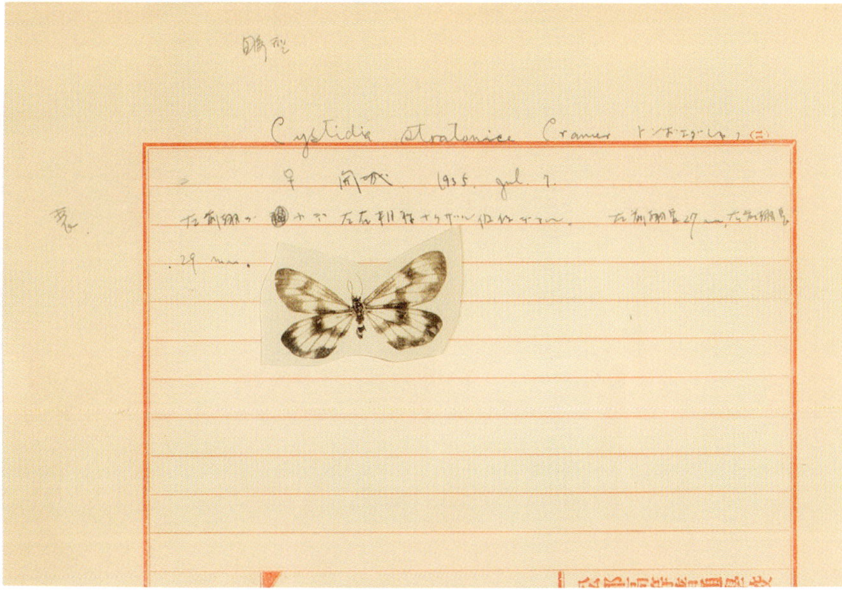

나비 조사 카드 부분
Butterfly investigation cards

잠자리가지나방, 암컷, 개성, 1935.7.7.
Dragonfly-shaped geometrid

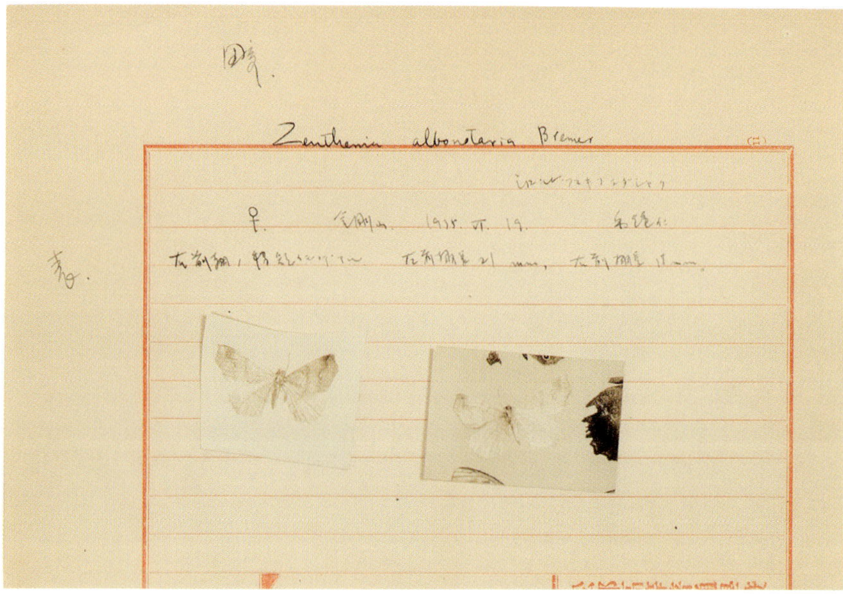

나비 조사 카드 부분

Butterfly investigation cards

점짤룩가지나방, 암컷,
금강산, 1935.6.19.
Xerodes albonotaria (Bremer)

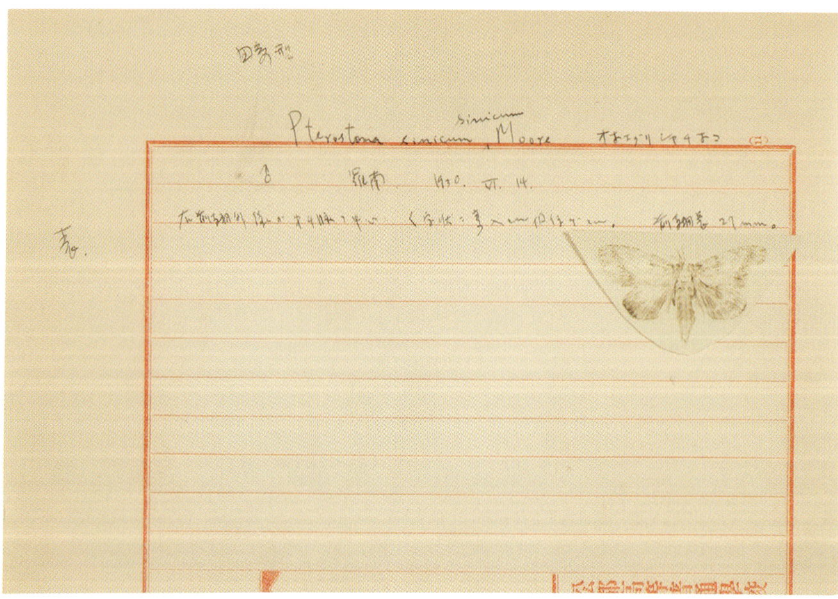

나비 조사 카드 부분

Butterfly investigation cards

주름재주나방, 수컷,
함경북도 청진시 나남,
1930.6.14.
Pterostoma gigantina staudinger

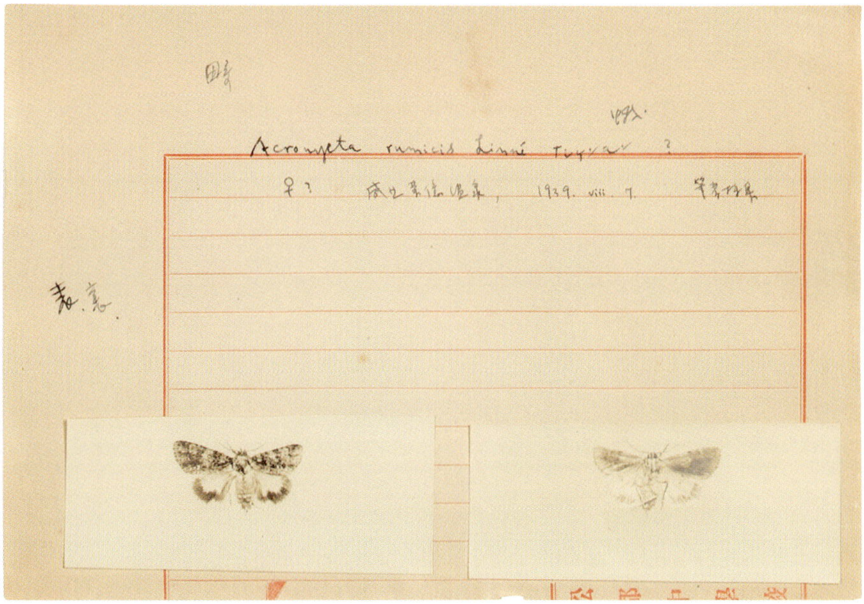

나비 조사 카드 부분

Butterfly investigation cards

배저녁나방, 암컷, 함북양덕온천, 1939.8.7.
Sorrel cutworn

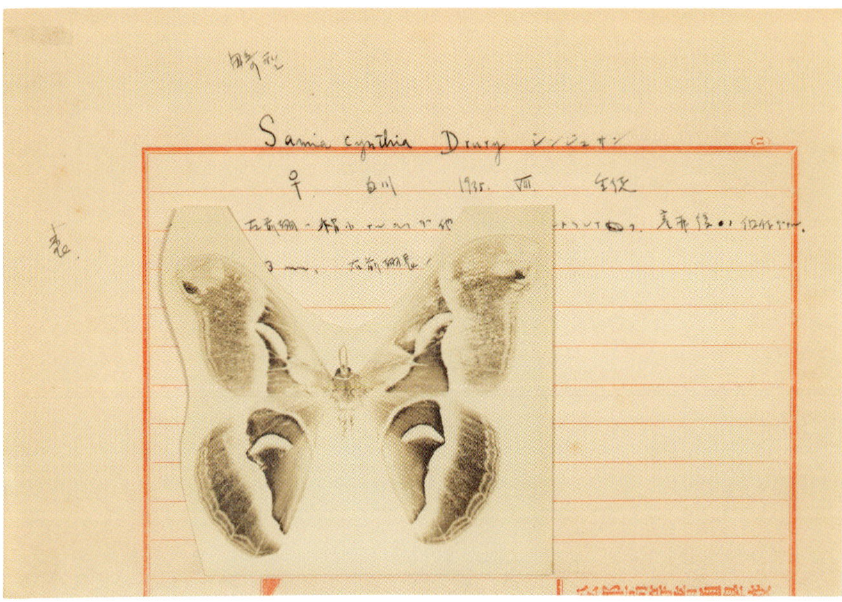

나비 조사 카드 부분

Butterfly investigation cards

가중나무고치나방, 암컷, 백천, 1935.8.
Cyntia silk moth

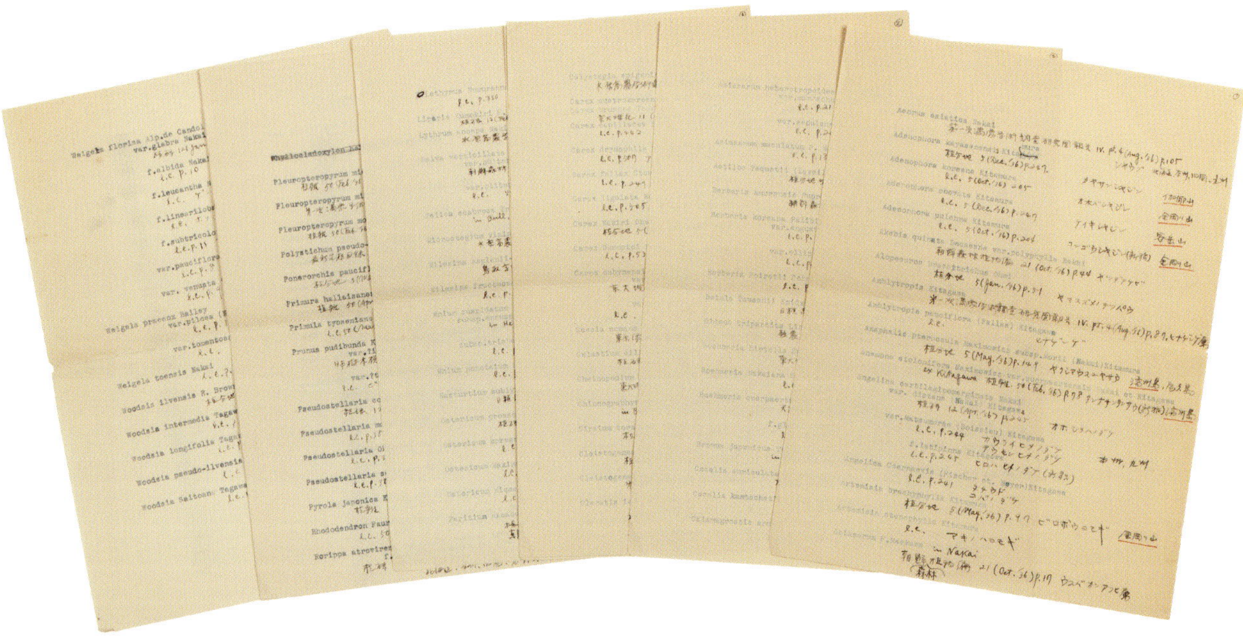

089

나비 기록지_1930년대

Butterflies cards

타이핑 되어 있는 나비의 학명에 참고 문헌, 장소 등을 표기한 원고이다.

22×28.2

090

꼬마멧팔랑나비 표본_1931.6.14.

Samia Cynthia card

"히메미야모세세리(ヒメミヤマセセリ), Thanaos tages popovianus Nordm"

9×10.5

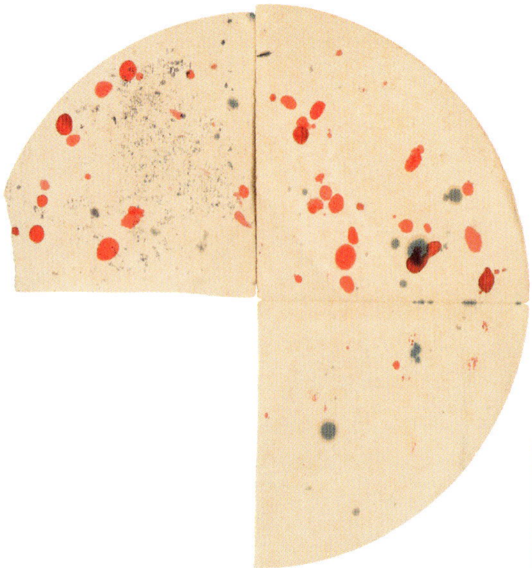

091

나비 보관용 종이_1950 이전

Paper to keep butterfly

석주명 선생의 가방에 들어 있던 종이이다.

지름 30

나비 보관용 봉투(이형)_1930년대

Butterfly storage bag

9.5×14.5

092

나비 채집용 삼각 종이_1950 이전

Triangled paper to collect butterfly

석주명의 가방에 남아 있던 나비 보관용 종이이다.
Paper for keeping butterfly from Mr. Seok Du Myung's bag.

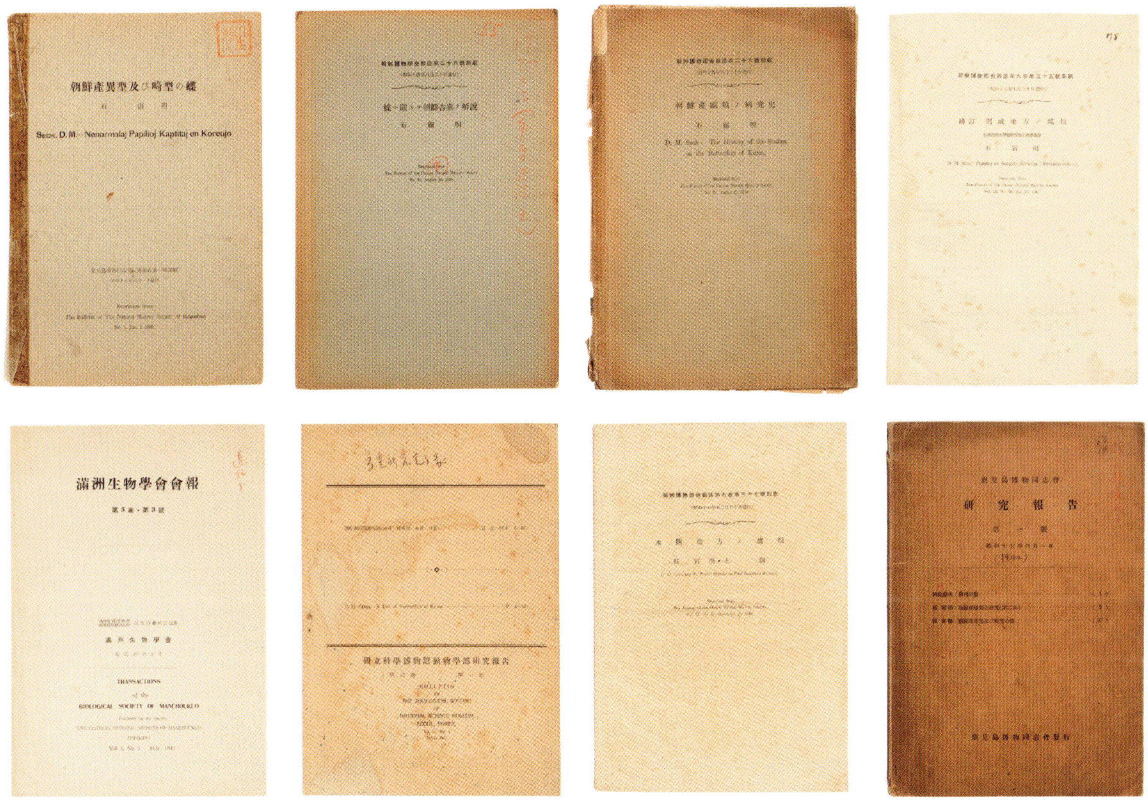

093

석주명 논문 별쇄본_1939~1947.

Seok Du Myung's thesis offprint

윗줄 왼쪽부터
조선산 이형과 기형의 나비(朝鮮産異型及び畸形の蝶)_1942.6.
나비에 관한 조선고전(蝶ニ關スル朝鮮古典ノ解說)_1939.8.
조선산 나비의 연구사(朝鮮産蝶類ノ硏究史)_1939.8.
보정 개성지방의 나비(補訂開城地方ノ蝶類)_1942.7.
만주국산 나비 목록, 제2보(滿州國産蝶類目錄, 第2報)_1943.2.
조선산 나비 총목록(朝鮮産蝶類總目錄)_1947.5.
영흥지방의 나비(永興地方ノ蝶類)_1942.12.
조선산 나비의 연구, 제2보(朝鮮産蝶類の硏究, 第二報) 외_1942.6.

094

석주명 논문(별쇄본)의 나비 사진

Butterfly photographs on Seok Du Myung's thesis

『한국산 나비 목록』

A Synonymic List of Butterflies of Korea

10년에 걸친 석주명의 나비 연구의 정점이자 일제강점기 한국인 과학기술자가 집필한 유일한 과학기술 분야의 영문 저서였으며, 이를 통해 석주명은 일본을 넘어 미국과 유럽의 학계에 자신의 이름을 알리게 되었다.

095

석주명, 『한국산 나비 목록』_1939

A synonymic list of butterflies of Korea, Korea branch of The Royal Asiatic Society, Seoul, Korea

단국대학교 퇴계기념중앙도서관 소장

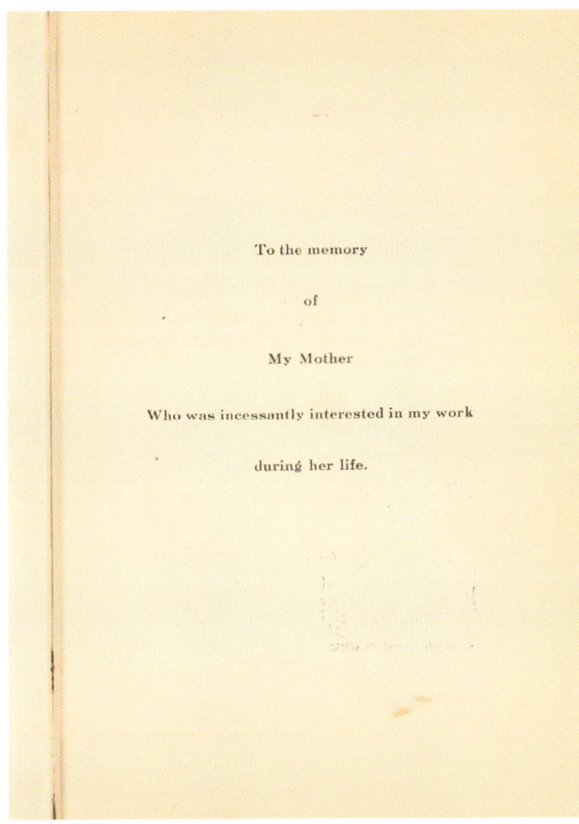

To the memory

of

My Mother

Who was incessantly interested in my work

during her life.

『한국산 나비 목록』 헌정문

"평생토록 나의 연구를 변함없이 도와주신 어머니의 영전에 바칩니다."
"To the memory of my mother who was incessantly interested in my work during her life"

『한국산 나비 목록』 원색 도판

Plate I Some Rare Rhopalocera of Korea.

Upper side (×8/11).

1. *Apatura ulupi morii* SEOK, ♂
2. Ditto, ♀
3. *Eumenis alcyone zezutonis* SEOK, ♂
4. *Argynnis selene sugitanii* SEOK, ♂
5. *Dilipa fenestra takacukai* SEOK, ♂
8. Ditto, ♀
6. *Plebejus argus zuzuensis* SEOK, ♂
7. *Drina superans ginzii* SEOK, ♀

(D. M. SEOK: A Synonymic List of Butterflies of Korea)

『한국산 나비 목록』 원색 도판

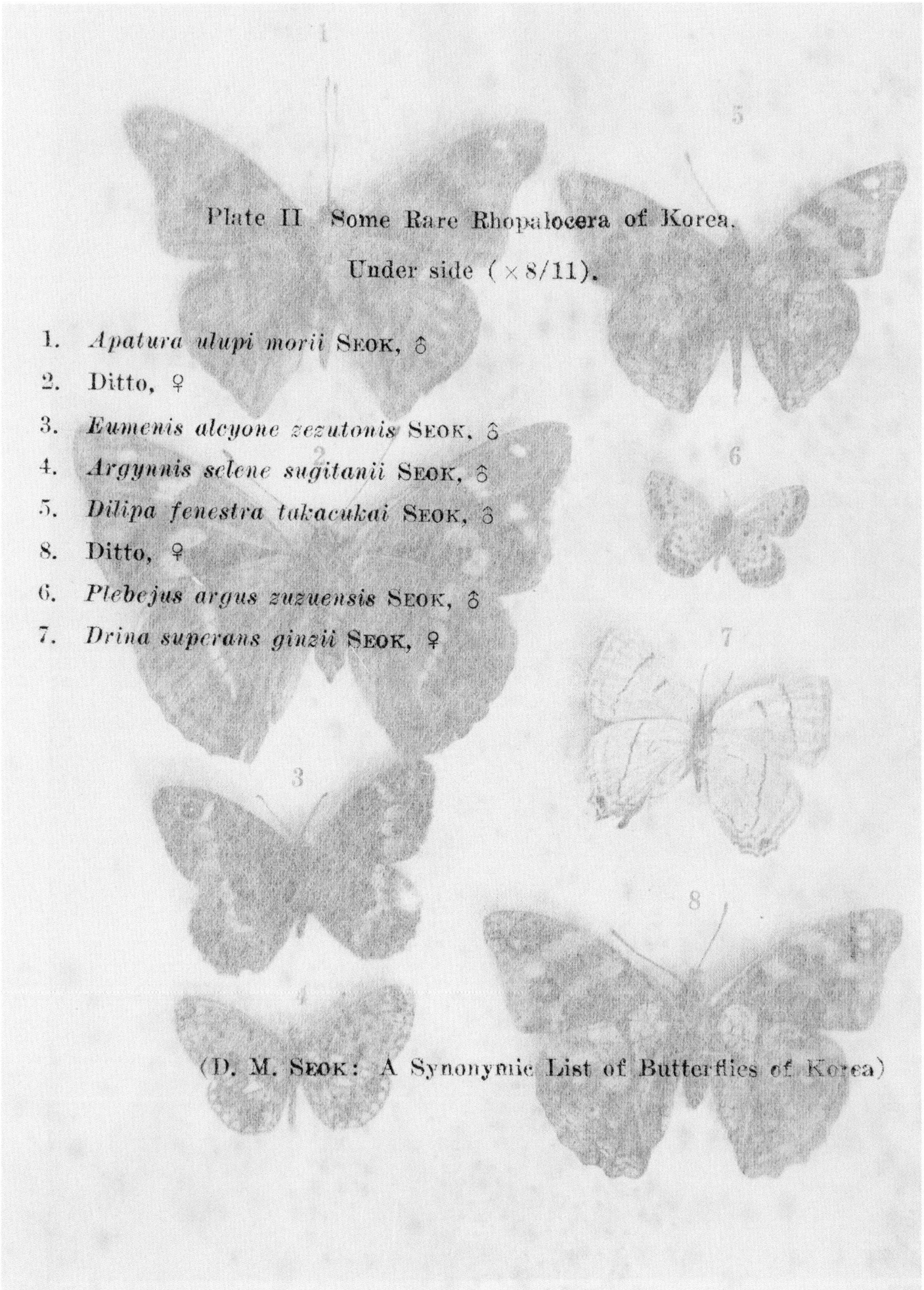

Plate II Some Rare Rhopalocera of Korea.

Under side (×8/11).

1. *Apatura ulupi morii* SEOK, ♂
2. Ditto, ♀
3. *Eumenis alcyone zezutonis* SEOK, ♂
4. *Argynnis selene sugitanii* SEOK, ♂
5. *Dilipa fenestra takacukai* SEOK, ♂
8. Ditto, ♀
6. *Plebejus argus zuzuensis* SEOK, ♂
7. *Drina superans ginzii* SEOK, ♀

(D. M. SEOK: A Synonymic List of Butterflies of Korea)

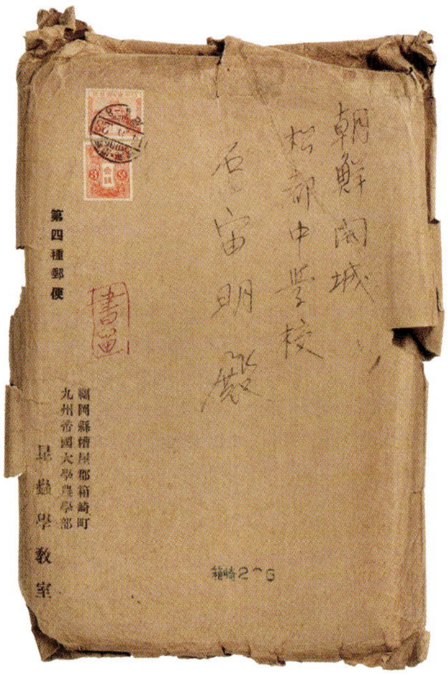

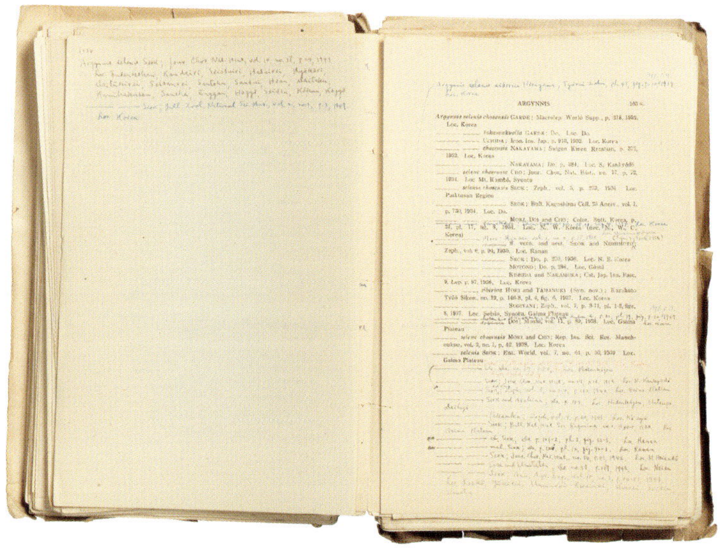

096

『한국산 나비 목록』 교정지_1939.

『*A Synonymic List of Butterflies of Korea*』 proof print

영국왕립아시아학회(규슈대학농학부 곤충교실)에서 개성 송도중학교 석주명에게 보낸 봉투와 교정지이다.
Proof sheet sent by the Royal Asia Society to Seok Du Myung in 1939.

16.5×25

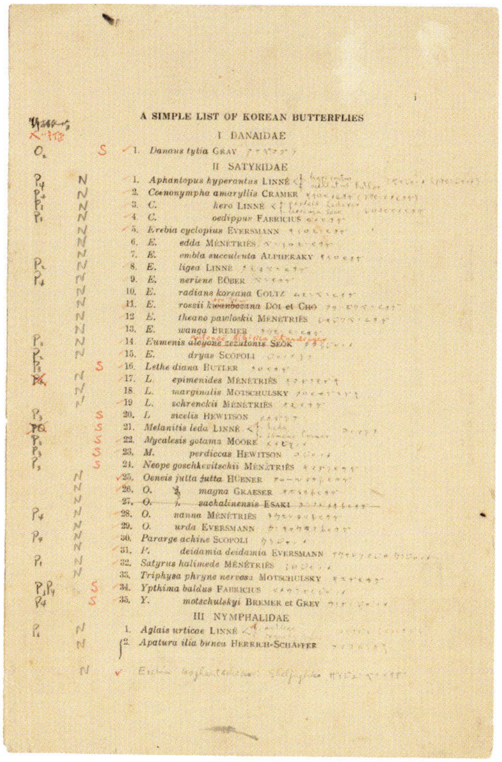
A SIMPLE LIST OF KOREAN BUTTERFLIES

I DANAIDAE

1. *Danaus tytia* GRAY

II SATYRIDAE

1. *Aphantopus hyperantus* LINNÉ
2. *Coenonympha amaryllis* CRAMER
3. *C. hero* LINNÉ
4. *C. oedippus* FABRICIUS
5. *Erebia cyclopius* EVERSMANN
6. *E. edda* MÉNÉTRIÈS
7. *E. embla succulenta* ALPHERAKY
8. *E. ligea* LINNÉ
9. *E. neriene* BÖBER
10. *E. radians koreana* GOLTZ
11. *E. rossii kwanbozana* DOI et CHO
12. *E. theano pawloskii* MÉNÉTRIÈS
13. *E. wanga* BREMER
14. *Eumenis alcyone sezutonis* SEOK
15. *E. dryas* SCOPOLI
16. *Lethe diana* BUTLER
17. *L. epimenides* MÉNÉTRIÈS
18. *L. marginalis* MOTSCHULSKY
19. *L. schrenckii* MÉNÉTRIÈS
20. *L. sicelis* HEWITSON
21. *Melanitis leda* LINNÉ
22. *Mycalesis gotama* MOORE
23. *M. perdiccas* HEWITSON
24. *Neope goschkevitschii* MÉNÉTRIÈS
25. *Oeneis jutta jutta* HÜBNER
26. *O. magna* GRAESER
27. *O. sachalinensis* ESAKI
28. *O. nanna* MÉNÉTRIÈS
29. *O. urda* EVERSMANN
30. *Pararge achine* SCOPOLI
31. *P. deidamia deidamia* EVERSMANN
32. *Satyrus halimede* MÉNÉTRIÈS
33. *Triphysa phryne nervosa* MOTSCHULSKY
34. *Ypthima baldus* FABRICIUS
35. *Y. motschulskyi* BREMER et GREY

III NYMPHALIDAE

1. *Aglais urticae* LINNÉ
2. *Apatura ilia bunea* HERRICH-SCHÄFFER

097

한국 나비 간단 목록_1930년대

A simple List of Korean butterflies

인쇄된 나비 학명에 일본어로 이름을 쓰고 추가 주석을 단 목록지이다.

A list that Japanese names were written beside printed butterflies scientific names and has additional commetns.

15×23

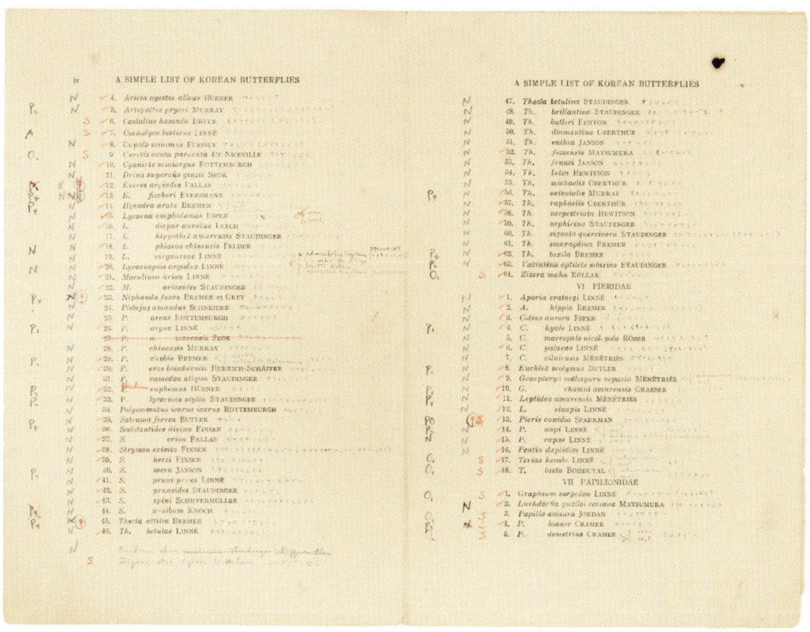
A SIMPLE LIST OF KOREAN BUTTERFLIES

A SIMPLE LIST OF KOREAN BUTTERFLIES

VI PIERIDAE

VII PAPILIONIDAE

한국 나비 간단 목록

A part of simple list of Korean butterflies

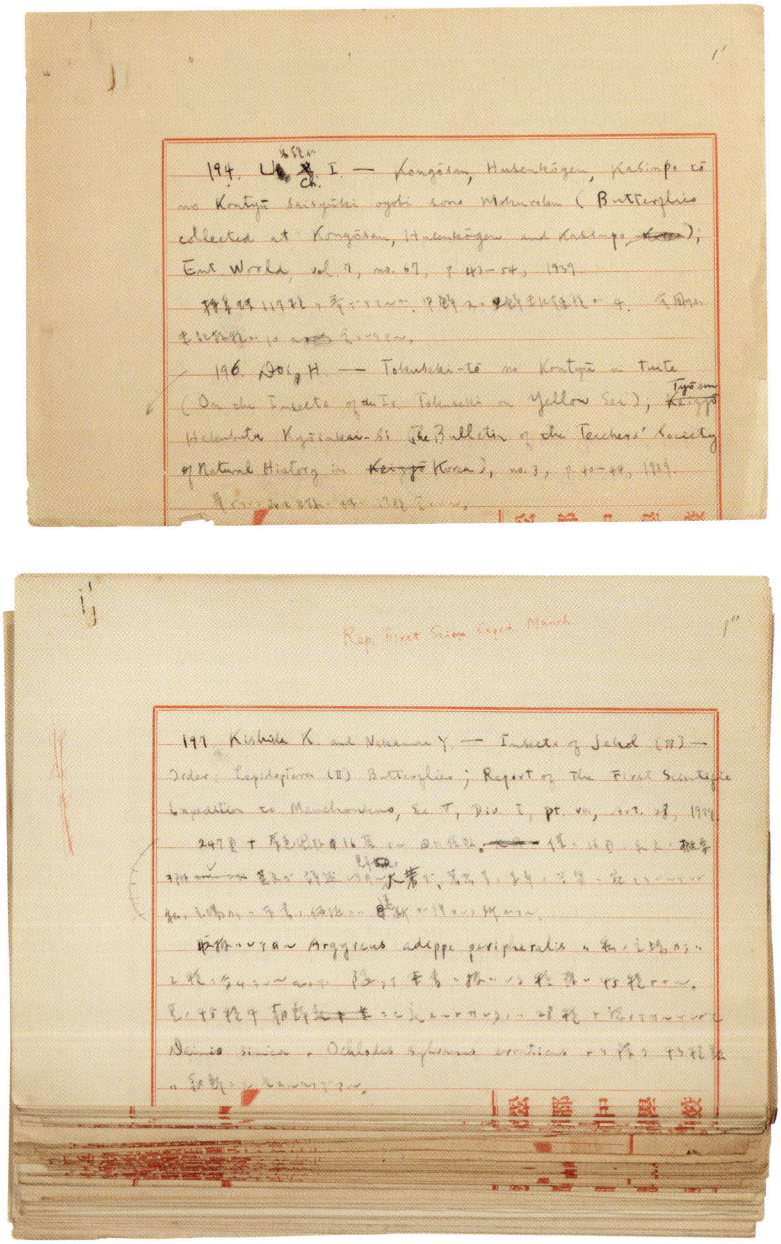

098

나비 연구 원고_1930년대

Manuscripts of butterfly research

송도중학교 원고지에 일련번호와 외국 참고 문헌을 정리한 원고이다.

27×20

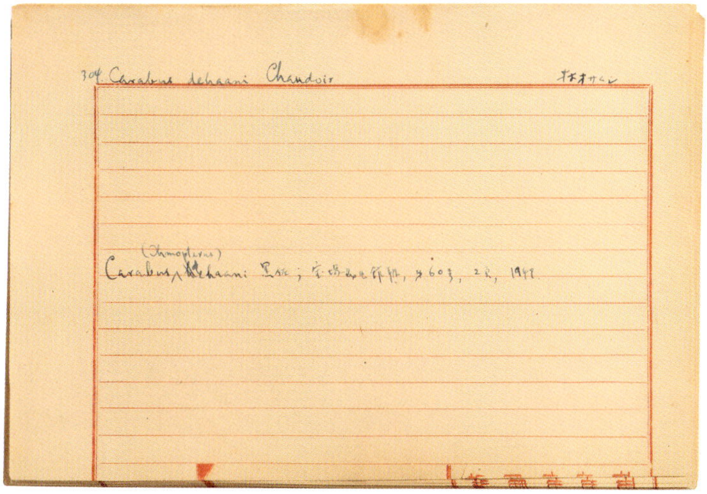

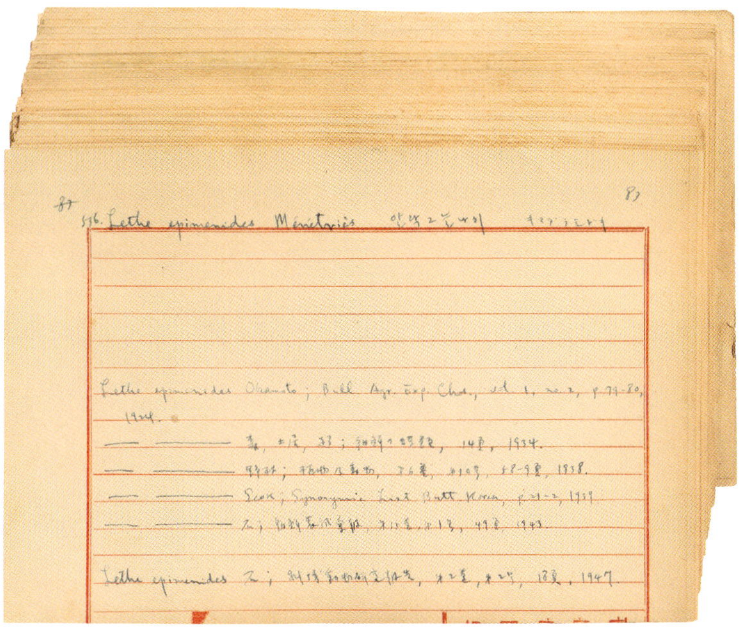

099

나비 목록 원고_1949.

Manuscripts of butterfly list.

일련번호와 나비 학명, 한글 이름, 일본 이름을 적고 참고 문헌을 정리해 놓은 원고이다.
Manuscript that wrote butterfly's scientific name, name in Hangeul, Japanese name and references.

25.5×17.5

100

석주명 영문 타자기_1930년대

English typewriter

석주명이 영궁왕립아시아학회로부터 제의를 받고 저술한『조선산 접류 총목록』은 어머니 김의식이 당시 황소 한 마리 값을 주고 사준 영문 타자기로 작성되었다. 아들 뒷바라지에 헌신적이었던 어머니의 사랑과 정성이 담긴 유물이다. 석주명은 10년의 각고 끝에 내놓은 책 첫페이지에 "평생토록 나의 연구를 변함없이 도와주신 어머니의 영전에 바칩니다."라고 남겼다.
"Dedicate to mother who was incessantly helped my works for whole life."

28.5×28×6

101

『한국산접류의 연구』_1972.

『The Studies on the Butterflies of Korea』

This book could be told a final of Seok Du Myung's butterfly research.

단국대학교 퇴계기념중앙도서관 소장

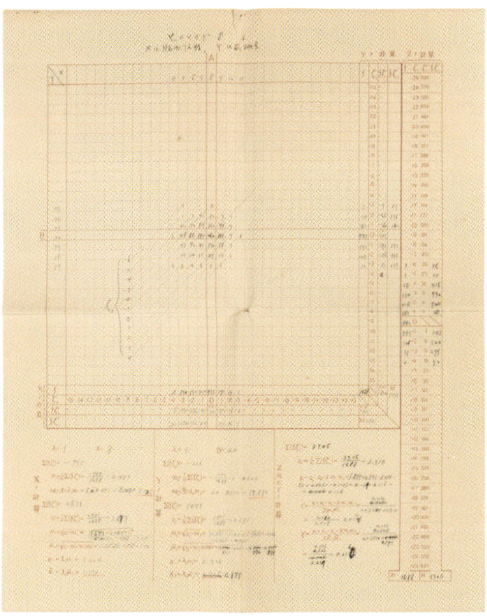

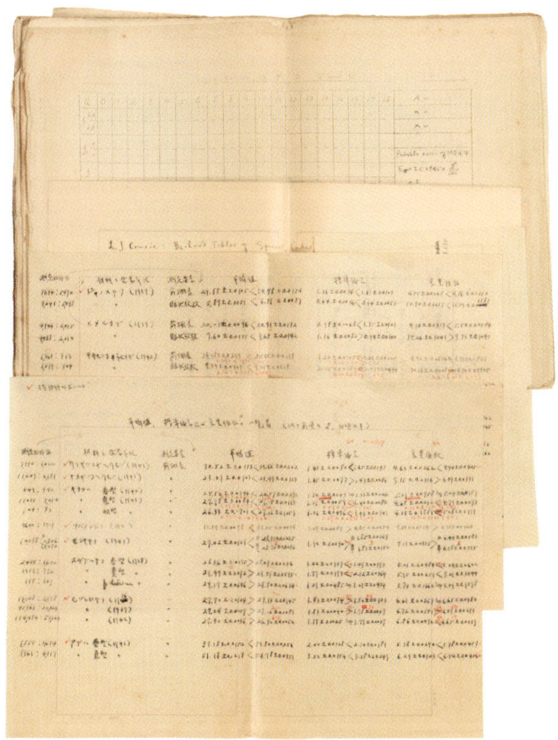

102

나비 앞날개 개체변이 통계 작성 자료_1950년 이전

Individual variation statistic data of butterfly front wings

나비 앞날개의 개체변이 통계표와 실측값을 정리한 원고이다.

26×35.7

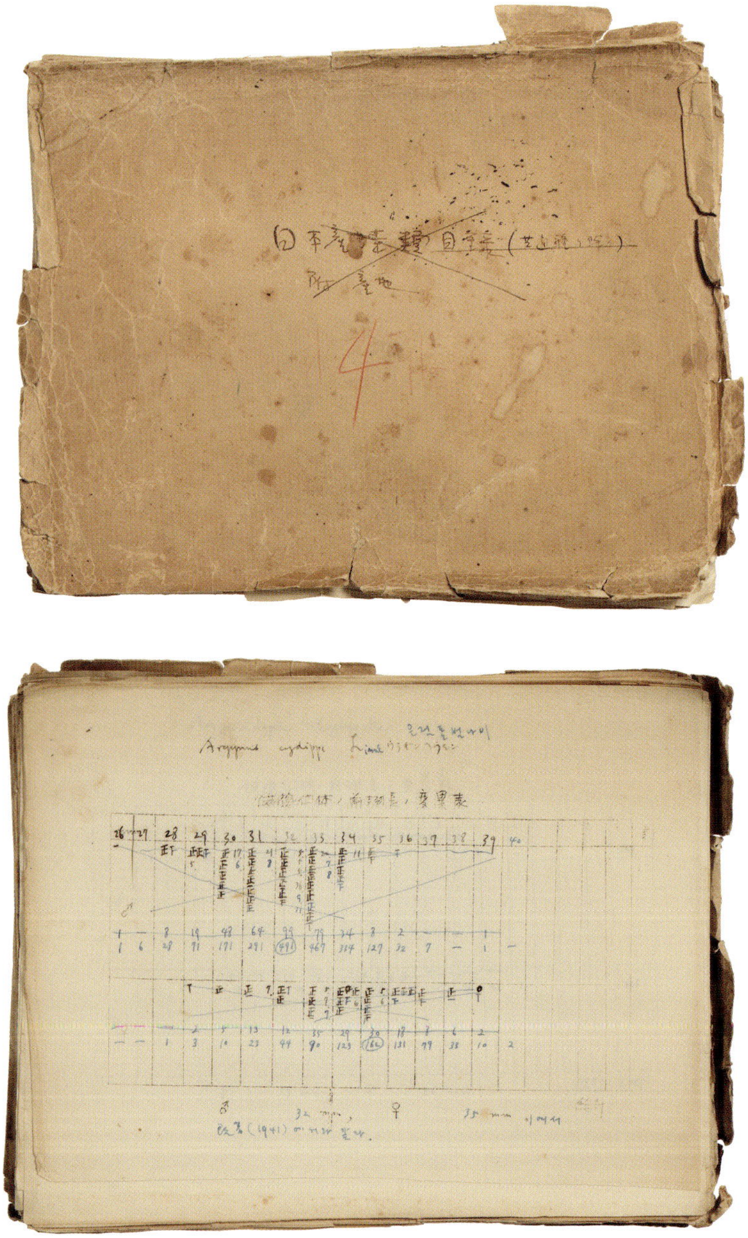

103

나비목록-은점표범나비의 앞날개 길이, 변이표 등_1940년대

Butterfly list – Argynnis Niobe's length of front wing, variation table etc.

29×22

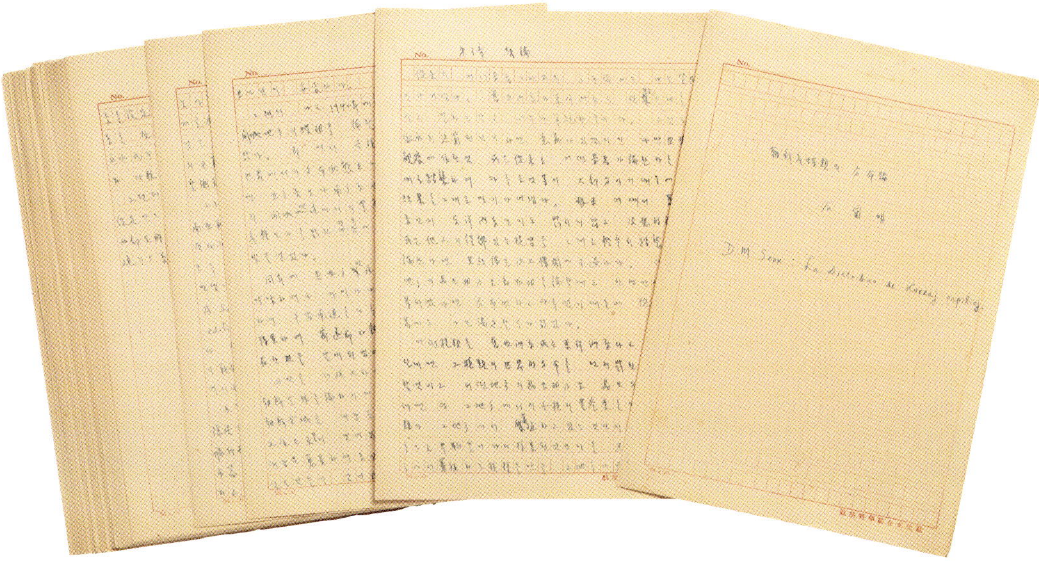

104

조선산접류분포론(朝鮮産蝶類分布論)_1947.

A Distribution Theory of Butterflies of Korea

75매, 표지 아래 에스페란토어로 'D. M. Seok: La Distrifuo de Koreaj papilioj' 라고 썼다.

19.2×26.5

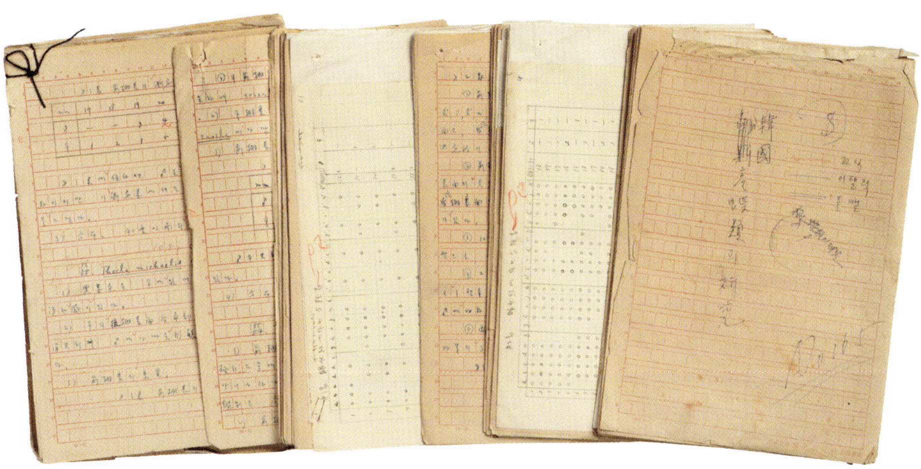

105

한국산접류연구 원고_1950년 이전

Manuscript of The Studies on the Butterflies of Korea

맨 앞장에는 제목을 조선산접류의 연구를 한국산접류의 연구로 바꾸었다. 눈모양 점에 의한 분류표, 앞날개 길이의 측정 등의 표와 원고이다.

18.7×26.3

『한국산 접류 분포도』(1973)

The Distribution Map of Butterflies in Korea

석주명은 자신이 채집 다닌 곳을 지도에 표시하는 동시에 나비 채집 장소를 지도에 기록하였다. 250여 종의 한국산 나비의 한국과 세계 분포 양상을 기록한 500여 장의 지도는 석주명이 끝마치고자 했던 한국 나비 분포 연구 전체의 결과물이자, 생명이요, 혼(魂)과도 같은 것이었다. 생물지리학상 세계 최고의 걸작은 1973년 책으로 출판되었다.

단국대학교 퇴계기념중앙도서관 소장

106

한국산 접류 분포도_ 1973.

The Distribution Map of Butterflies in Korea.

250여 종의 한국산 나비가 한국과 세계에 분포하고 있는 양상을 나타내는 500여 장의 지도기 들이 있다.

This is included 500 of Korea and world distribution maps which present distribution aspects of 250 species of Korean butterflies.

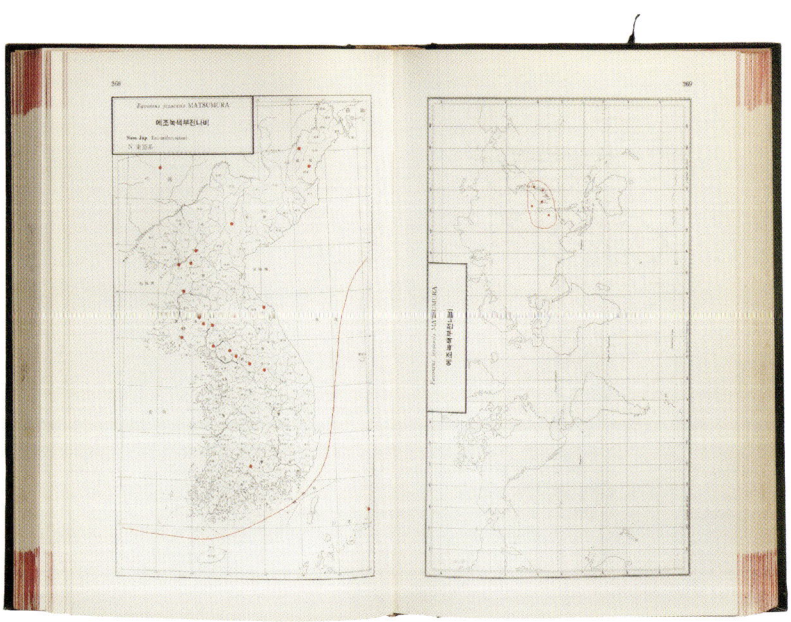

한국산 접류 분포도 부분_에조녹색부전나비 (넓은띠푸른숫돌나비)

Favonius cognatus(Staudinger, 1892).

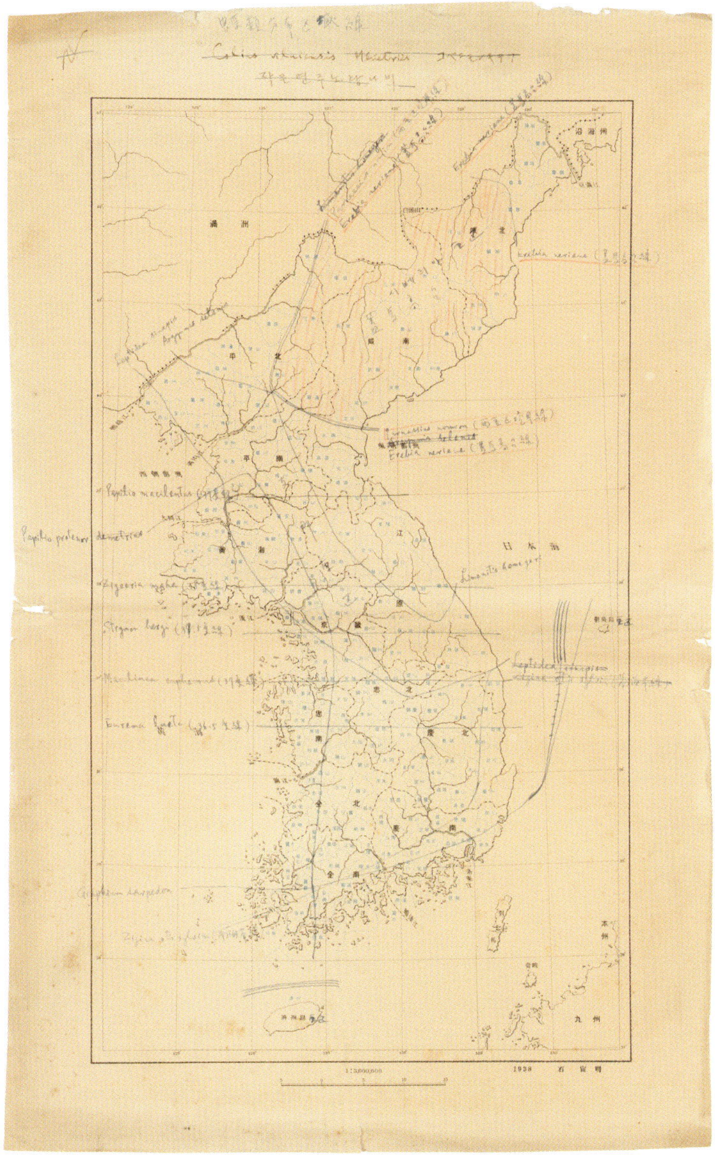

107

연주노랑나비 분포 구획선도_1938.

Distribution map of Colias heos

석주명은 한반도를 시베리아지구, 지나지구, 제주도지구 등으로 나누고 한계선 등을 표시하였다. 석주명은 나비를 채집한 장소를 지도에 표시하면서 각종 분포 상태를 기록하여 남방 한계선과 북방 한계선을 구하여 서식 범위를 설정하였다. 연주노랑나비는 두만강과 중국 시베리아 일대에 분포한다.

By writing down collecting areas and distribution aspects of all kinds of butterflies on the map, Seok Du Myung found the Southern limit line and Northern limit line, and sets inhabitation range.

29×45.8

108

조선 나비 분포도_1938.~1950.

Distribution map of butterflies of Korea.

석주명의 생명과 같았던 504장의 나비 분포도이다. 『한국산 접류 분포도』의 원본이다. 현재 1대(台)의 일부 지도는 국립과학관에 전시중이다.

504 butterflies distribution maps were treated like Seok Du Myung's life.

31.4×47.4

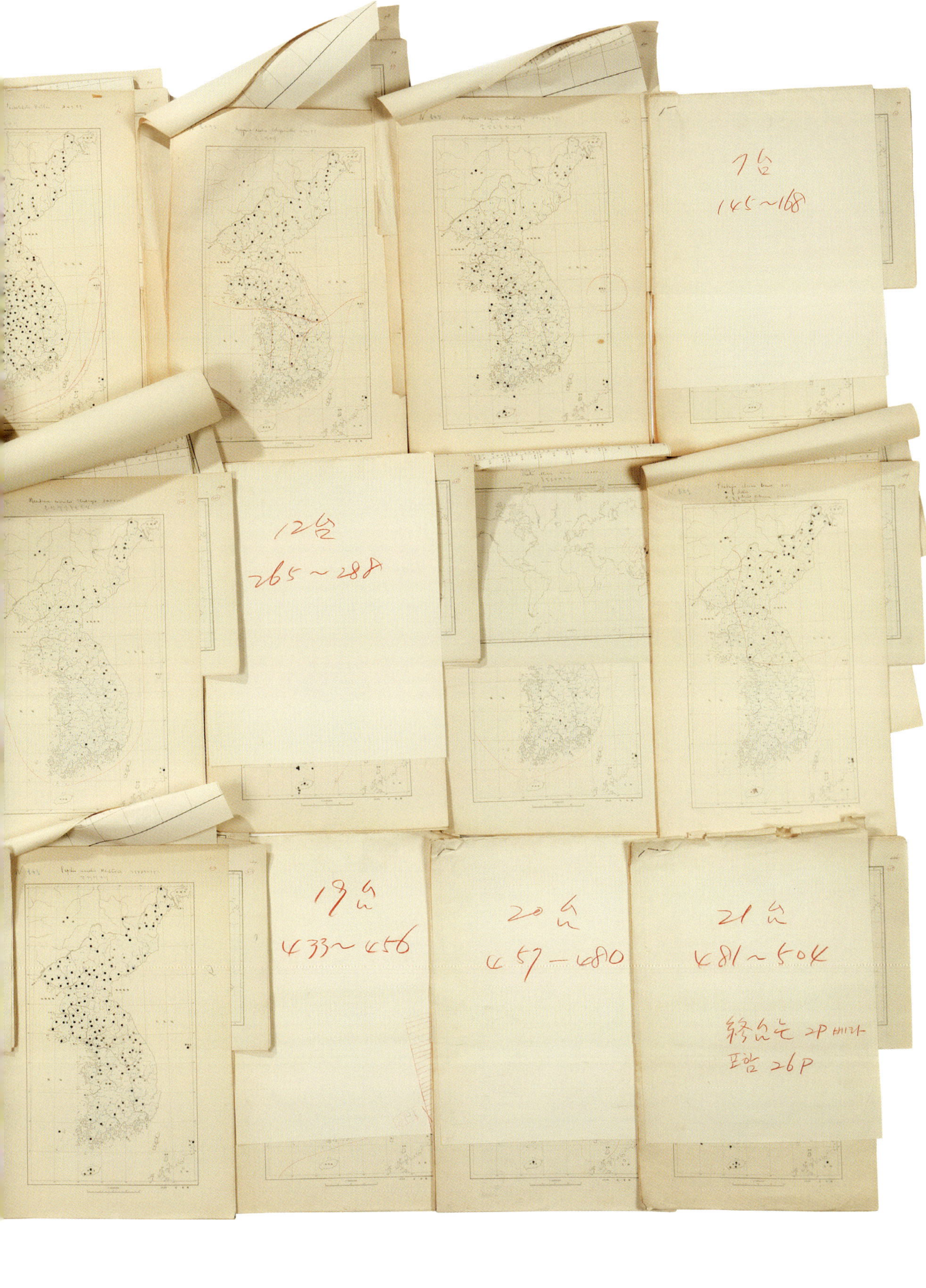
7습
145~168
12습
265~288
19습
433~456
20습
457~480
21습
481~504

109

산지옥나비의 한국 분포 지도

Distribution map of Korea of Reddish satyrid.

산지옥나비는 주로 북한의 함경도 지방에 많이 분포하고 있음을 알 수 있다. 나비 분포 지도에는 석주명과 그의 제자들이 전국 각지에서 해당 종을 채집한 위치가 하나하나 표시되어 있다.
On butterfly distribution map, all the single locations that Seok Du Myung and his students collected the species around the country are marked.

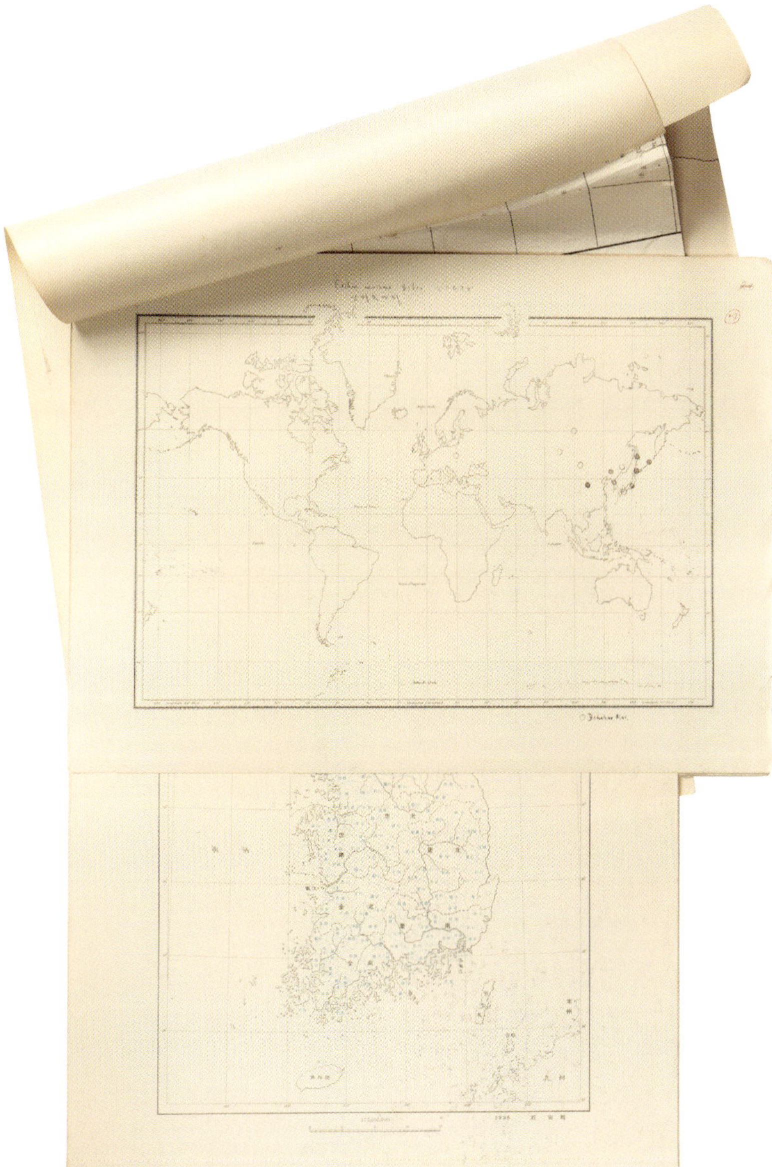

110

산지옥나비 세계 분포 지도

Global Distribution map of Reddish satyrid.

석주명은 나비의 한국 분포 지도와 함께 세계 분포 양상을 기록한 지도도 함께 작성하였으며 세계 각지의 학자와 표본, 학술 자료를 교환하여 얻게 된 지식을 바탕으로 해당 나비가 발견된 지역을 표시하였다.

Seok Du Myung with the background of knowledges which were gotten by exchanging samples and academic documents with scholars all over the world, marked discovered areas of butterflies on the world map.

"내가 돌아다닌 곳을 지도 위에 표시한다면 꽤 복잡할 것입니다. 사실 나는 백만분의 일 조선 지도에 내가 다닌 길을 붉은 금으로 표시하고 있는데 거의 거미집 모양으로 되어가고 있습니다. 아직 몇 군데가 파손된 거미집 모양이니 몇 해 뒤에는 아마 흉하지 않은 거미집이 될 것입니다. 그러니 몇 해 후 나비 종류 수대로 적선(赤線) 거미집이 완성되면 이 '나비 분포 지도'를 보고 채집지를 택하여 여행을 떠나게 될 겁니다. … 중략 … 나의 채집 여행은 체력이 허락하는 날까지 계속될 것이며, 설령 체력이 부족해진다 해도 조수를 써서라도 내가 죽는 날까지 계속하겠습니다."

(이병철, 「신으로부터의 소명」, 『석주명』에서)

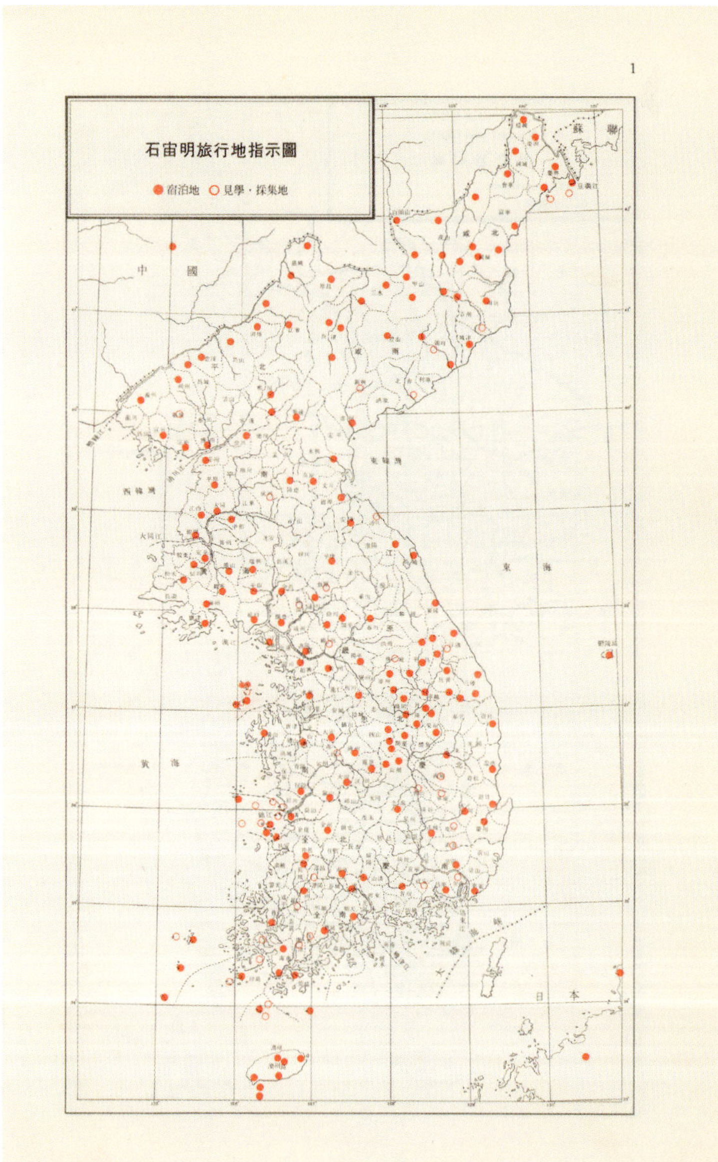

111

석주명 여행지 지시도

Seok Du Myung's Travel Destination Instruction Map

『한국산 접류 분포도』 첫부분에 수록된 석주명의 나비 채집 지역 표시도이다.

Map marked collected butterfly areas included in front part of the 『*The Distribution Map of Butterflies of Korea*』.

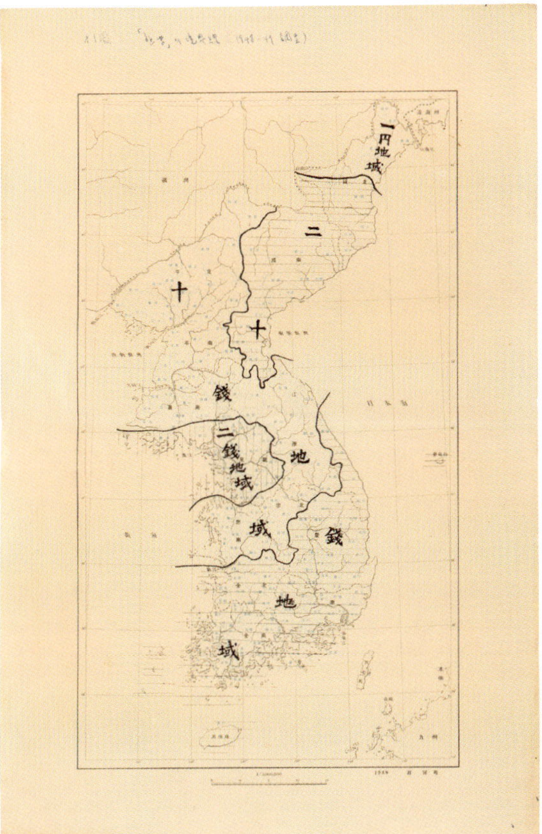

112

「한냥」과 「각시」의 경계선(1948~1949 조사)_1949.

A boundary line of「*Han-nyang*」and「*Gak-si*」(surveyed in 1948~1949).

왼쪽이 「한냥」의 경계선이며, 오른쪽이 「각시」의 경계선이다. 「한냥」의 경계선에는 1원(円) 지역, 십전(錢) 지역, 이십, 2전 지역, 전 지역 등 돈과 관련된 단어를 사용하였으며, 「각시」의 경계선에는 기혼부인, 미혼녀 지역, 무 지역으로 구분하였는데, 이는 수필 「한냥과 각시」와 관련되어 작성된 것으로 생각된다.

Left one is the boundary lines of「*Han-nyang*」and the right one is boundary lines of「*Gak-si*」. These were written for essay「*Han-nyang* and *Gak-si*」.

26.2×36.5

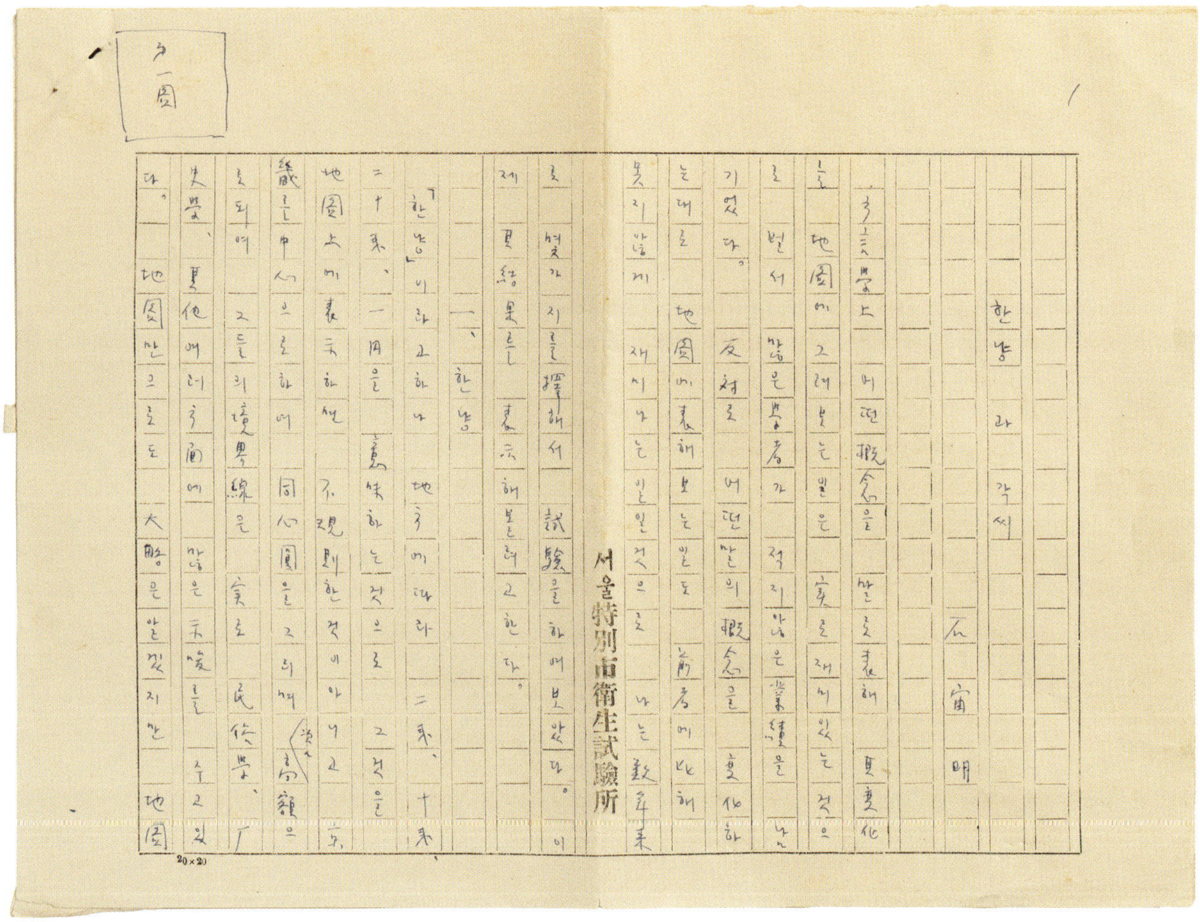

113

석주명, 한냥과 각시 원고_1949.

Manuscript of *Han-nyang* and *Gak-si*

34×25

조선 나비 이름 유래기

The Origin of Butterfly Names in Korea

석주명은 우리나라 나비의 이름을 우리말로 제정하여 1947년 조선생물학회를 통과시켰다. 석주명이 나비 이름을 지은 것 중에는 조수이자 조력자로서 함께한 제자들의 노력도 잊지 않았다. 재순이지옥나비(Erebia kozhantschikovi)는 1947년 관모산(冠帽山)에서 처음으로 이 나비를 채집한 제자 장재순(張在順)의 이름을 따서 지은 것이었다.

> "장재순 군이 처음으로 관모산 상에서 채집한 것인데 학명은 쏘비에트의 곤충학자 이름으로 되어 있으나 나는 이 나비를 처음으로 잡은 우리 조선 청년의 이름을 따서 짓기로 하였다"
>
> 『조선 나비 이름의 유래기』 중에서

석주명의 이름이 붙은 한국산 나비

1. 도시처녀나비 Coenonympha koreuja SEOK / Coenonympha hero coreana Matsumura
2. 수노랑나비 Apatura ulupi morii SEOK / Dravira ulupi morii (Doherty)
3. 산은점선표범나비 Clossiana selens sugitanii (Seok)
4. 유리창나비 Dilipa fenestra takacukai SEOK
5. 깊은산부전나비 Protantigius superans ginzii (Seok)
6. 흑백알락나비 Hestina persimilis seoki Shirozu
7. 산굴뚝나비 Eumenis autonoe zezutonis (Seok)

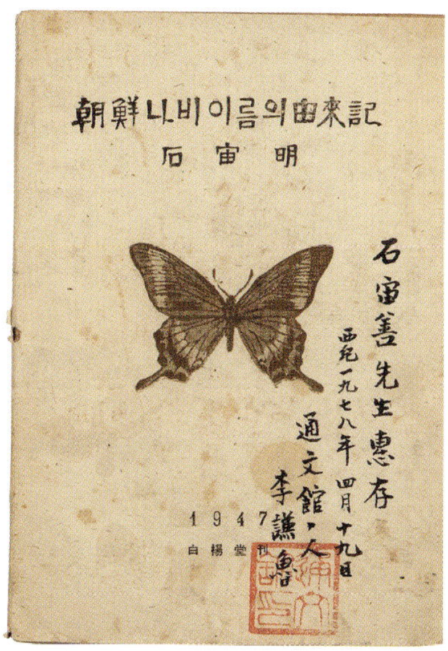

114

석주명, 조선 나비 이름의 유래기_1947.

The Origin of Butterfly Names in Korea.

1978년 4월 19일 통문관 이겸로 씨가 석주선 선생에게 증정한 것이다.

Seok Du Myung named Korean butterflies in Korean. He never forgot the effort by his students who were researching together as assistants. 'Jae-soon-i-ji-ok-na-bi' is called by the name of his student Jang Jae Soon who collected this butterfly very first at Gwanmo mountain in 1947.

115

나비 표본 액자_1950년 이전

Butterflies samples.

석주명이 채집한 나비 32종을 액자에 담은 표본이다. 유리창나비는 석주명의 명명한 나비로 학명에 'Seok'이 들어가 있다.
Framed samples of 32 species of collected butterflies by Seok Du Myung. 'Yoo-li-chang-na-bi' is named by Seok Du Myung, its scientific name includes 'Seok'.

국가등록문화재 제610호

지름 46.5

더 넓은 세계를 향해_ 60만 마리 나비를 화장하다.

Toward Wider World – Cremate 600,000 Butterflies

석주명은 1942년 3월 송도고보를 사직하였다. 1942년 4월 개성에 있었던 경성제국대학 의학부 미생물학교실 소속 생약연구소에 촉탁으로 들어갔고 그동안 모았던 60만 마리의 나비 표본을 화장하였다. 찬란한 교사 시절을 뒤로하고 새로운 직장은 더 넓은 세계를 향한 출발이었다. 비교적 자유로운 신분으로 그동안 미진하였던 나비 채집이 이루어졌다.

나비 화장에서 표본 전부가 소각된 것은 아니었다. 1942년 9월 2일부터 16일까지 서울 미나카이 백화점에서 조선박물학회 주최의 "세계의 나비 전람회"에 5,000여 점의 나비를 출품하였다. 장안의 화제를 모았던 나비 전람회는 나비 수집가로서의 생활을 일단락 짓는 것이었다.

> "다행이 나는 1942년 3월 31일 송도중학교를 사직하고 나서야 비로소 날짜에 구애 없이 마음속에 그리던 곳들을 찾아볼 수 있게 되었다. "
>
> (이병철, 『석주명 평전』, 2011, 재인용.)

116

나비 화장_1942.6.

Butterfly cremation, at Songdo High School Museum.

Seok Du Myung quitted a job in Songdo Middle School on the March 31st, 1942. So he finally could go the places he used to want to go and collect butterflies regardless of time.

117
나비 화장_1942.6.

맨앞이 석주명

118
나비 화장_1942.6.

119
나비 화장_1942.6.

120
나비 화장_1942.6.

석주명

121

나비 화장_1942.6.

맨 앞이 석주명

122

개성 만월대에서_1941.2.16.

At the Manwoldae, Gaeseong, North Korea

오른쪽이 석주명

제주적인 것의 가치를 알아본 제주학의 선구자

The Pioneer of Jeju Study, Perceive the Worth of Jeju

제주적인 것의 가치를 알아본 제주학의 선구자

The Pioneer of Jeju Study, Perceive the Worth of Jeju

Seok Du Myung retired Songdo High School on March, 1942, he cremated his 600,000 butterfly collection. It was a departure toward a wider world left his glamorous teaching life. Since then he could freely collect butterflies.

However, he did not cremate whole butterfly samples. In 1942, September, he submitted 5,000 butterflies to the World Butterfly Exhibition hosted by Joseon Museum Society. He concluded his collecting life of butterfly with this exhibition that drew the attentions at that time.

Plate II Some Rare
Under side
Apatura ulupi morii SEOK, ♂
2. Ditto, ♀
3. Eumenis alcyone zezutonis SEOK,
4. Argynnis selene sugitanii SEOK,
5. Dilipa fenestra takacukai SEOK,
8. Ditto, ♀
6. Plebejus argus zuzuensis SEOK,
7. Drina superans ginzii SEOK, ♀
5
6
7
8
(D. M. SEOK: A Synon

우리나라 학문 융복합의 선구자

The Pioneer of Academic Convergence of Korea

석주명은 제주도에 관한 종합적 조사 연구를 통해 이른바 제주학의 기틀을 세운 지역학 연구자였다. 1936년 미국자연사박물관의 지원을 받은 석주명은 처음으로 제주도 채집 여행을 통해 제주와 인연을 맺었다.

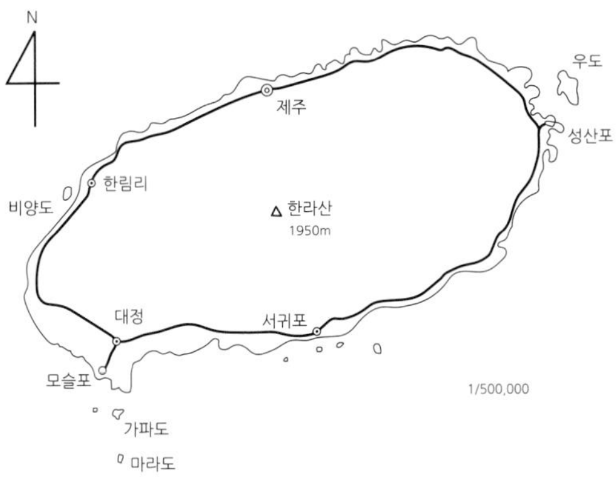

123

제주도 나비 채집 경로 1_1936.

Trip route in Jeju

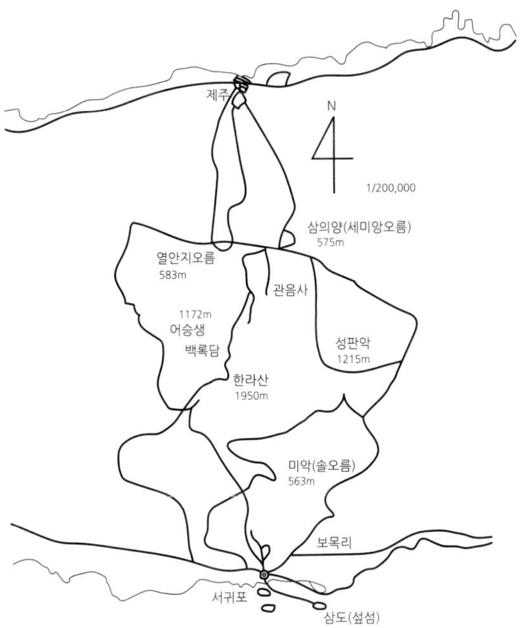

124

제주도 나비 채집 경로 2_1936.

Trip route in Jeju

1943년 4월 생약연구소 제주도시험장(현, 제주도 아열대농업생명과학연구소)으로 자진 전근하여 1945년 2월까지 제주도 관련 자료의 수집과 연구에 매달렸다.

석주명은 '제주적인 것'의 가치를 가장 먼저 알아본 인물로서 제주도와 관련하여 6권의 총서와 27편의 논문, 보고서, 기고문 등을 남겼다. 석주명은 자연과학뿐만 아니라 인문, 사회 분야를 망라하는 연구를 통해 제주학 연구의 초석이 되었다. 우리나라 학문 융복합의 선구자이자 통합학자였다.

석주명의 제주학 총서
제1집 제주도 방언(서울신문사, 1947)
제2집 제주도의 생명조사서-제주도 인구론(서울신문사, 1948)
제3집 제주도 관계 문헌집(서울신문사, 1949)
제4집 제주도 수필(보진재, 1968)
제5집 제주도 곤충상(보진재, 1970)
제6집 제주도 자료집(보진재, 1971)

125

제주도 생약연구소

Biomedical Research Institute in Jeju Island

국가등록문화재 제785호(문화재청)

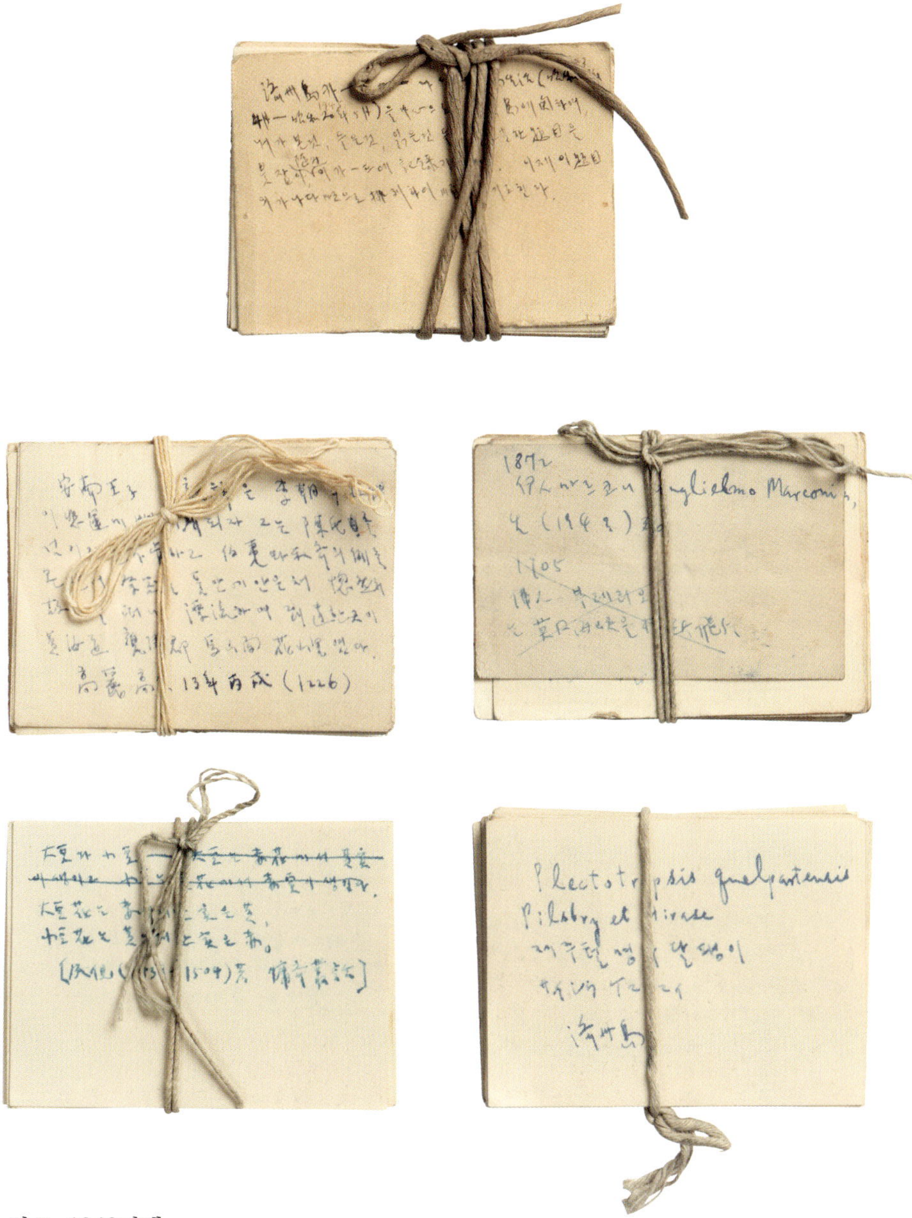

126

제주도 조사 카드_1940년대

Jeju Island research cards

제주도 방언과 생물, 참고 자료 등 제주 관련 조사 카드이다. 석주명은 제주도에서 본 것·들은 것·읽은 것들에 대해 제목과 간단한 내용을 카드에 기록하였으며, 각각의 카드를 제목의 가나다 순으로 배열하여 순서대로 정리하였다.
Seok Du Myung wrote titles and contents on each cards about what he saw, what he listened, and what he read in Jeju.

9×6.5

『제주도 방언집』
Jeju Dialect Collection

"방언과 곤충 간에는 일맥 상통하는 접점이 많아서 방언을 연구하는 방법으로 곤충을 연구할 수도 있겠고, 또 곤충을 연구하는 방법으로 방언을 연구할 수도 있을 것이다. … 중략 … 제주도에 온 이상 이런 기회에 곤충을 채집하는 한편 방언의 단어라도 많이 모아서 조선어 학자에게 제공하는 것은 유의의(有意義)한 일임을 느껴서 단어 수집에 상당한 시간을 제공하였다. … 만 이년 간에 수집한 단어는 7,000이 되어서 일단락을 지었고 …"

(석주명, 「국학과 생물학」 중에서)

석주명의 제주도 총서 제1집 『제주도 방언집』은 제주 방언의 진가를 세상에 알린 일이었다. 책은 제1편 제주도방언집, 제2편 고찰, 제3편 수필 등으로 구성되었는데, 오류와 한계가 있지만 제주어 연구에 기여한 바는 매우 크다.

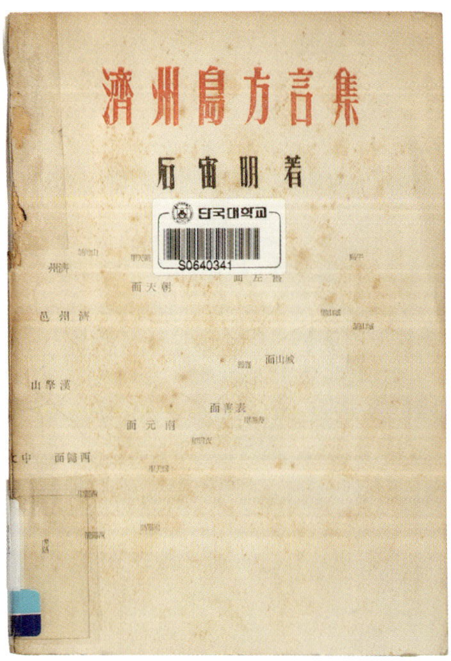

127

제주도 방언집_1947.

Jeju Dialect Collection

This book informed the true value of Jeju island dialect to the world.

단국대학교 퇴계기념중앙도서관 소장

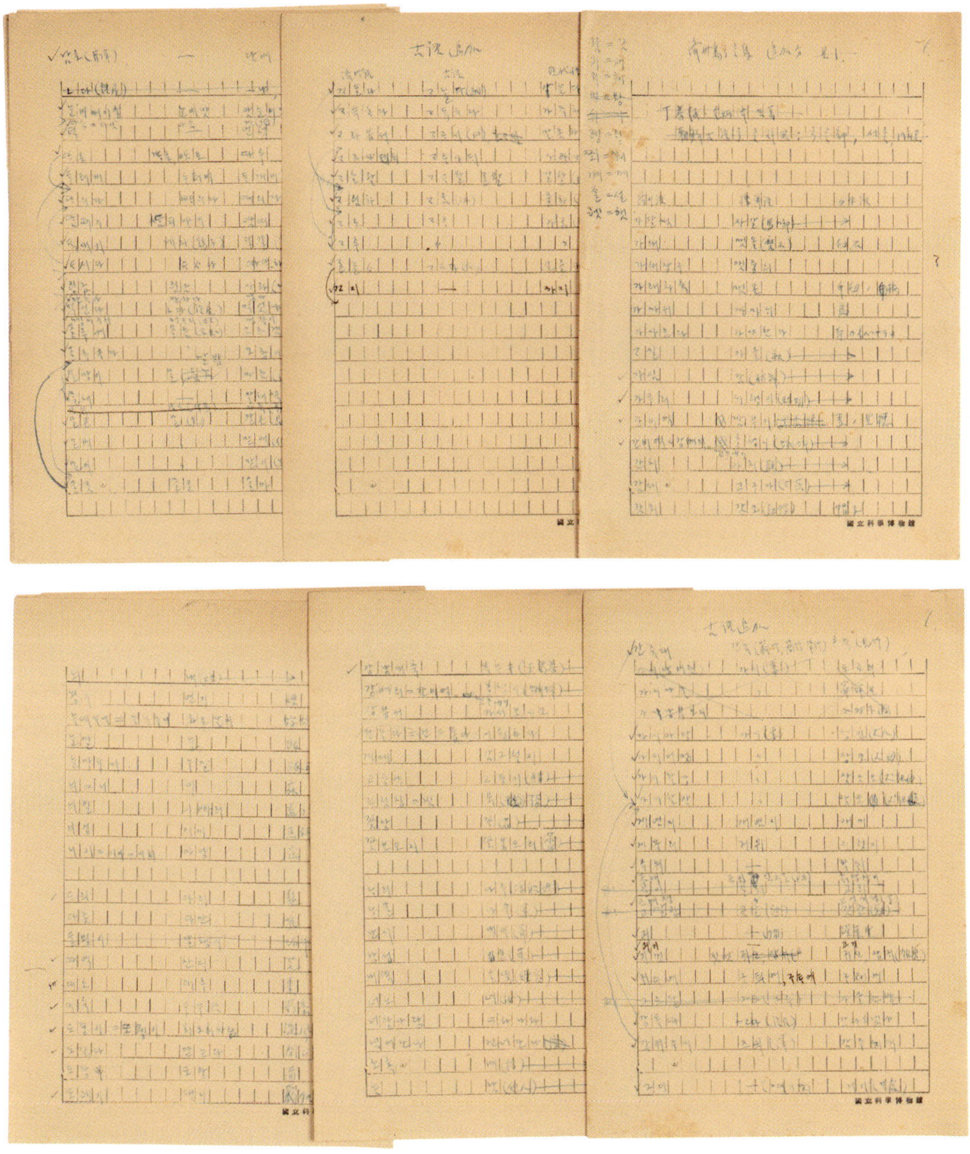

128

제주도 방언추가분(方言追加分), 고어추가(古語追加) 원고_1949.

Additional Jeju island dialect script, archaic addition manuscript

제주도 방언을 수집하여 기록한 카드를 정리하여 가나다 순으로 배열한 원고이다.

17.7×24.5, 18×24.5

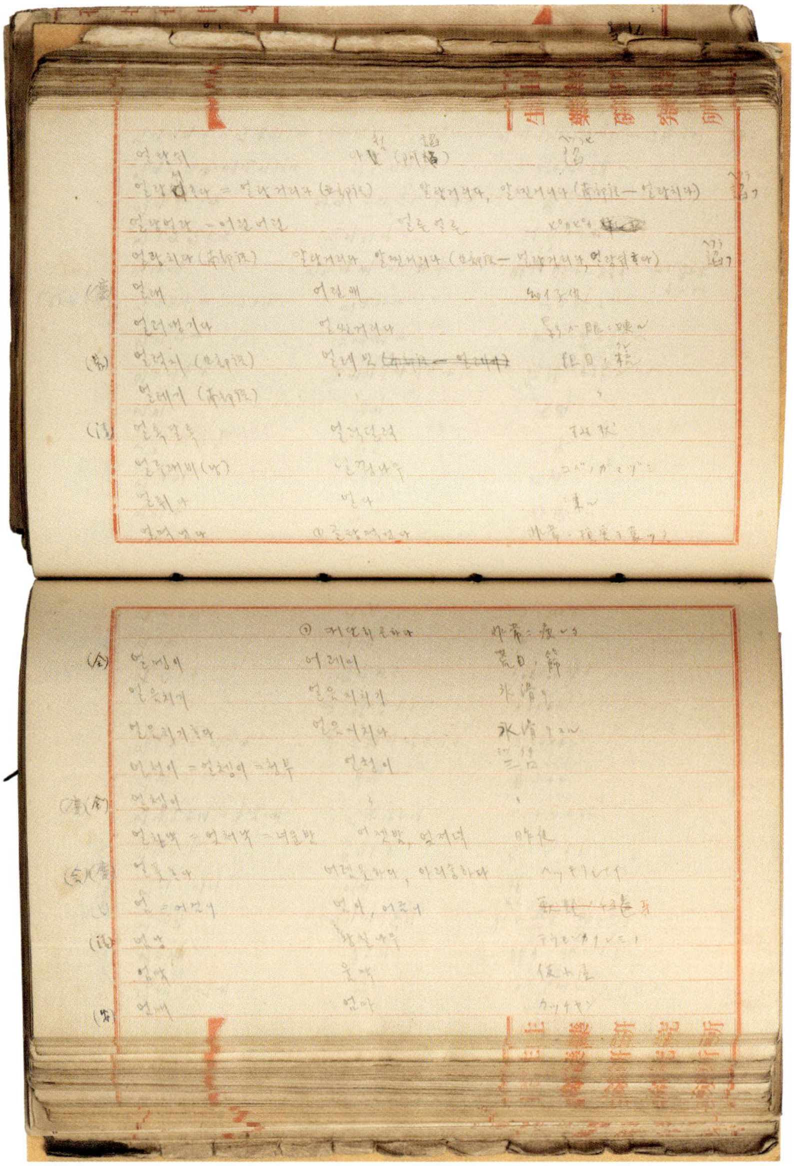

129

제주도 방언집 초고_1947.

Jeju Dialect Collection draft

생약연구소 원고지에 제주도 방언을 가나다 순서로 정리하였는데, 방언-우리말-일본어 순서로 기록하고 맨 앞에는 유래한 지역을 기록하였다. 경상도는 (慶), 전라도는 (全), 몽고어 계통은 (蒙), 고어는 (古) 등으로 표시하였다.
Jeju dialect was organized in order of the Korean alphabet. Each dialect words were recorded in Korean and Japanese.

17.5×25.5

『제주도의 생명 조사서-제주도 인구론』

The Life Survey Report of Jeju Island – Population Theory

석주명은 1944년 2월부터 1945년 4월까지 제주도의 인구조사를 실시하였다. 그러나 제주도에서는 현대사의 비극 제주4·3사건이 일어났고 1948년 11월부터 제주 중산간 마을 초토화 작전의 참상을 거치면서 가옥 4만여 동이 소각되었다. 때문에 석주명은 서문에서 출판과 동시에 고전이 되었다고 하였다.

> 이 연구에 착수한 것은 1944년 2월이니 지금으로부터 꼭 만 5년 전이었다. … 중략 … 제주도에야말로 예기치 못하였던 큰 영향을 미쳤고 현재도 그 안정성을 찾기에는 까마득하다. 지금의 제주도 형편은 해안 일주도로 이상부의 인가가 모두 폐허로 되었다니 이 책에서 다뤄진 토평리, 교래리, 송당리, 성읍리, 오라리, 명월리, 의귀리, 토산리의 반쪽 제1구, 저지리 등 8.5부락의 기록은 벌써 역사적 기록으로 되고 만다. 뿐만 아니라 거기따라 해안부의 인구 동태도 격변했으니 이 책은 출판과 동시에 고전으로 되어서…

(『제주도의 생명 조사서』 서문에서)

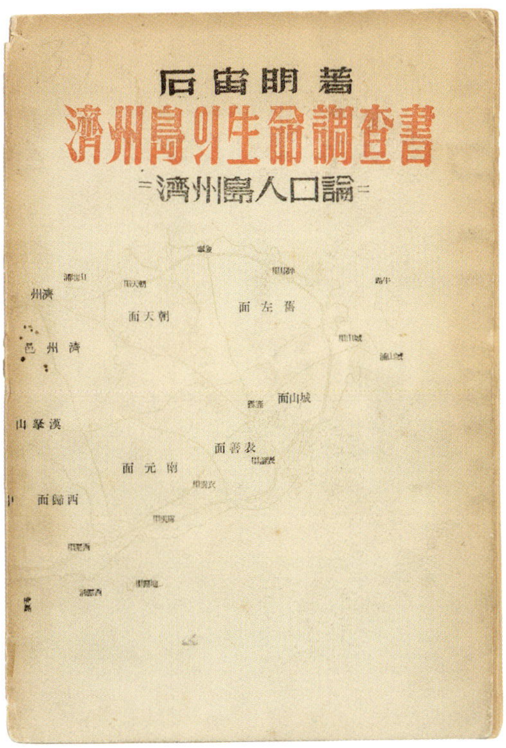

130

제주도의 생명 조사서_1949.

The Life Survey Report of Jeju Island

From February of 1944 to April of 1945, Seok Du Myung took a census of Jeju. However, because of Scorched Earth Policy for the mid-mountainous villages during Disorders in Jejudo—outbreak in April 3rd, 1948—, many areas that Seok was surveyed were disappeared. Seok Du Myung's 『*The Life Survey Report of Jeju Island*』 was published and simultaneously was a classic.

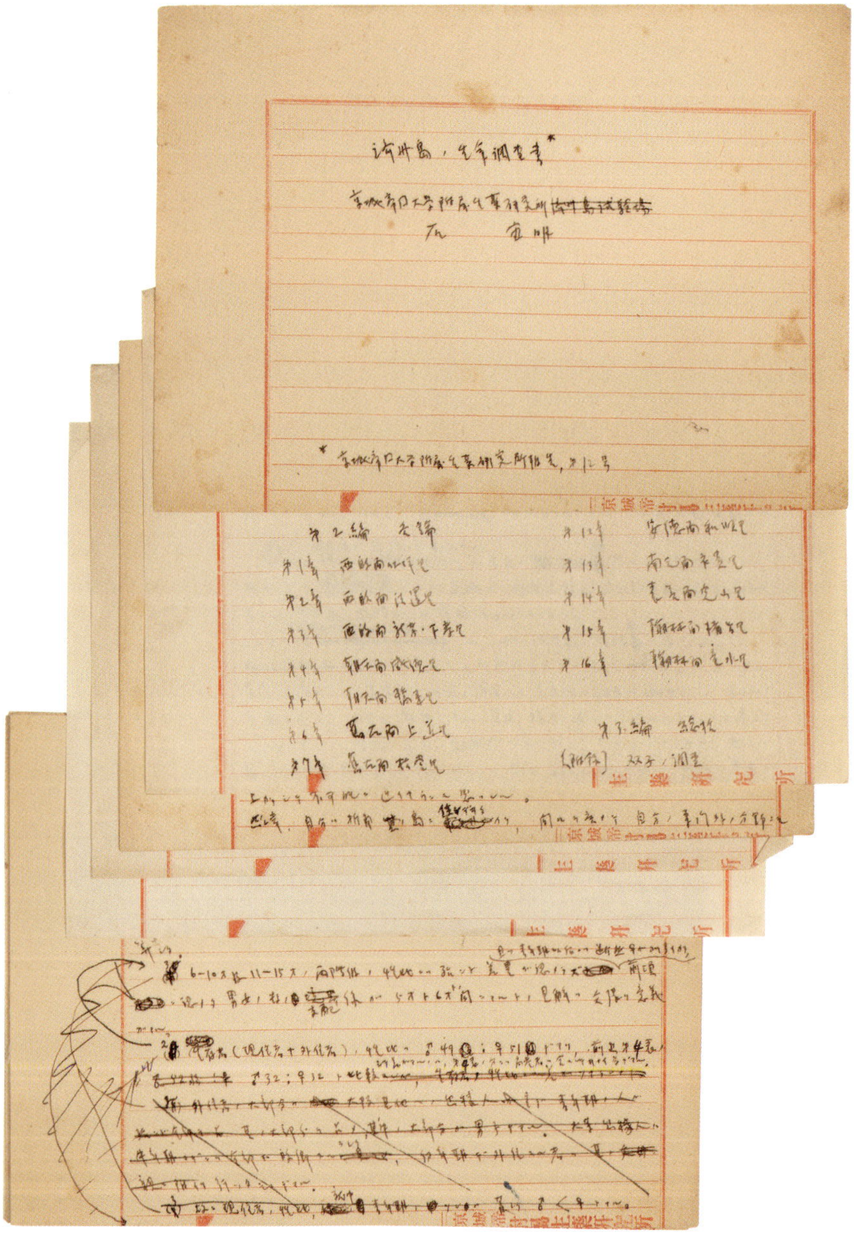

131

제주도 생명 조사서 원고_1947.

Manuscripts of life survey report of Jeju Island

‘경성제국대학 부속 생약연구소 보고 제12호’로 기록된 생명 조사서 원고이다. 모두 1편 서론, 2편 각론, 3편 결론으로 구성되었으며, 부록으로 쌍자(双子), 즉 쌍둥이 조사가 포함되었다.

24.5×35

『제주도 문헌집』

Jeju Island Literature Collection

제주도와 관련된 1,074종의 문헌을 서지학적으로 수록한 것이다. 석주명은 제주도의 가치를 알고 제주도만을 전문적으로 연구할 필요성을 깨닫고 '제주도학'이라는 용어를 처음으로 도입했는데, 이 책은 제주학을 위한 1, 2차 문헌들을 분류하고 그에 대한 자신의 입장을 정리한 것이다.

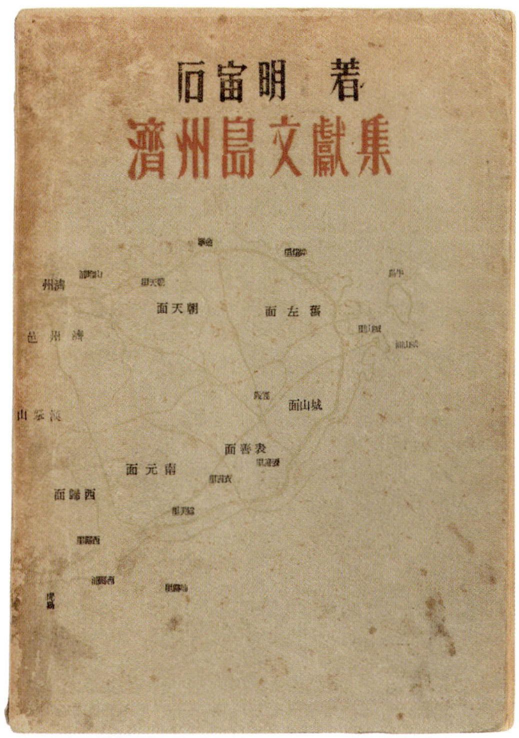

132

제주도 문헌집_1949.

Jeju Island Literature Collection

This book bibliographically includes 1,074 kinds of literatures related to Jeju island. Seok Du Myung introduced 'Jeju island study' for the first time.

15×20.5

『제주도 수필』

Jeju Island Essay

1949년 5월에 탈고하여 1950년 6월에 교정을 완료하였으나 한국전쟁으로 출판되지 못하였다. 동생 석주선 박사가 오빠의 회갑을 기념하여 1968년 11월에 발간한 첫 유고집이다. 서문, 오돌똑 악보와 가사, 총론, 자연, 인문 등으로 구성되었다. 특히 이책에는 제주도가 "삼다(三多)", "삼무(三無)"의 섬이 된 이야기가 실려 있다. 이 책은 단순한 수필집이 아니라 작은 '제주백과사전'이라고 할 수 있을 만큼의 풍부한 내용을 담고 있다.

제주도 수필_1968.

Jeju Essay

15×21

133

左 제주도 수필 원고_1949.5.15.

Manuscript of Jeju Essay

This book contains story about why Jeju island is "having 3 things a lot" and "not having 3 things". This book is not a simple essay, it is like 'Jeju encyclopedia' contains abundant contents.

18.5×28

『제주도 곤충상』

Jeju Island Entomofauna

1950년 5월에 편집이 완료되었으나 한국전쟁으로 출판되지 못하였고, 1970년 유고집으로 출간되었다. 연구사, 총목록, 총괄 등으로 구성되었는데, 연구사에서는 제주도 곤충과 관련된 논저 106편을 연대순으로 배열하여 해제를 덧붙였다. 그리고 제주도 곤충 19목 141과의 이름, 학명, 각 과에 대한 737종의 수를 기록하고 있다. 나비목은 30과 255종으로 나방을 제외한 제주도의 나비 7과 73종 가운데 제주왕나비를 제주를 대표하는 나비로 꼽았다.

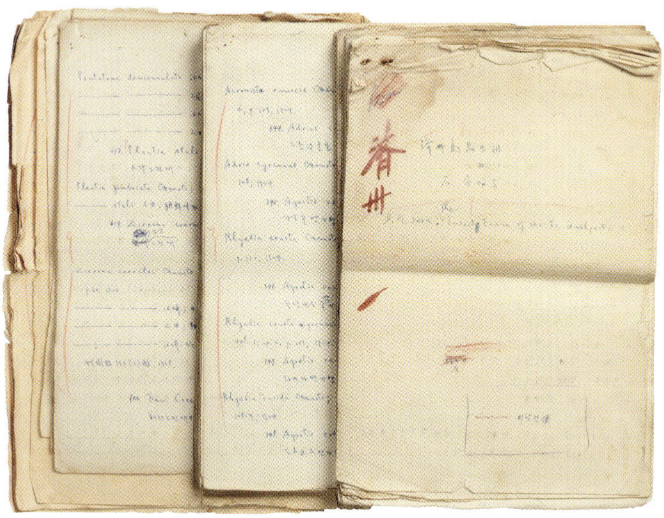

제주도 곤충상_1970.8.

Jeju Island Entomofauna

15×21

134

左 제주도 곤충상 원고_1950.6.

Manuscript of Jeju Island Entomofauna

This book was finished editing on June, 1950, but it couldn't publish because of the Korean War. This book contents 737 species of insects including butterflies of Jeju.

22×31

『제주도 자료집』
Jeju Island Sourcebook

제주도 총서의 마지막 편으로 잡지에 기고했던 제주도와 관련된 글을 모아 1950년 6월 탈고하였으나 1971년 유고집으로 발간되었다. 34편의 글과 석주명 자신의 업적 목록으로 구성되었는데, 대부분 제주어와 관련된 글들이다. 책의 첫머리에 실린 「한국의 자태」에서 귀중한 제주도의 자료를 연구해야 한다고 역설하고 있다.

> 제주도에는 언어, 풍속, 관습, 기타에 있어서 예로부터 육지와는 다르다고 하여 왔지만, 자세히 살펴보면 한국의 옛날 모습 내지, 진정한 모습을 말해 주는 자료가 많다. 진정한 한국의 자태를 찾으려면 제주도에서 그 자료를 많이 구할 수 있겠다. … 중략 … 소위 육지 문화의 침윤으로 제주도의 특이성이 없어져 감을 느낀다. 그것도 필연적 현상이기는 하나, 하루바삐 한국의 식자들은 금 조각 같은 제주도의 자료를 수집하여 계통 세우려고 노력해야 겠고, 제주도민들도 많이 성원해 주셔야겠다.
>
> (석주명, 「한국의 자태」 중에서)

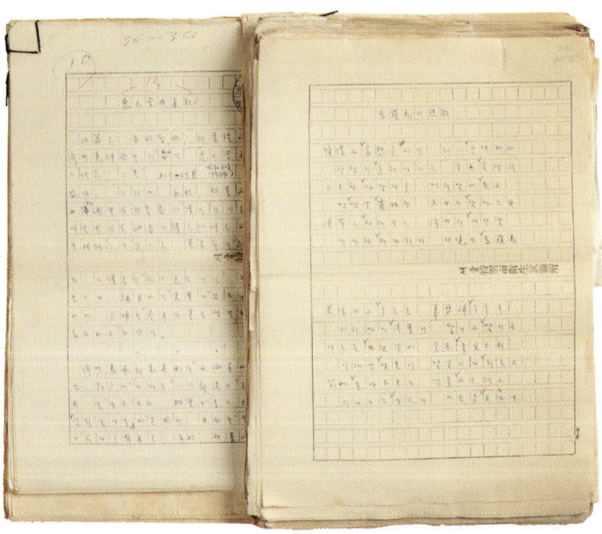

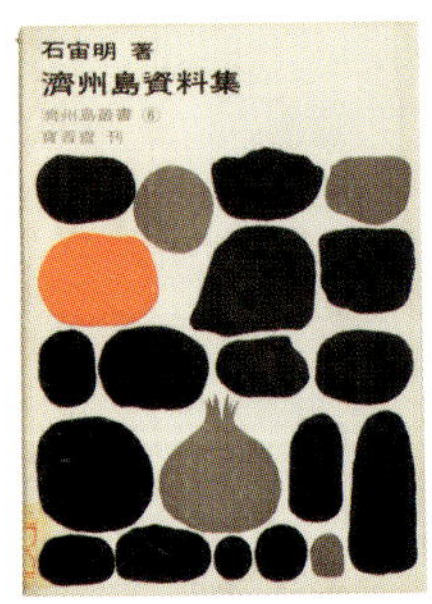

제주도 자료집_1971.9.

Jeju Island Sourcebook

15×21

135

左 제주도 자료집 원고_1950.6.18.

Manuscript of Jeju Island Sourcebook

Seok Du Myung gathered his articles of magazines into last part of the Jeju Island Sourcebook on June, 1950, but it published in 1971.

25×33.5

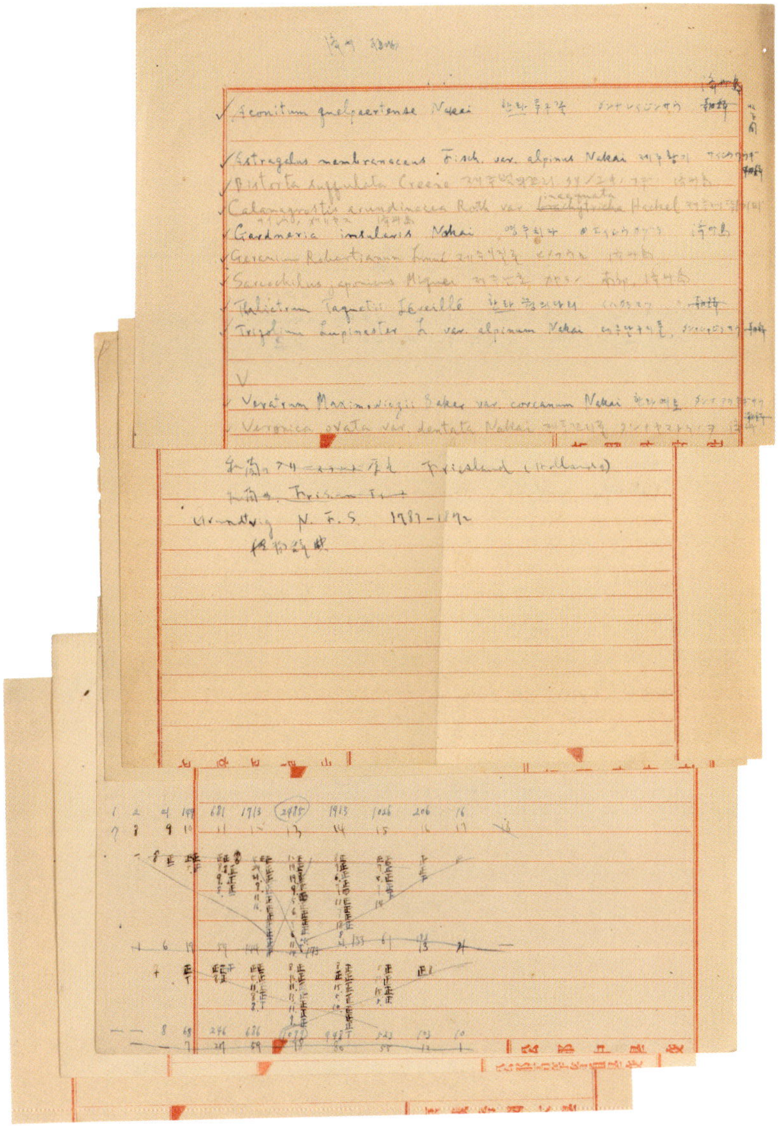

136

제주도 식물 명칭 원고_1940년대

Manuscript of plants names at Jeju island

제주도의 농민에게서 채록하고 수집한 제주도의 식물명 550여 개는『제주도 자료집』에 수록되었다.
Listed up 550 kinds of Jeju plants collected from farmers in Jeju.

26×17.5

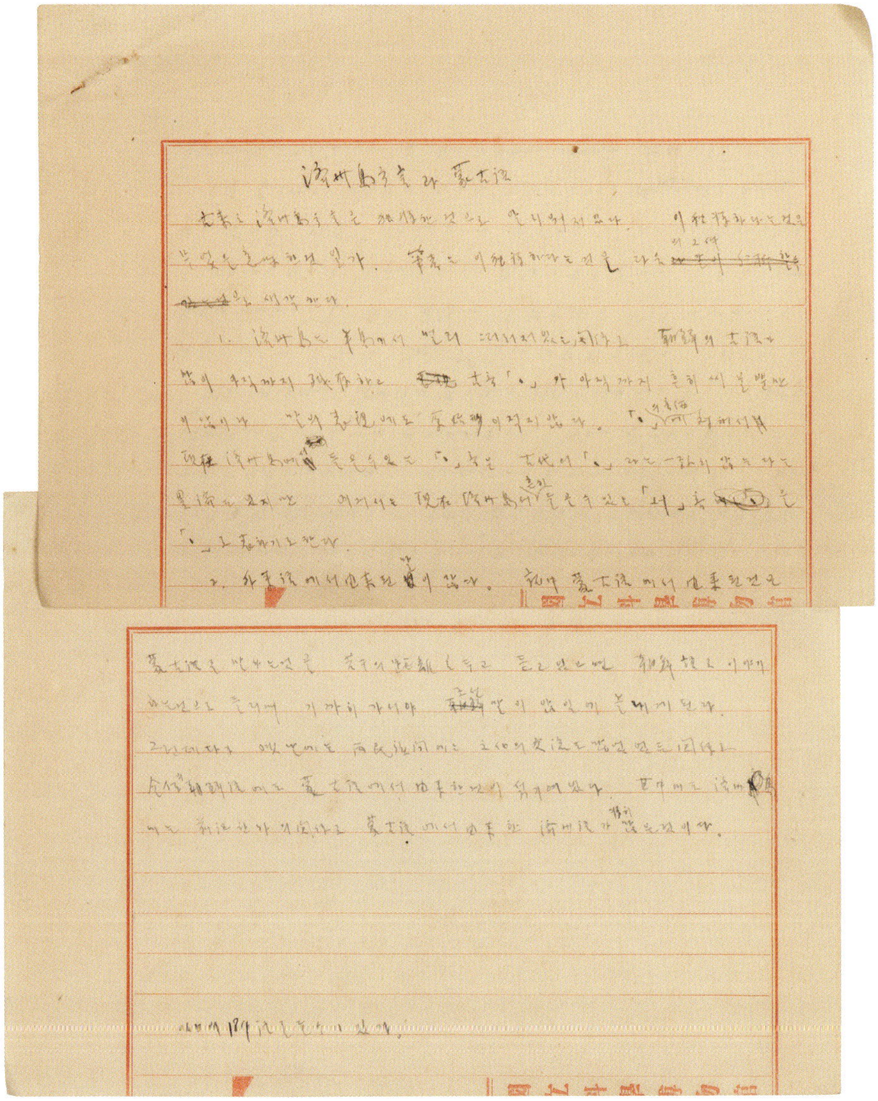

137

제주도 방언과 몽고어(蒙古語) 원고_1940년대

Manuscript of Jeju dialect and Mongolian language

석주명은 제주어의 기원을 밝히기 위해 고어(古語)와 외국어(몽고어, 일본어, 중국어, 말레이어, 만주어, 필리핀어, 베트남어 등)를 고찰하였다. 1947년 집필한 『제주도 방언집』을 보완한 것으로 보인다.

To find out the origin of Jeju language, Seok Du Myung considered archaic words and foreign languages (Mongolian language, Japanese, Chinese, Malay language, Filipino, and Vietnamese language etc.).

25×17.5

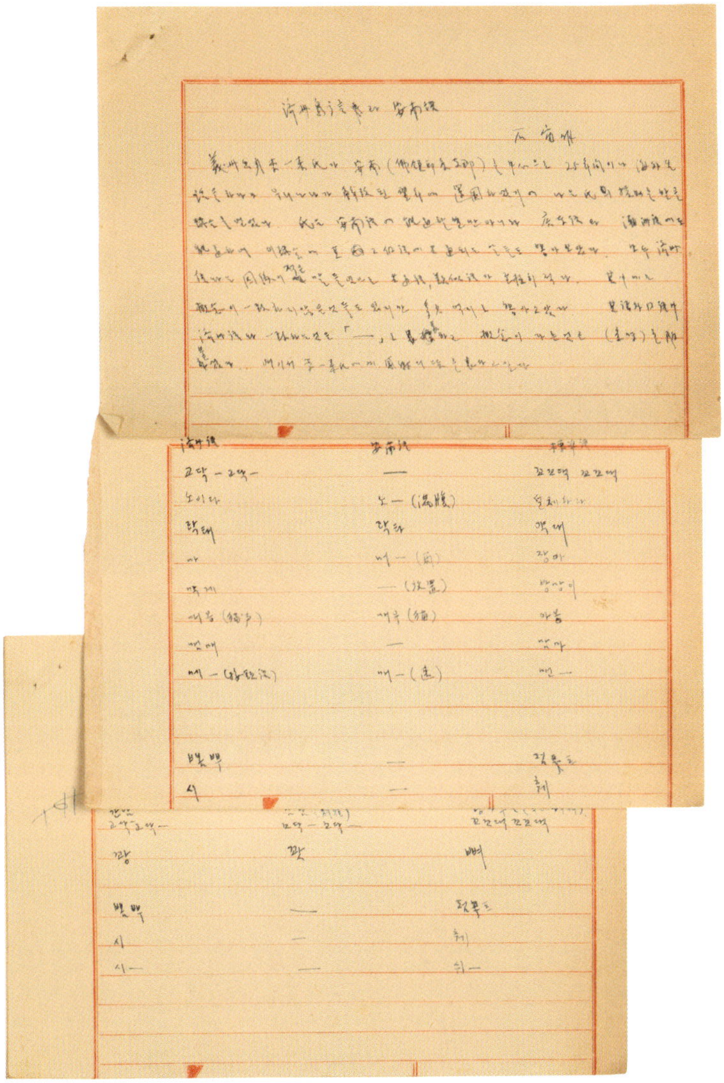

138

제주도 방언과 안남어(安南語) 원고_1945년 이후

Manuscript of Jeju dialect and Vietnamese

의주 출신의 이일래(李一来) 씨가 안남(베트남)을 중심으로 25년간 생활을 하다가 우리나라가 해방된 이후 귀국하였는데, 그는 베트남어뿐만 아니라 광둥어(廣東語)와 차오조우어(潮州語, 광둥성에 있는 지역의 방언)에 능통하였다고 한다. 이에 석주명이 이일래 씨를 만나 제주어와 베트남어에 공통되는 말들을 뽑아 작성한 글이다.

This is manuscripts that after Seok Du Myung had interviewed returned Lee Il Lae from Vietnam after the independence of Korea, chose and wrote common words in between Jeju language and Vietnamese language.

26×17.8

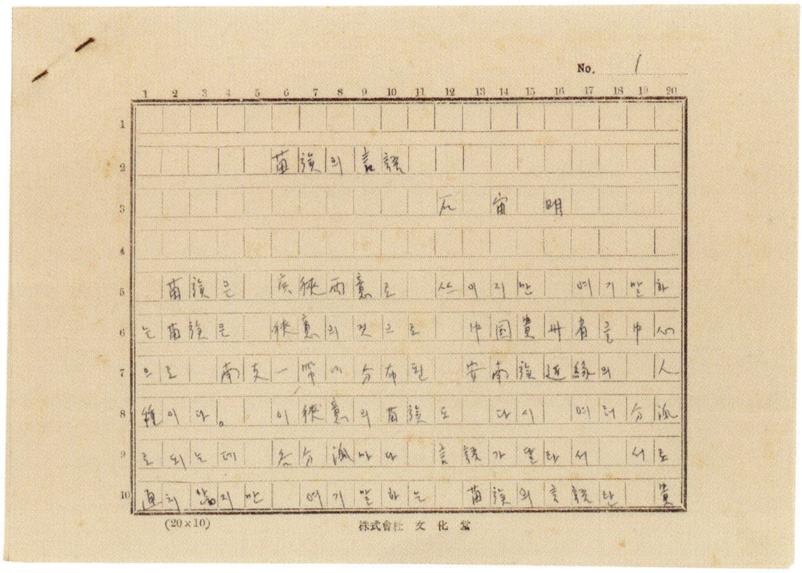

139

석주명 원고
上 묘족의 언어_1940년대

Manuscript of Miao tribe's language

석주명이 중국 구이저우(貴州)를 중심으로 남중국 일대에 분포하는 협의의 묘족의 언어에 대하여 쓴 글이다.

This writing about language of Miao tribe who lives in Gui Zhou in Southern China. He examined historical documents about Miao tribe.

25.5×17.5

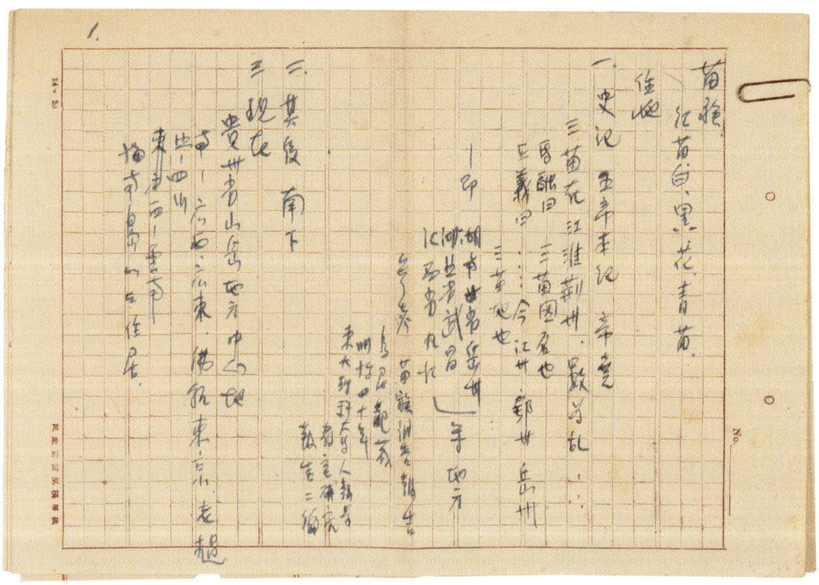

下 묘족_1940년대

Manuscript of Miao tribe

석주명이 묘족에 대하여 역사적 기록을 검토하여 쓴 원고로, 묘족의 여러 분파 과정, 사기(史記)의 기록, 묘족의 남하와 분포 등에 대한 글이다.

26×17.5

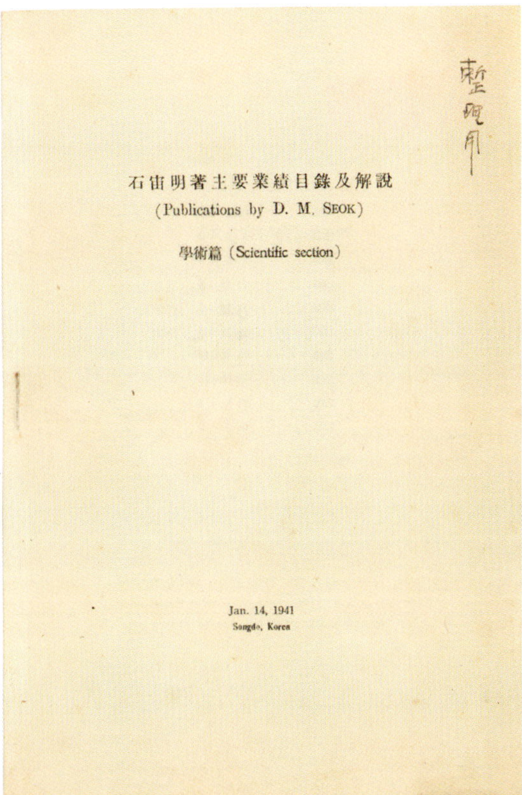

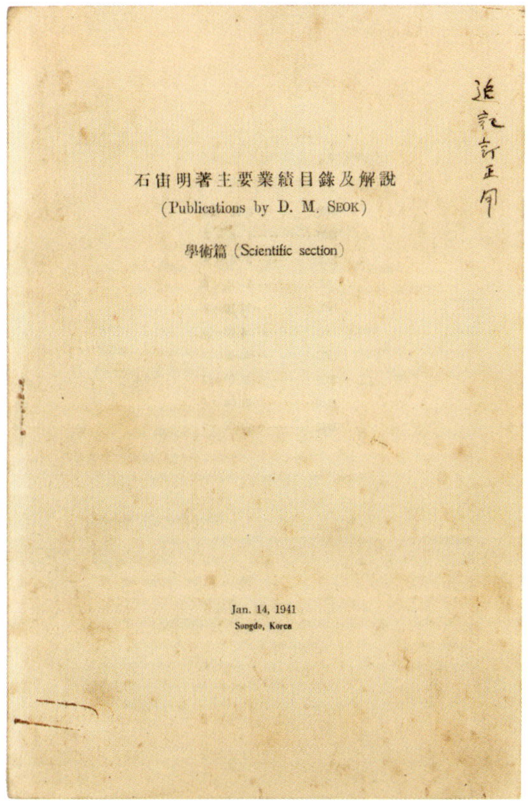

140

석주명 저 주요 업적 목록 및 해설-학술편_1941. 1.14

The Significant Achievements List and Commentary – Academic Edition, written by D. M. Seok

각각 정리용(整理用)과 추기정정용(追記訂正用)이라 쓰여 있다. 석주명은 일정 기간 자신의 연구 실적이 누적되고 나면, 해외의 여러 학자들과 자신의 연구를 공유하기 위해 주요 업적 목록과 해설을 작성하여 학술지에 게재하고 별쇄본을 만들었다. 이 별쇄본은 1938년 처음으로 일본곤충학회 학술지『곤충계(昆虫界)』51에「졸저 주요논문목록 및 해설(拙著主要論文目錄及解說)」을 게재한 후 이를 보완하여 작성한 두 번째 목록 및 해설집이다.

Seok Du Myung to share his researches with many scholars in abroad, he published list of his main researches and its explanations on the academic journal.

15×22.5

제주 민요 “오돌또기”의 채보

Writing Jeju Folk Song "O-dol-ddo-gi"

석주명은 어려서부터 음악에 남다른 재능을 보였다. 석주명은 보통학교를 졸업할 무렵부터 만돌린을 배우기 시작해 연극반에서 공연 중 만돌린을 연주하였는데, 안익태의 첼로 연주보다 그 실력이 좋아 관객을 압도하는 기막힌 지경에 이르렀다고 한다. 1938년 송도고보의 음악부장을 맡기도 했으며, 치과의사 방정환(方定煥, 바이올린), 음악 교사 정사인(鄭士仁, 1881~1958, 플루트)과 삼중주단을 구성하기도 하였다. 이러한 음악적 소질 덕분에 구전으로만 전해 오던 제주도의 민요 ‘오돌또기’와 신민요 ‘개나리고개’를 채보하여 널리 알리는 공적을 남기게 되었다.

석주명은 연구실에서도 늘 ‘둥구데당실 둥구데당실…’하며 조그맣게 ‘오돌똑’을 부르며 지낼 만큼 오돌또기를 좋아했다.

141

석주명 채록 오돌똑 악보(1)_1947.9.15.

O-dol-ddok music (front)

23×15.5

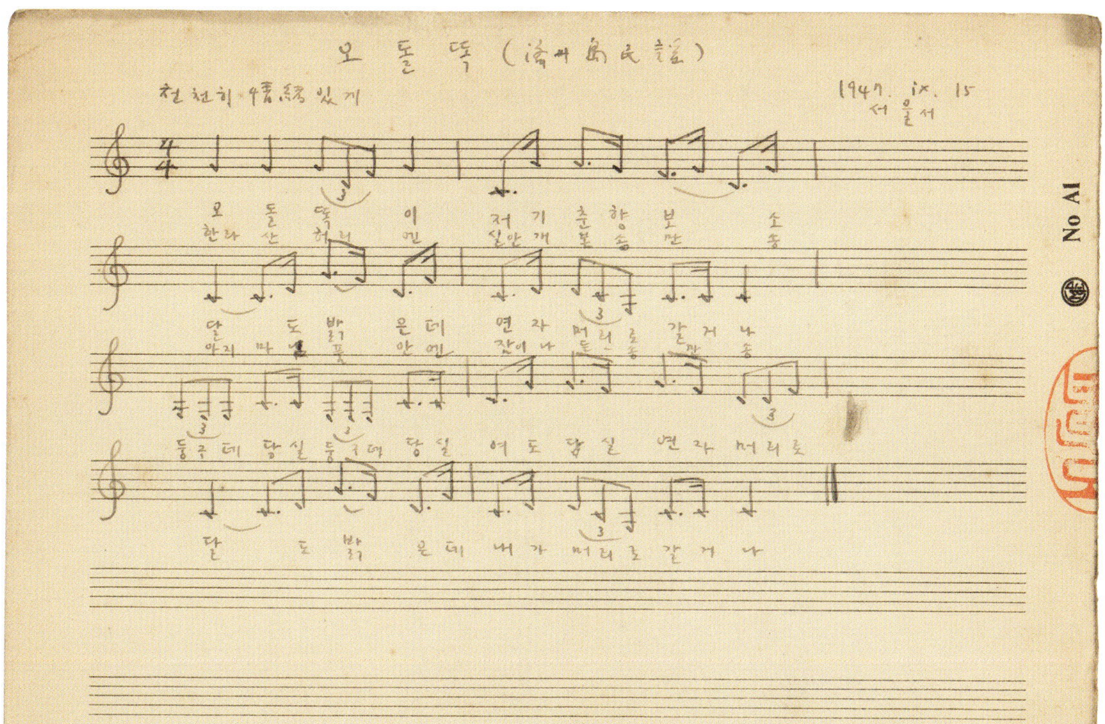

142

오돌똑 악보(2)_1947.9.15.

O-dol-ddok music (back)

악보(1)을 악보(2)와 같이 수정한 것이다.

23×15.5

오 돌 똑

(제주도민요)

천천히 정서있게

1947.9.15. 서울서

(조한석 작성)

一. 오돌똑이 저기 춘향보소 달도 밝은데 연자머리로 갈러나
二. 한라산 허리엔 씰안개 본송만송 아지마님 품안엔 잠이나 든송만송
三. 청사초롱에 불밝혀 놓고 춘향의 방으로 잠수질 하려나나 갈거나
四. 울념어 갈적엔 큰마음 먹고 문꼬리를 넘고선 불이불불턴다.
五. 가며는 가고 말며는 말지 찗세기를 심고서 씨집살이를 갈거나.
六. 청초마 밑에다 소주병 차고 오소, 총각낭군 무덤에 사무제 지내러 갈거나
후렴. 둥구레 당실 둥구데 당실 여도당실 연자머리로 달도 밝은데 내가 머리로 갈거나

개나리 고개

(신민요)

천천히 정서있게

1948.5.28. 서울서

(조한석 작성)

一. 개나리 고개는 눈물의 고개 님을 맞든 그때가 그립습니다.
에에야 개나리 아무렴 그렇지 개나리 지금은 어데서 개나릴 생각하나.

二. 달빛을 밟으며 님마지 가세 기다리든 심사에 꺽든 개나리
에에야 개나리 아무렴 그렇지 저 달 모른척 할때도 안다고 싱글벙글

三. 개나리 고개에 걸린 저 달은 님 오시든 지름길을 빛쳐 주더니
에에야 개나리 아무렴 그렇지 저 달 지금은 내 맘을 심상케 하는구나.

四. 개나리 고개야 너 잘 있거라 길 밝혀라 저 달아 쉬 다녀오마.
에에야 개나리 아무렴 그렇지 그 님을 넌동이 트기전 모시고 도라오마.

五. 개나리 고개는 깃뿜의 고개 올라가고 내려갈 때 님 그리운 생각
에에야 개나리 아무렴 그렇지 개나리 지금은 어데서 개나릴 생각하나.

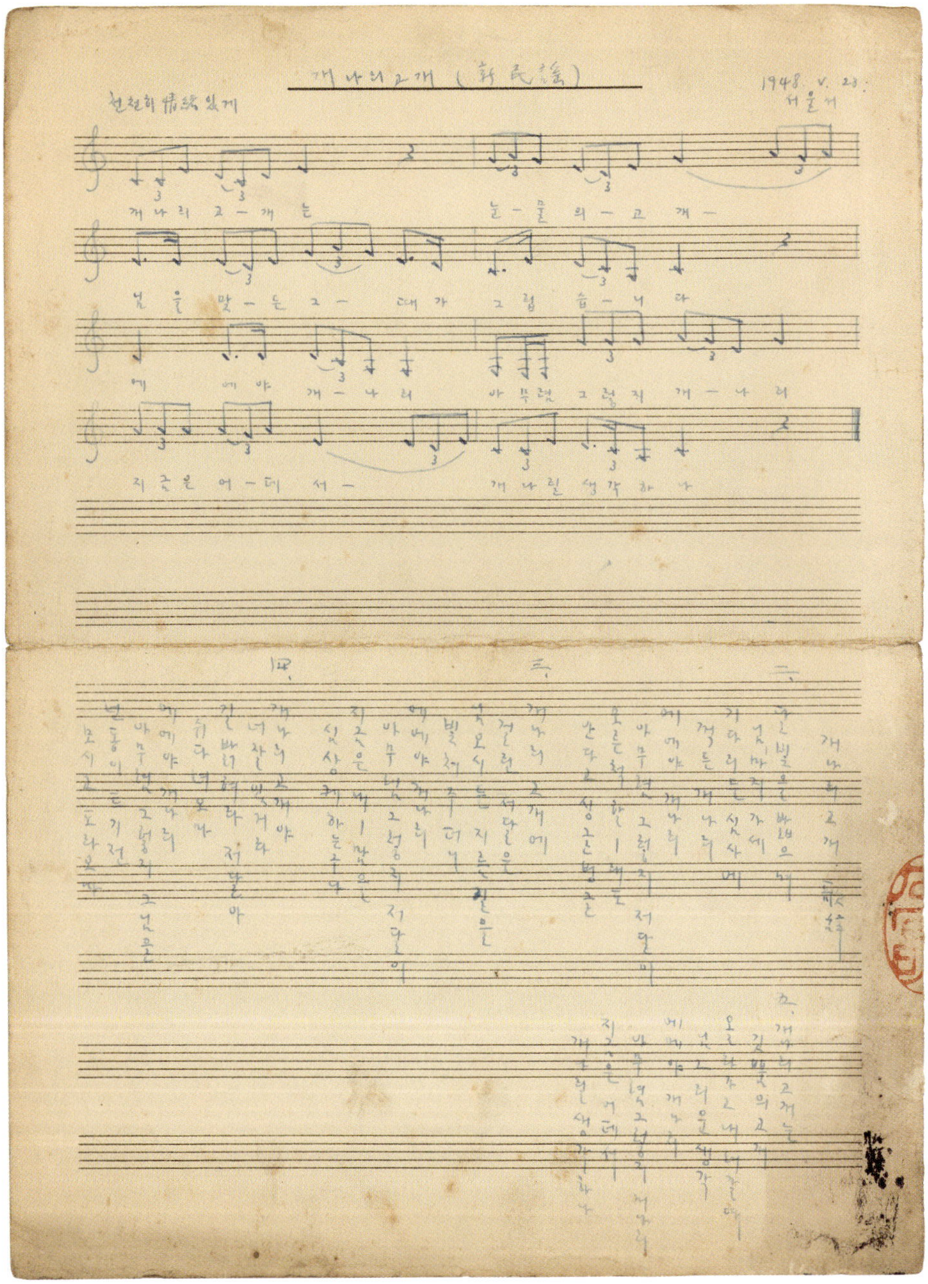

143

개나리고개 악보_1948.5.28.

Gae-na-ri-go-gae music

석주명이 제주도에서 채록하여 악보로 작성한 신민요 개나리고개의 악보이다.

23×30.8

박물학자 석주명

A Naturalist, Seok Du Myung

"If the idea of the natural history was disseminated, the society without racism and class, and has gender equality, would establish on the earth."(Seok. Du Myung)

석주명은 '조선의 생물학' 즉 '우리 생물학'을 주창하면서 국학운동을 펼쳤던 민족주의자였다. 그는 생물학의 국학성을 고창하는 동시에 생물학 보급을 위해 1947년 서울신문에 여러 차례에 걸쳐 관련 글을 기고하였다.

> 국학이란 국가를 주제로 한 학문이니 국가를 가진 민족은 반드시 국학을 요구하는 것이다. 국학이란 인문과학에 국한될 것이 아니고 자연과학에도 관련되는 것으로 더욱이 생물학 방면에는 깊은 관련성을 발견할 수 있다.
>
> (석주명, 「국학과 생물학」 중에서)

석주명은 우리나라, 우리 민족을 중심으로 한 창의적면서도 한국적인 동시에 세계적인 연표의 필요성을 강조하였다. 『한국본위세계박물학연표』는 세계과학의 역사와 인류문명 연대기를 우리나라 입장에서 정리한 책으로 과학 분야 국학운동의 금자탑으로 평가되고 있다.

> 박물학 사상이 철저히 보급만 된다면, 인종 차별이 없고, 계급이 없고, 남녀가 평등한 사회가 이 지구상에 건설될 것이 기대되는 것이니 여기에 취급된 사항들에는 이점이 연관된 것이 적지 않다.
>
> (석주명, 『한국본위 세계박물학연표』에서)

144

한국본위 세계박물학연표_1992.

A Korea Standard World Natural History Chronology

Seok Du Myung empathized the need of chronology table which is creative and very Korean, simultaneously Global. This book is evaluated as a monumental achievement of the Korean national studies in the science filed.

단국대학교 퇴계기념중앙도서관 소장

"학우 석주명 교수는 한국 나비 연구의 석학으로 그 존재가 이미 세계적인지 오래다. 그동안 이 연구에 관한 저술이 남모르는 가운데 우리 민족의 지위를 올리었다. … 그 안목과 솜씨가 실로 아니 들어가는 데가 없을 만큼 정밀하여서 혹 언어학에 맥락이 서로 통하는 곳이면 그 부지런을 쓰지 아니한 데가 없다. … 누구나 석 교수의 부지런을 고마워하리라"

(정인보, 『한국본위 세계박물학연표』 서문 중에서)

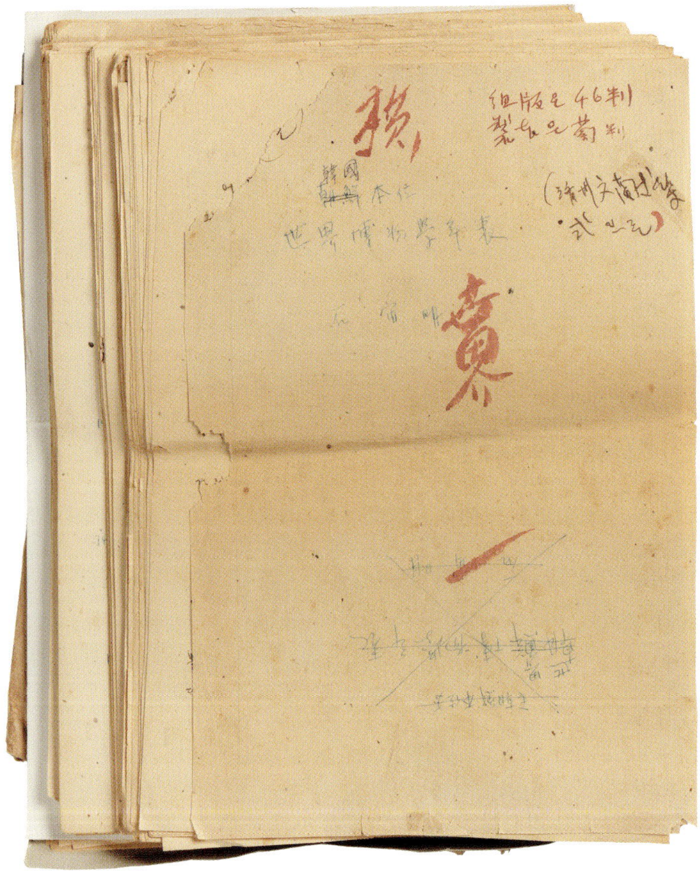

145

한국본위 세계박물학연표 원고_1950.

Manuscript of Korea Standard World Natural History Chronology

맨 앞장에 '제주문헌건등식(濟州文獻件等式)으로'라고 쓰여 있어 『제주도문헌집』 출판 이후 동일하게 편집하였음을 알 수 있다.

25×35.5

석주명은 「남나비전」을 비롯해 남계우의 호접도에 관한 글을 통해 나비 화가 일호 (一濠) 남계우(南啓宇, 1811~1890)의 존재를 세상에 알렸다. 위당(爲堂) 정인보 (鄭寅普, 1892~1950) 선생은 자신보다 열다섯 살이나 아래인 석주명의 나비 연구에 깊이 감동하였으며, 그를 위해 7언 50구, 358자에 이르는 장편의 한시를 써주었다.

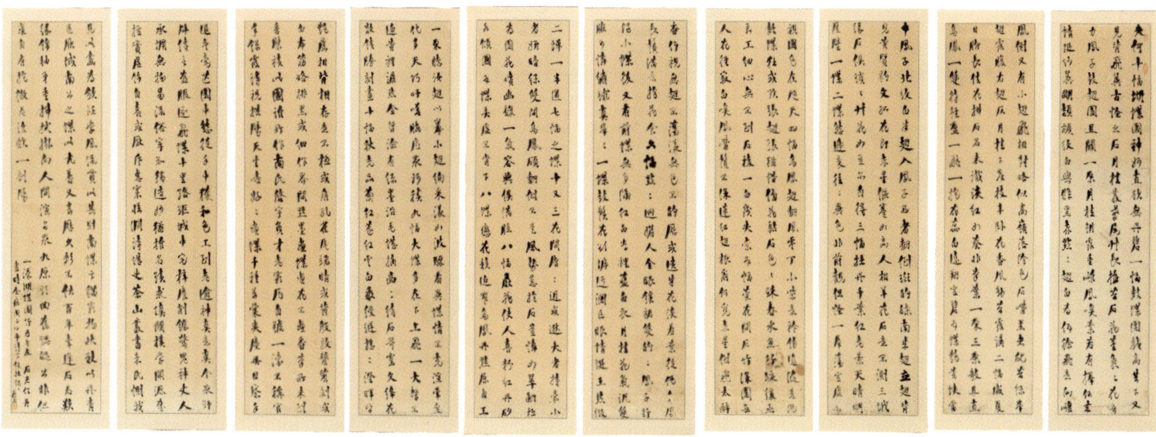

146

위당 정인보, 「일호호접도행」 병풍_1940년대
爲堂 鄭寅普, 「一濠胡蝶圖行」 屛風

The folding screen, a eulogy to Seok Du Myung written by Chung In Bo

1폭_32.8×138.3, 정양모 소장

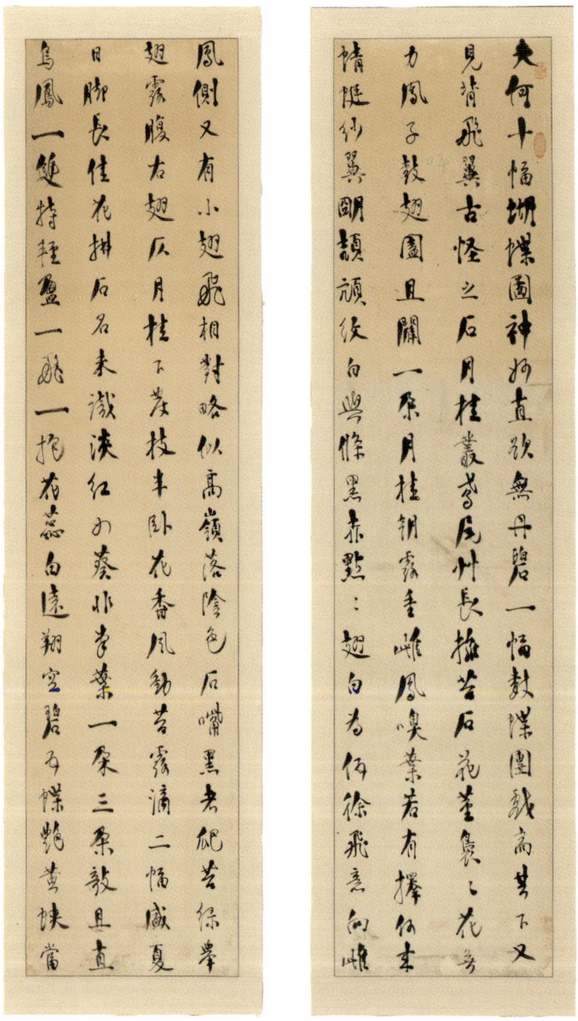

「일호호접도행」 1-2폭

위당 정인보 선생은 석주명이 존경하는 스승이고, 석주명은 위당 선생이 아끼고 귀히 여긴 애제자였다. 석주명은 일호 남계우의 나비 병풍을 본 후 이 병풍의 모든 것을 세밀하게 연구하여 논문을 발표하였다. 그리고 스승이신 위당께 보여드리자, 위당은 '일호호접도행'이란 장편의 시를 지어 제자 석주명에게 보내셨다.

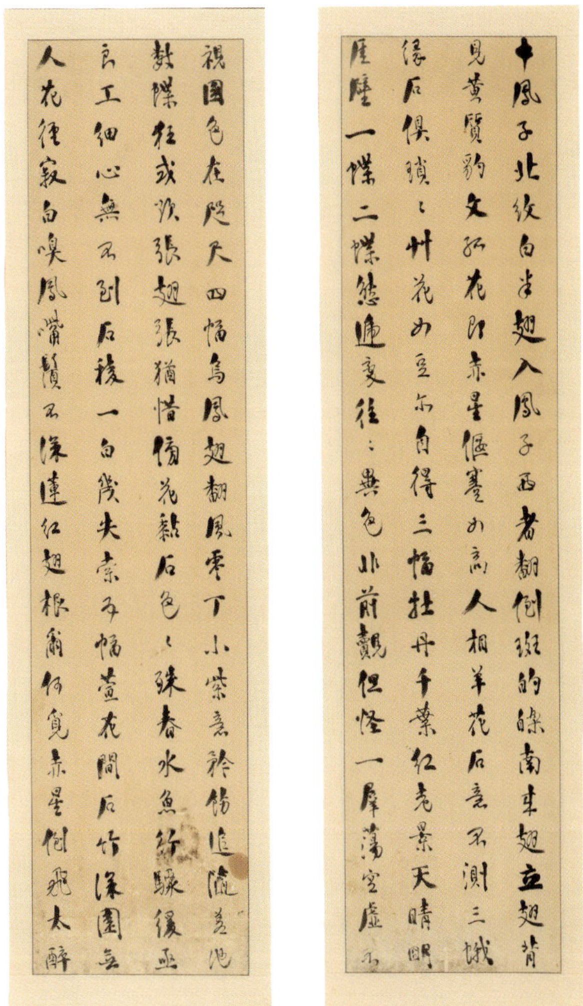

「일호호접도행」 3-4폭

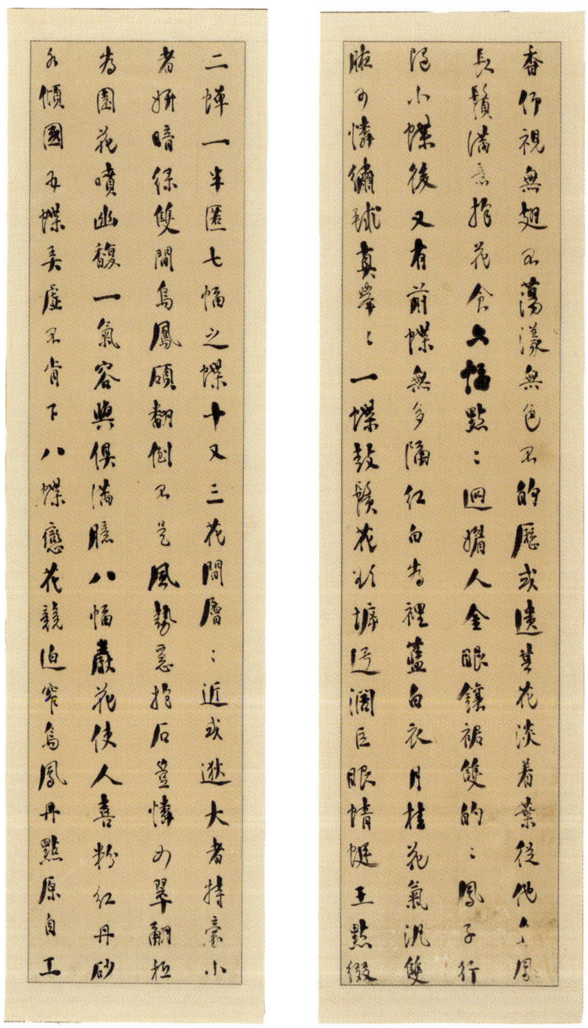

「일호호접도행」 5-6폭

위당은 10폭 병풍의 각 폭에다 그림의 내용을 세밀하게 묘사하고 끝으로 남계우와 그의 호접도가 갖는 의미 그리고 이를 보고 소중하게 소장, 관리한 석주명에 대한 칭송으로 끝맺었다. 석주명이 소장했던 호접도병풍(胡蝶圖屛風)은 지금은 소재를 알 수 없다. 이 병풍이 발견되어 모두가 볼 수 있게 된다면 얼마나 다행하고 고마운 일일까. 그래서 이 병풍의 그림과 위당 선생의 글과 석주명 선생의 논문이 한자리에서 세상에 공개되기를 절실하게 바라마지 아니 한다.

(2021.10.1. 정양모_전 국립중앙박물관장)

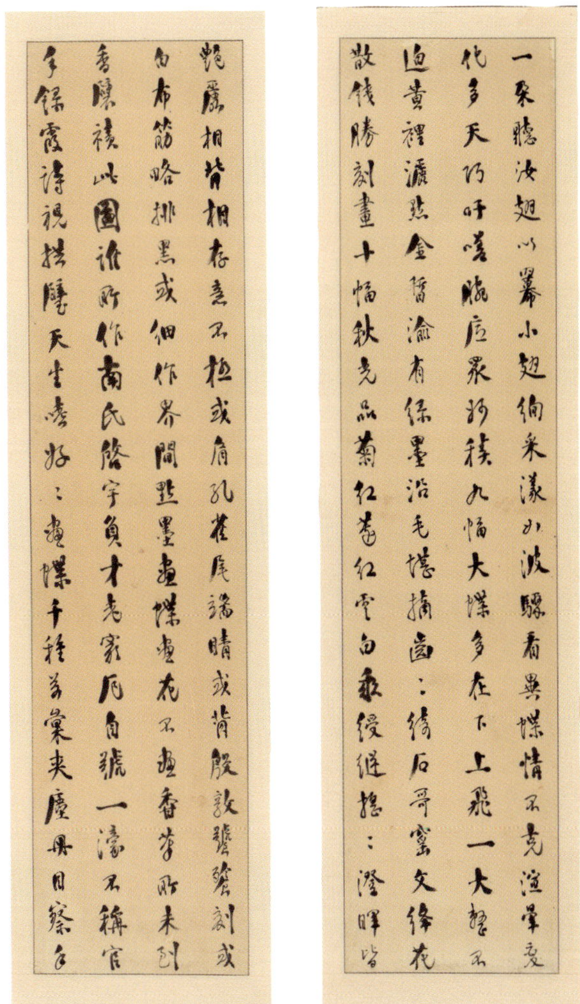

「일호호접도행」 7-8폭

百年幸逢石君歎　백년 만에 다행히도 석군의 감탄 만나
緣錦軸牙重拂拭　비단 둘러 찌를 달아 다시 닦아 꾸몄다네.
掛向人間演與衆　세상 향해 걸어두고 무리에게 보여주니
九原欲回舊魂魄　저승에서 옛적 혼백 다시 살아 나온듯해.
公非但畵自有抱　공은 그림 만 아니라 포부 또한 갖췄으니
微君誰歟一部劈　그대 아니면 그 누가 한번 갈라 알아보리
(정인보, 「일호호접도행」 중 제10폭 129-134행)

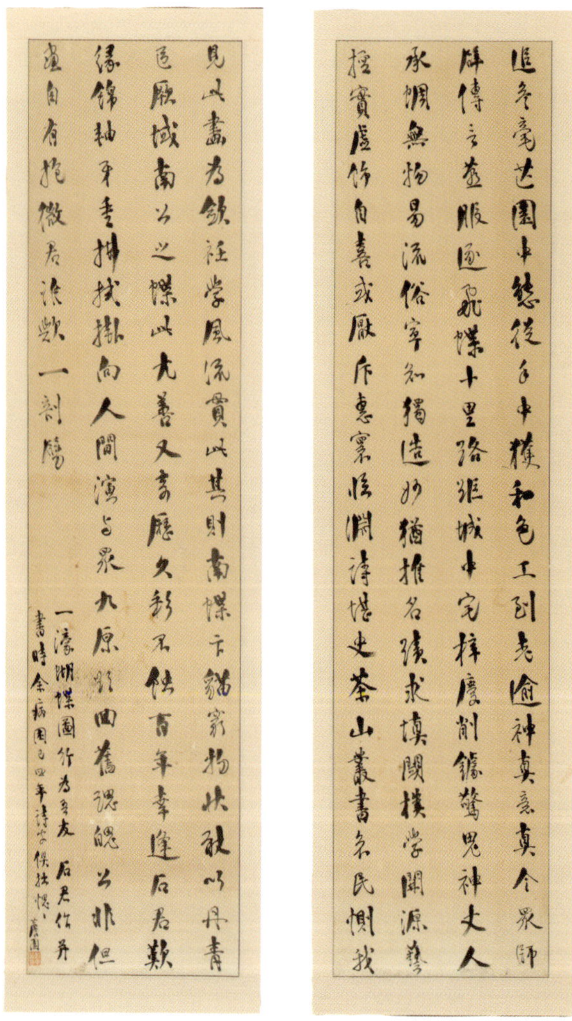

「일호호접도행」 9-10폭

팔방미인 학자 석주명

All Rounder, Scholar Seok Du Myung

147

석주명 저, 중등동물 교과서_1947.

Biology textbook

미군정 문교부 교수요목에 따라 석주명이 집필하고 교육연구사에서 발행한 중등 저학년용 동물(생물) 교과서이다. 표지에 나비무늬가 눈길을 끈다. 석주명은 고학년에 해당하는 제4·5학년용『중등과학 생물』(을유문화사, 1947)도 집필하였다.

148

중앙농업시험장 휘보 제1호 원고_ 1946.3.

Magazine for Center of Agricultural Experiment Station (No.1) manuscript by D. M. SeoK

석주명이 수원농사시험장 병리곤충학부장으로 부임하여 만든 중앙농업시험장 휘보의 원고이다. 석주명은 「일본 침략시대에 당장의 간행물에 발표된 병리곤충관계문헌목록」이란 제목으로 작성하였는데, 일본어로 작성되었던 것을 한글로 바꾸었다.

24.2×18, 총 302매

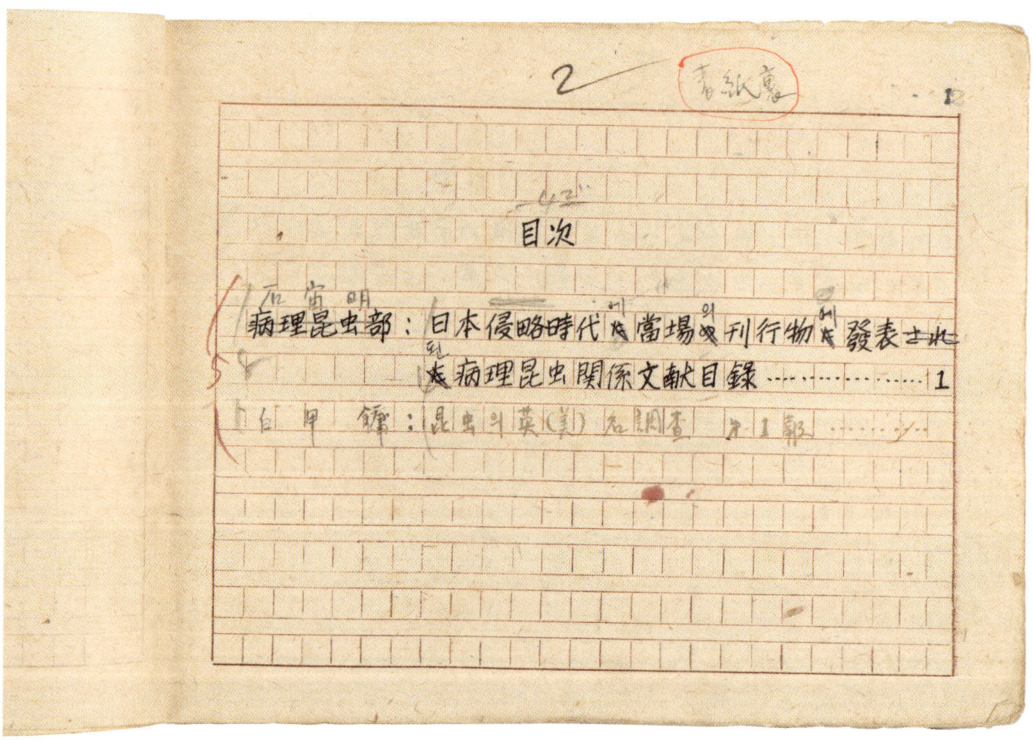

중앙농업시험장 휘보 제1호 원고 목차

Magazine for Center of Agricultural Experiment Station (No.1) manuscript – context

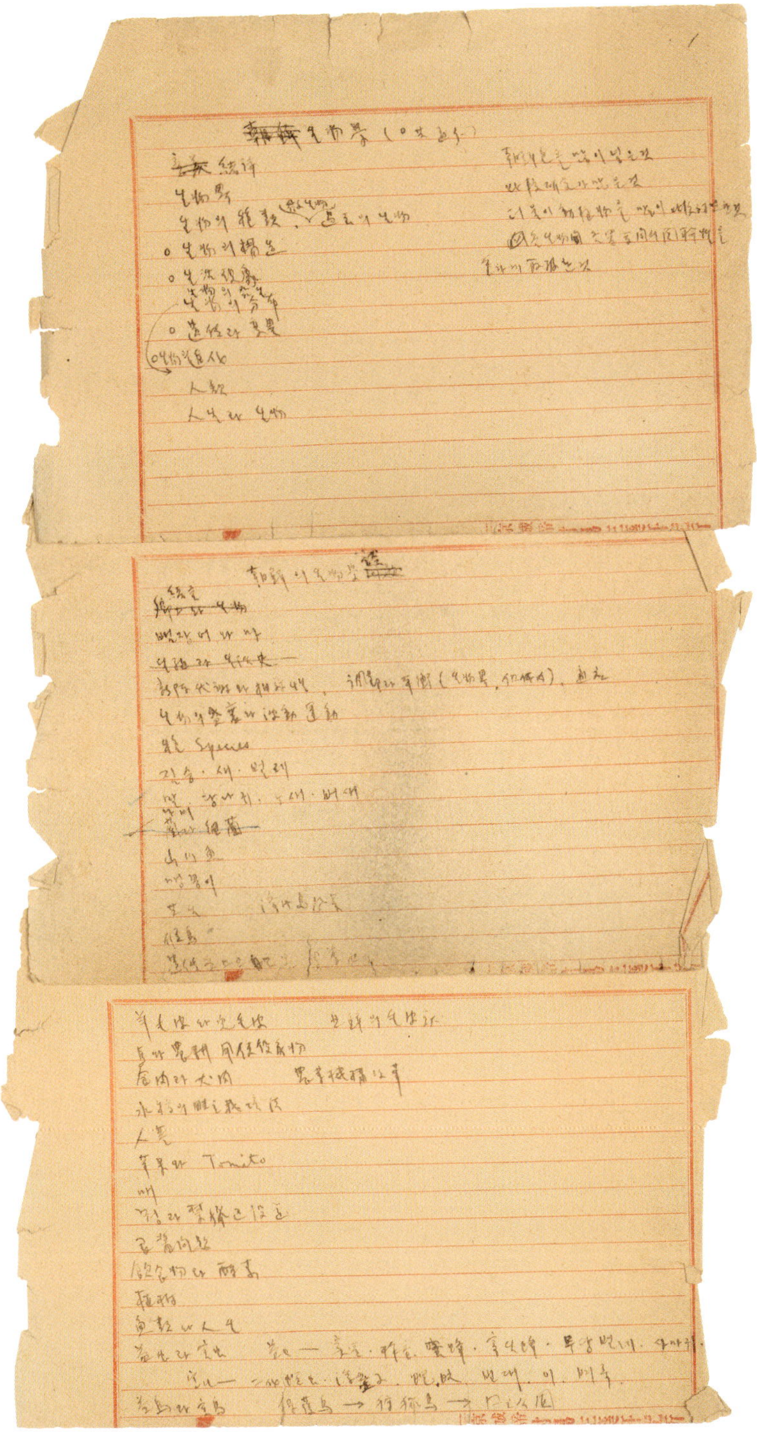

149

『조선생물학』 목차_ 1945년 이후

『*Biology of Joseon*』 context manuscripts

『조선생물학』은 석주명이 집필하지 못한 도서의 목차를 정리하고 수정한 미완성 원고이다.

This manuscript is the content part of the book that Seok Du Myung could not publish.

24.5×17

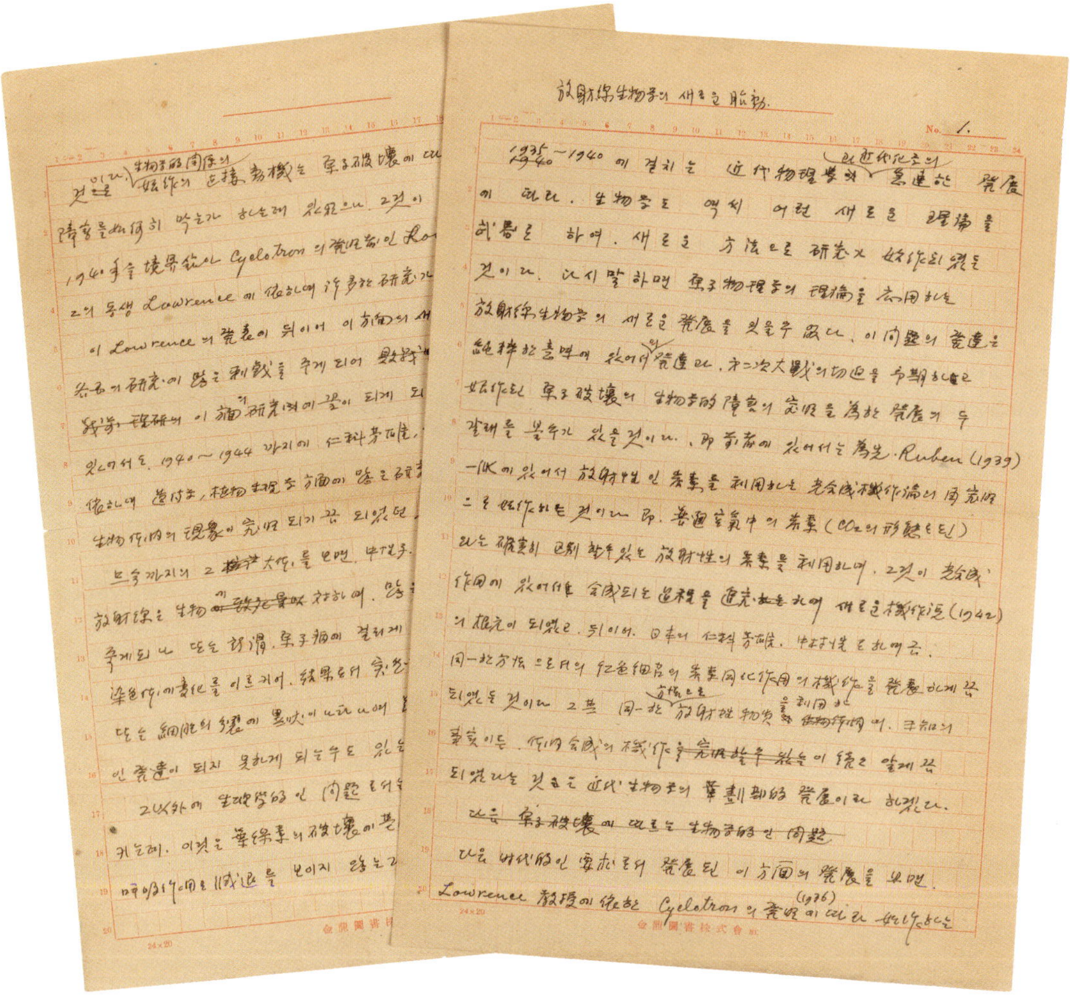

150

「방사선 생물학의 새로운 태동」 원고_1940년대

「*New Beginning of Radiological Biology*」 manuscripts

근대물리학의 급속한 발전에 따라 파생된 원자물리학 이론을 이용하는 방사선 생물학의 필요성을 강조한 글이다.

24.4×30.8

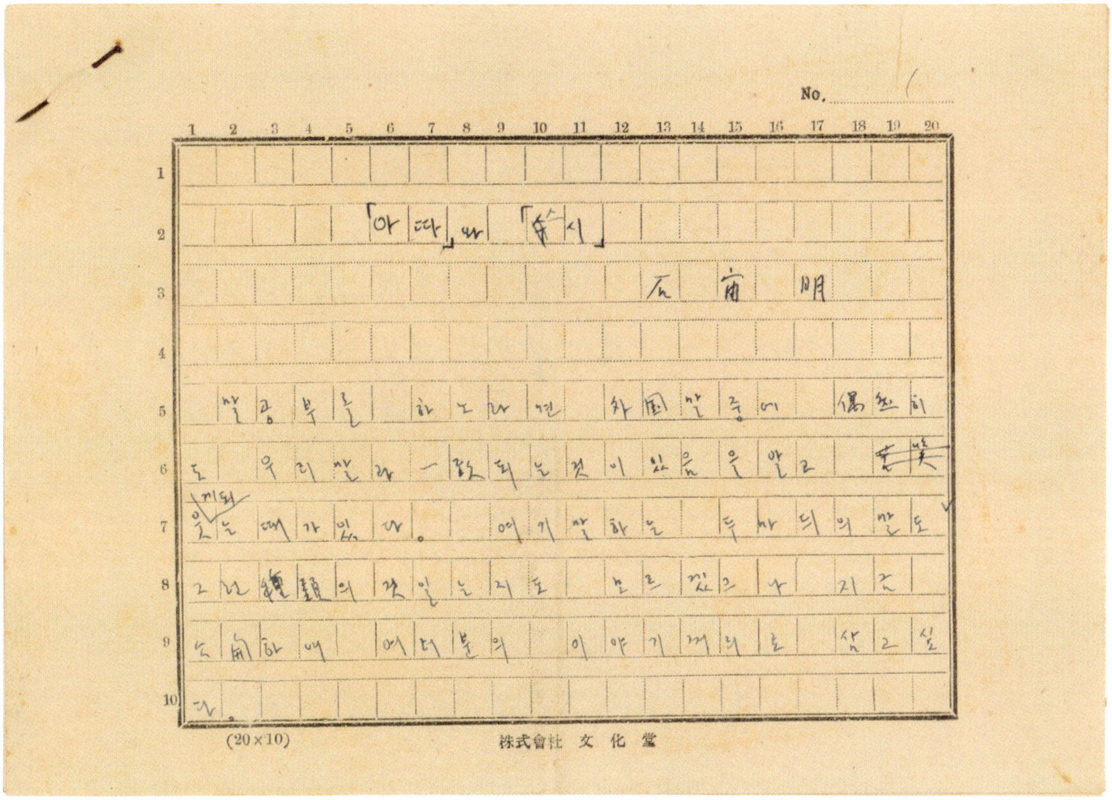

「아따」와 「스시」

石宙明

말공부를 하노라면 外國말 중에 偶然히
도 우리말과 一致되는 것이 있음을 알고
웃는 때가 있다. 여기 말하는 두 가지의 말도
그런 種類의 것일는지도 모르겠으나 지금
소개하여 여러분의 이야기거리로 삼고 싶
다.

(20×10) 株式會社 文化堂

151

「아따」와 「스시」 원고_1950 이전

「*Atta*」 and 「*Sushi*」 manuscript

외국말과 우리말이 일치되는 단어를 소개하는 글이다.

25.5×17.5

152

『에-르리히전(傳)』 저술(著述)의 유래 원고_1950 이전

The Origin of Writing『*Ehrlich Biography*』manuscripts

석주명이 출판을 준비한 『에-르리히전』의 서문과 같은 원고이다. 석주명은 1940년 급천사(汲泉社)에서 개최한 『에-르리히전』 출판 좌담회에 참석하였던 인연, 야학담회에서 처음으로 에-르리히 선생의 전기를 다룬 것 등의 기억을 서술하였다. 생물학자 파울 에를리히(Paul Ehrlich, 1854~1915)는 1908년 노벨 생리학·의학상을 수상하였다.

34×25, 30×22.3, 총14매

153

석주명 각종 원고

Seok Du Myung's Manuscripts

아름다운 날, 나비가 되어 날아가버린 석주명

A Beautiful Day, Seok Du Myung Became a Butterfly and Flew Away

아름다운 날, 나비가 되어 날아가버린 석주명

A Beautiful Day, Seok Du Myung Became a Butterfly and Flew Away

Seok Du Myung was stubborn to keeping his life aim. He only needs a time and environment to research, he didn't care his family or honor and social status. He accomplished lots of achievements only with an effort for study. He is a few star of the star in Korean modern history. Unfortunately, he passed away in young age 42, but his achievements brilliantly shine the dark ages.

On the 5th of January, 1951, Seok Ju Seon took refuge with her brother Seok Du Myung's maps and posthumous works, those were picked among brother's relics and old costumes which was like her alter ego. Depart from the house in Sindang-dong, she got on a navy LST at sleeting Incheon port. She was afraid that brother's works were wet, so she covered backpack with her coat and shivered on a boat. During refuge—Incheon, Mokpo, Busan and back again to Seoul, she was always with Seok Ju Myung's backpack on.

In 1952, August, Seok Ju Seon back home in Seoul. Although her costumes left over at home were not exist anymore, but she could protect spirits of doctor Seok Du Myung.

154

석주명 국립과학관에서_1940년대

Seok Du Myung at National Science Center

전쟁의 한복판에 선 고집불통 연구자

A Stubborn Researcher Standing on Center of the War

석주명은 평생의 지표를 무던히 실천하고자 하는 고집불통이었다. 그에게는 평생 오로지 연구할 시간과 환경만 필요했고 가정생활이나 세상의 명예·지위 따위는 안중에 없었다. 오직 학문을 향한 노력으로 수많은 업적을 이루어낸 우리 현대사 초창기의 몇 안되는 별 중에 별이었다. 안타깝게도 42세의 젊은 나이에 세상과 이별했지만, 그의 업적은 암흑기를 찬란히 빛낸 눈부신 것이었다.

> "나는 해방 후 여러 차례 미국 유학을 권고받았고, 어떤 친지로부터는 나의 개인 형편까지를 생각해서 하는 간곡한 권고를 받았다. 그러나 나는 지금 서울을 떠날 형편이 못 된다. 나는 여태까지의 학문을 정리 중에 있고 또 다음 계단을 위하여 정리하지 않으면 안될 형편이다. 이후에 외국엘 간대도 먼저 나의 학문, 즉, 우리 강토를 중심으로 한 학문을 정리해 가지고 남에게서 배우는 것만큼 나도 남에게 가르칠 준비가 안되면 떠날 마음이 없다. 우리나라가 아무리 후진 국가라고 할지라도 우리 땅의 자료를 계통 세우면 그것으로 소위 선진 국민이라도 가르칠 수가 있는 것이다."
>
> (석주명, 「학구의 변」(태양신문, 1949.12.30.) 중에서)

155

석주명 탁상일기_1950.1.1.-10.6.

Seok Du Myung's diary(Esperanto)

18.7×14.5

한국전쟁으로 모든 것이 변해버린 서울에서 석주명은 오로지 학문 연구에 몰두했다. 생명과도 같은 원고가 사라질까 하는 걱정으로 원고를 과학관 연구실과 집으로 옮겼고 집 마당에 묻기도 하였다. 석주명이 에스페란토어로 남긴 일기에는 전쟁으로 인한 불안과 공포 속에서도 연구와 집필에만 집중하였음이 잘 나타난다.

석주명 탁상일기 부분_1950.9.28.

석주명 선생 탁상일기로 본 한국전쟁

The Korean War on Seok Du Myung's diary

1950.6.25.~10.06.

6월 25일(일) 비·구름.	비도 오고, S와 약속도 있어서 집에 머무르며 원고를 썼다. 오늘 아침에 일어난 전쟁 때문에 S가 올 수 없었다고 연락해 주었다.
6월 26일(월) 맑음.	신흥대학 가는 길에 해양청에 잠시 들렀다. 편하게 수업을 할 수 없었다.
6월 27일(화) 구름·밤에 비.	아침부터 국학대학, 신흥대학과 박물관을 다녔다. 중간에 서울출판사도 잠시 들렀다. 내가 항시 보관하고 싶은 중요한 원고를 박물관으로 옮겼다. 밤에는 전투가 극에 달했다.
6월 28일(수) 맑음.	아침에 서울이 함락되었다. 북한군이 쏜 대포로 인해 우리 집 유리창 여러 장이 깨졌다. 지인들이 우리 집으로 많이 몰려 왔다.
6월 29일(목) 맑음.	낮에는 미군 비행기들이 탱크를 향해 날아가며 전투를 벌였다. 조카들이 와서 우리 집에서 밤을 새웠다. 다른 사람들도 우리를 찾아왔다.
6월 30일(금) 맑음.	아침을 먹고 조카와 거리를 살피며 박물관에 갔다. 전투가 계속되고 있다. 다양한 사람들이 와서 밤을 새운다. 오늘도 다른 사람들이 오고 있다.
7월 1일(토) 구름.	오후에 이것저것 먹을 것들을 최대한 샀다. 밤이 깊어지자 북한군들이 이동하는 것을 알아챘다. 밤에 톨스토이의 『부활』을 다 읽었다.
7월 2일(일) 맑음.	아침에 대한에스페란토학회 일로 김교영을 찾아갔다. 낮에는 미승우(米昇右, 1930~1988.5)와 박물관 회의에 참석했다.
7월 3일(월) 맑음.	아침에 박물관 근무자들이 데모를 하러 나갔다. 그러나 나는 내 방에서 공부를 했다. 오후에 학술원 회의와 한국산악회 모임에 참석했다.
7월 4일(화) 맑음.	과학연맹, 학술원, K를 방문했다. 사람들이 머지않아 인민군이 패할 것이라고 말한다.
7월 5일(수) 비.	오늘이 정부 단체 등록 마지막 날이어서 몇 군데를 계속 방문했다.
7월 6일(목) 비.	비가 내리는 동안 박물관에 가서 계속 연구를 했다. 저녁에 집에 돌아오면서 양측이 방어 진지를 만들고 있는 것을 알았다. 그래서 다시 들러 정리를 하고 중요한 원고 하나를 가져왔다.
7월 7일(금) 구름.	학술원을 방문했다. 박물관에서 잠깐 공부를 했는데 상황이 완전히 전쟁 분위기로 바뀌었다.
7월 8일(토) 구름.	박물관에 갔다.
7월 9일(일) 맑음.	아침부터 을유문화사, 박문사 등을 방문했다.
7월 10일(월) 맑음.	아침에 청계국민학교에 모여 여럿이 거리 청소를 했다. 서울인쇄소에 잠시 들렀다.
7월 11일(화) 맑음.	저녁에 내 원고에 대해 의견이 일치하지 않는 C를 잠시 찾아갔다.
7월 12일(수) 맑음.	오늘부터 우리 박물관은 자유롭게 되었다. 오후에 K가 찾아왔다. 저녁을 먹고 김교영을 찾아갔다.
7월 13일(목) 맑음·비·구름.	아침부터 교육대학의 L, 약학대학의 D, 국학대학의 S와 서울인쇄소를 방문했다.
7월 14일(금) 구름, 비.	오늘까지 H에게 보낼 채집한 나비 정리를 마쳤다.
7월 15일(토) 구름.	대한에스페란토학회에 약속한 L과 김교영을 만날 수 없었다.
7월 16일(일) 구름·약한 비.	미군의 폭격기들이 폭격을 해 모두가 실의에 빠졌다. 박물관에서도 확실히 위험을 느꼈다.
7월 17일(월) 맑음.	폭격으로 사람들이 완전히 힘을 잃었다.

7월 18일(화) 맑음·무더움.	폭격 받은 곳의 박물관 직원 전원이 일이 없었다. 나는 박물관에서 하루 종일 연구를 했다.
7월 19일(수) 맑음·무더움.	아침 일찍 박물관에 갔으나 거의 종일 미군 폭격기들의 위협이 있었다.
7월 20일(목) 맑음.	폭격에 겁이나서 박물관에 나가지 않았다. 실제로 도시 전체가 폭격을 받았다. 온종일 집에서 연구를 했다.
7월 21일(금) 구름.	박물관에서 오늘까지 나의 표본 수집 정리를 마쳤다.
7월 22일(토) 구름.	아침 일찍 남동생이 동대문경찰서에 수감되었다.
7월 23일(일) 맑음·비.	아침 식전에 여동생과 경찰서에 잡혀가 있는 남동생 문제로 B를 찾아갔다. 그러나 쫓겨났다. 오전에 북한 출신 K, 신흥대학, 경기중학교를 방문했다.
7월 24일(월) 맑음.	아침을 먹고 폭격기를 피해 박물관에 가기 적절한 시간을 기다렸다. 밤에 미군 폭격이 있을 것이라는 소식을 들은 남동생이 나더러 피하라고 했다.
7월 25일(화) 맑음.	아침 일찍 박물관에 가서 M을 자원병으로 보냈다. 오후에 서울인쇄소에 들러서 내 원고를 돌려받았다.
7월 28일(금) 맑음.	이른 아침에 박물관에 나갔다. 원홍구(元洪九, 1888~1970) 교수에게 추천해 준 L이 찾아왔다. 폭탄이 떨어지지는 않을까 겁이 났다.
7월 29일(토) 맑음.	사람들이 나를 폭격에 반대하는 반대자 대표로 뽑았다. 점점 정책들이 조금씩 고통스럽게 만들고 있다.
7월 30일(일) 맑음.	남동생이 의용군에 뽑혔다.
7월 31일(월) 비·구름.	오늘도 남동생은 집에 돌아오지 않았다. 의용군 중앙사무소에 근무하는 K를 찾아갔으나 만나지 못했다.
8월 1일(화) 맑음.	아침에 남동생의 일로 인민위원회 본부에 갔다. 오후에 나와 다른 사람들의 해고를 통보한 박물관에 갔다. 남동생이 의용군에서 나왔다.
8월 2일(수) 맑음·비.	아침 일찍이 형제들이 떠났다. 저녁에 동대문경찰서의 K가 찾아왔다.
8월 3일(목) 맑음.	아침 일찍 박물관에 근무하는 C가 와서 과학자와 예술가, 그리고 문화인들의 모임이 있다고 알려주었다.
8월 4일(금) 맑음.	집에서 하루 종일 원고들을 정리했다. 미군 폭격기들이 종일 폭격을 해대었다.
8월 5일(토) 맑음.	"한국의 나비" 세 번째 보고서 원고를 마무리했다. 오후에 여동생이 초대해서 시간도 같이 보내고 형제들과 음식도 함께 먹었다.
8월 6일(일) 맑음.	아침 일찍 박물관에 가서 종일 문을 잠그고 정리를 했다. 저녁에야 겨우 마쳤다. 이제 박물관에 갈 필요가 없다.
8월 7일(월) 맑음.	하루 종일 집에서 연구를 했다. 오전에 S가 찾아왔다. 오후에는 모든 원고를 남동생에게 보냈다.
8월 8일(화) 맑음·비·구름.	종일 연구하며 집에 있었다. 오전에 여동생이 왔다.
8월 9일(수) 맑음.	하루 종일 집에서 신문에 발표된 논문으로 책 한 권을 만들며 지냈다.
8월 10일(목) 맑음.	아침에 조카가 쌀과 다른 물건을 지고 광장으로 떠났다.
8월 11일(금) 맑음.	오전에 C가 방문했다. 오후에는 여동생한테 가서 동생 집에서 저녁을 먹었다.
8월 12일(토) 맑음.	오후에 여동생에게 가서 그 집에서 밤을 보냈다.

8월 13일(일) 맑음.	오후에 책 한 권을 가지고 집으로 돌아왔다.
8월 14일(월) 맑음.	하루 종일 집에서 연구를 했다. 저녁에 S가 왔다.
8월 15일(화) 맑음.	전쟁 중인데도 오늘은 아무 일이 일어나지 않았다. 종일 집에서 책을 읽었다. 낮에 여동생이 왔다.
8월 16일(수) 맑음.	오랜만에 박물관에 갔다. 그리고 정리할 잡지들을 가지고 왔다.
8월 17일(목) 맑음.	하루 종일 집에서 잡지들을 정리하고 내가 쓴 논문으로 4권의 책을 만들었다.
8월 18일(금) 맑음.	하루 종일 집에서 연구를 했다.
8월 19일(토) 맑음.	집에서 나와 몇몇 출판사를 들리고 내 논문들을 묶은 책을 만들었다.
8월 20일(일) 맑음.	하루 종일 집에서 연구를 했다.
8월 21일(월) 맑음.	종일 집에서 연구를 했다. 어떤 사람이 전하길 박재덕(조카사위)이 군대에 끌려갔다고 했다.
8월 22일(화) 맑음.	하루 종일 책을 읽었다.
8월 23일(수) 맑음.	하루 종일 여동생 집에서 연구를 했다. 특히 원고 정리를 많이 했다. 가족 전체가 거기서 저녁을 먹었다.
8월 24일(목) 맑음.	여기저기 돌아다니고 싶지만, 폭격기들이 종일 폭격을 해서 오늘은 집에 머물고 있다.
8월 25일(금) 맑음.	조카 세조가 왔다. 어제처럼 종일 폭격기 공습이 있었다.
8월 26일(토) 맑음.	오늘도 어제와 똑같이 폭격기 공습이 있었다.
8월 27일(일) 비온 후 맑음.	아침 일찍부터 종일 박물관에서 연구를 했다.
8월 28일(월) 맑음.	오후에 김교영을 찾아가 빌린 책을 돌려주었다.
8월 29일(화) 맑음.	오전에 여동생 집에 가서 연구를 했다. 오후에는 집에 있었다.
8월 30일(수) 맑음.	평택에서 남북이 싸웠다는 전갈을 들었다.
8월 31일(목) 맑음.	종일 집에서 원고를 썼다. 오늘 전투기 폭격이 그다지 심하지 않았다.
9월 1일(금) 맑음.	이른 아침에 박물관에 갔다. 연구를 했다.
9월 2일(토) 맑음.	K가 찾아와 전쟁 상황을 알려 주었다.
9월 3일(일) 맑음.	종일 여동생 집에서 연구를 했다. 저녁에 조카 법수가 왔다.
9월 4일(월) 맑음·구름.	종일 박물관에서 연구를 했다.
9월 5일(화) 맑음.	종일 집에서 타자기로 원고를 쳤다.
9월 6일(수) 맑음.	종일 집에서 타자를 쳤다. 오후에 경찰관이 찾아왔다.
9월 7일(목) 맑음.	하루 종일 집에서 원고를 썼다. 강제로 징집해서 우리 조카들은 피신을 했다.
9월 8일(금) 맑음.	하루 종일 집에서 『한국 나비 연구사』 원고를 썼다. 여동생이 와 오래 머물러서 나도 잘 쉴 수 있었다.
9월 9일(토) 맑음.	종일 집에서 『한국 나비 연구사』 원고를 썼다. 상화 부부가 찾아왔다.
9월 10일(일) 맑음.	하루 종일 집에서 원고를 썼다. 많은 친척들이 왔다.
9월 11일(월) 맑음.	오전에 여동생에게 가서 거기서 저녁까지 연구를 했다.
9월 12일(화) 맑음.	종일 박물관에서 연구를 했다. 오후에 미군 폭격기들이 시내 복판을 공습했다.
9월 13일(수) 맑음.	오전에는 집에 있었고, 오후에는 박물관에서 연구를 했다.
9월 14일(목) 맑음.	오전에 K를 만나 종이를 많이 받았다. 오늘 수도관을 수리했다.

9월 15일(금) 맑음. 박물관에 가서 종일 연구를 했다. 오늘은 전쟁 때문에 불안감을 느낀다.

9월 16일(토) 구름. 하루 종일 집에서 타자기로 원고를 쳤다. 그 사이에 폭격기들이 종일 도시를 엄청 공격해댄다. 자유로운 다른 시대가 다가오고 있는 것일까?

9월 17일(일) 맑음. 종일 집에서 원고를 썼다. 사람들이 UN군이 이미 서울 가까이 왔다고 말한다. 전시 상황이 확실히 바뀌었다.

9월 18일(월) 맑음. 아침 일찍부터 분위기가 6월 28일 이전처럼 정상적이지가 않다. 오전에『나비 연구사』원고를 마무리하고 모든 원고를 함께 땅속에 묻었다. 여동생과 조카딸 윤숙이가 찾아왔다. 한밤중에 군수물자를 강제로 공출했지만 우리는 거절했다.

9월 19일(화) 맑음. 전쟁이 잠시 잠잠해졌다. 저녁을 먹고 남동생 부부는 자기 집으로 갔다.

9월 20일(수) 맑음. 하루 종일 책만 보았다. 조카 법수가 우리 집에서 밤을 보냈다. 남동생 부부는 없었다. 나는 집을 허름하게 보이게 만들었다.

9월 21일(목) 맑음. 아침 일찍 남동생 부부가 돌아왔다. 여동생이 나를 찾아왔다. 저녁을 먹고 형제들이 떠났다. 그리고 나는 허름한 집처럼 해놓고 밤을 보냈다.

9월 22일(금) 맑음. 아침부터 폭격기들 때문에 상황이 긴박하게 바뀌었다. 남동생 부부는 집에서 피신을 나갔다. 밤에 많은 곳에서 위협하는 불들이 보였다. 조카 세조가 나와 함께 밤을 보내고 있다.

9월 23일(토) 맑음. 여동생이 와서 밤을 보냈다. 밤새 양쪽 진영에서 총을 싸댔다.

9월 24일(일) 맑음. 오전에 남동생이 내가 다니는 박물관이 폭격기 공격으로 불에 타고 있다고 알려줬다. 아! 내 인생의 큰 부분을 결국 잃어버렸다. 낮에 곧바로 감춰둔 원고를 흙으로 덮어 버렸다. 밤새 양쪽 편이 최대로 총탄을 퍼부었다.

9월 25일(월) 맑음. 하도 총질을 해대서 우리는 아침 일찍부터 옆집의 지하 방으로 피했다. 근처의 공격으로 완전히 생지옥이 되었다. 종일 한밤중까지 지하 방에 머무르다가도 난리가 나서 특히, 사람들이 불을 질러 대서 자주 나와야 했다.

9월 26일(화) 맑음. 두 번째 지옥의 날이었다. UN군이 도시에 진입하여 동대문 가까이 왔을 것 같은데 저녁 때까지 도착하지 못했다.

9월 27일(수) 맑으나 연기. 마침내 우리 집 앞길에서 양측이 심하게 전투를 벌이기 시작했다. 오늘이 세 번째 지옥의 날이다.

9월 28일(목) 맑음. 오늘도 전투는 계속되고 있다. 미군들은 거리를 행진했다. 조카 법수와 함께 시내와 박물관을 걸어서 둘러보았다. 특히 내 방은 푯말만 겨우 찾았다.

9월 29일(금) 맑음. 하루 종일 집에서 책을 읽었다.

9월 30일(토) 맑음. 아침 일찍 땅속에 묻었던 원고들을 꺼냈다. 그리고 나비의 분류에 관한 원고를 쓰기 시작했다. 여동생 집 때문에 고민이다.

10월 1일(일) 맑음. 김교영 씨가 방문했다.

10월 2일(일) 맑음. 동생의 집에 급한 일이 생겼다고 전해와 가보았으나 소용이 없었다.

10월 3일(화) 맑음. 오후에 홍종인 씨가 찾아와 서울대학교 자연과학대학 건물도 불탔다고 알려줬다.

10월 4일(수) 맑음. 정인보 씨를 찾아갔으나 그는 아직 돌아오지 않았다. 김홍식 씨 집을 방문해서 그의 아들을 만났고, J의 집을 갔으나 그는 없고 가족들만 만났다.

10월 5일(목) 맑음.	박재덕이 살아서 돌아왔다. 그는 내일 이천에 있는 집으로 돌아간다. 남동생이 돌아오지 않는다.
10월 6일(금) 맑음.	Bela tago.

(번역 서진수, 교정·교열 오호석)

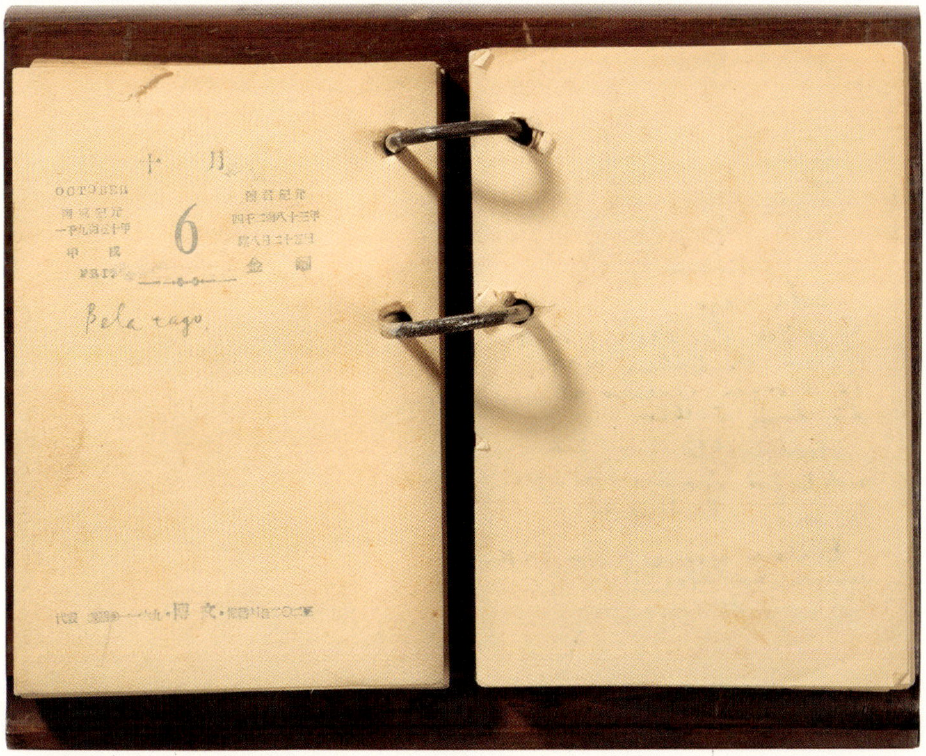

석주명의 마지막 일기_1950.10.6.

Seok Du Myung's last diary.

석주명은 과학자답게 매일 매일의 날씨를 기록하였다. 에스페란토어로 작성된 탁상일기의 마지막에는 "Bela tago(아름다운 날)"만 남겨져 있다.

The scientist Seok Du Myung recorded everyday's weather. On the last page of his diary written in Esperanto only left "Bela tago (beautiful day)."

18.7×14.5

한국의 나비라 하면 석주명 !

생물학 중에서도 특히 곤충에 관하여 많은 연구를 하였으며, 나비에 대한 수많은 논문을 발표하였다는 것은 이 사람이 여기서 새삼스러히 소개할 여지도 없을 만큼 세상이 널리 아는 바이다. … 중략 … 세계에서 하나밖에 없다고 자랑하던 「나비」의 표본도 가빈 의복을 못 입고 좋은 음식을 못 먹고 일생을 통하여 사서 모은 씨의 장서도 씨의 최종 직장이던 과학박물관 건물과 더불어 재가 되고 말았다. 다만 남은 것은 내외국에 발표한 씨의 논문의 별쇄뿐이다. 씨는 보다 큰 업적을 완성하지 못한 채 세상을 떠났다. 비록 씨가 생전에 그리 애끼고 소중히 여기던 표본과 장서를 짊어지고 다시 못올 길로 떠나갔으나 씨의 업적은 영구히 우리나라 생물학계에 남으리라.

(강영선, 「생물학과 석주명」 중에서_동아일보_1955.10.6.)

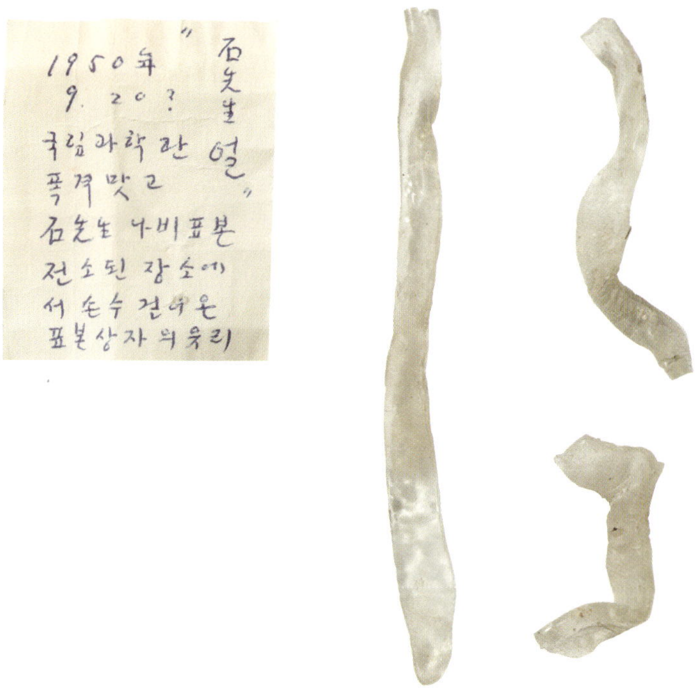

156

석선생 얼_국립과학관 표본상자 유리 파편_1950.9.24.

Mr. Seok's spirit – Glass fragments from sample box of the National Science Center

유리 파편에는 "석선생 얼 국립과학관 폭격 맞고 석선생 나비표본 전소된 장소에서 손수 걷어온 표본상자의 유리"라고 쓴 메모가 함께 있다. 이는 석주선 박사가 남긴 메모로서, 유리 파편의 수습 날짜가 "1950년 9. 20?"라고 되어 있다.

석주명이 남긴 탁상일기에 따르면 그가 근무하던 박물관은 9월 24일(일)에 미군의 폭격으로 불에 탔다. 그는 일기에서 인생의 큰 부분을 잃어버렸다고 한탄했다. 그리고 3일 후 서울을 탈환한 9월 28일에 조카와 박물관에 갔지만 찾은 것은 자신의 방풋말뿐이었다. 이와 관련하여 그동안 국립과학관의 화재는 9월 28일로 알려져 왔고, 또 10월 6일 박물관에 불이 났다는 소식을 듣고 혼자서 박물관으로 간 것이 돌아오지 못한 길이 되었다는 증언도 있지만, 직접 남긴 일기와 화재 후 박물관에서 수습해온 박물관 표본 상자의 유리 파편 등이 확실한 자료가 된다.

석주선, 오빠 석주명의 혼을 지키다.

Seok Ju Seon, Protect Brother's Spirit

석주명은 그 동안 해온 한국산 나비에 대한 측정학, 분류학상의 연구는 분포 지도를 완성함으로써 일단락 짓고 본격적인 나비의 생태학 연구를 위해 여생을 바칠 생각으로 막 출판하려던 참이었다. 504장의 지도 위에 찍힌 수만 개의 붉은 점 하나하나에 그가 쏟은 피와 땀은 상상하기조차 불가능한 것이었다. 그가 전쟁통에도 그 지도들을 배낭에 넣어 자나 깨나 몸에 붙이고 다닌 것은 지극히 당연한 일이었다.

"이거이 내 혼(魂)인데 …
어케서든디 꼭 책이 돼야 할텐데 …
안돼두 할 수 없디, 이 난리통에 뭘할 수 있갔다구 … "

157

평양 산장 가는 길의 석주명과 석주선_1942.

Seok Du Myung and Seok Ju Seon, on the way to cabin in Pyongyang

1951년 1월 5일, 석주선은 자신의 분신과도 같은 옛 옷들을 그대로 두고 오빠의 '생명'이었던 지도 504장과 유고를 짊어지고 피난길에 올랐다. 신당동 집을 출발해서 진눈깨비 내리는 아수라장 같은 인천 부두에서 해군 LST에 올라탔다. 자신의 생명보다 더 귀한 오빠의 원고가 젖는 것이 안타까워 코트를 벗어 배낭을 덮어씌우고 뱃전에서 오들오들 떨었다. 인천, 목포, 부산, 다시 서울로 석주명의 배낭을 메고 다녔다. 1952년 8월 서울에 온 석주선은 신당동 집에 들렀으나 남겨두고 갔던 옷들은 남아 있지 않았다. 석주명의『제주도 총서』4, 5, 6권과『한국산 접류의 연구Ⅲ』,『한국산 접류 분포도』를 비롯한 나비 박사 석주명의 혼은 그렇게 지켜졌다.

158

석주명 끈_1950.

String

석주명이 조사 카드를 분류 정리할 때 사용한 끈으로 생의 마지막 순간에도 간직하였다. 석주명이 끝까지 놓지 못했던 학문에 대한 열정과 미처 마무리하지 못한 결과들이 풀리지 않은 끈처럼 남게 되었다. 석주명의 죽음을 누구보다 안타까워했던 동생 석주선 박사는 혈육이자 같은 연구자인 오빠와 연결된 끈을 내려 놓지 않았고 각고의 노력 끝에 석주명의 혼과 같은 유고를 세상에 드러내었다.

Seok Du Myung's passion for study and the things were not able to finalize are left like a string that won't untie.

159

석주명 가방_1950.

Briefcase

갈색 소가죽으로 만든 서류 가방이다. 반을 접어서 1쌍의 잠금 장치로 잠근 후 들게 되어 있는 구조이다. 안쪽에는 국방색 평직 면직물을 사용하였다. 그 속에는 서류와 원고, 엽서, 논문, 나비 분포지도, 명함, 월급명세서, 문교부 배지, 수첩, 지갑, 장도, 둥근 면경, 만년필을 비롯한 필기도구 등 다양한 것들이 들어있었다. 석주명은 가방 안에 든 지도와 연구 사료를 분실하지 않기 위해 항상 옆구리에 끼고 다녔기 때문에 위와 아래 부분에만 때가 묻었을 것으로 짐작된다.
There were variety things likewise documents, manuscripts, postcard, thesis, butterfly distribution map, name-card, paycheck, the Ministry of Culture and Education badge, notebook, wallet, knife, mirror, writing supplies etc. in his bag. Seok Du Myung was always carrying bag on his side, not to lose maps and research data in his bag. So there are stain on the top and bottom of bag.

국가등록문화재 제610호.
National Registered Cultural Heritage No. 610
37×27

160

석주명 가방에 남겨진 소지품_1949~1950.

Left belongings in Seok's bag

석주명의 가방에는 끈과 빈 메모지, 나비 보관용 종이, 손거울, 수첩, 지갑, 지우개, 펜촉, 만년필, 몽당연필, 색연필, 문교부 배지 등이 들어 있었다. 지갑에는 조선은행권 1원(2매), 5원(1매)와 영수증 등이 들어 있고, 수첩에는 에스페란토어 메모, 시구(詩句) 등 일상적 메모가 남아 있다.

필기구 4.5~21.5 가죽지갑 11.2×8.2 문교부 배지 1.5 손거울 지름 5.5 수첩 5.5×10

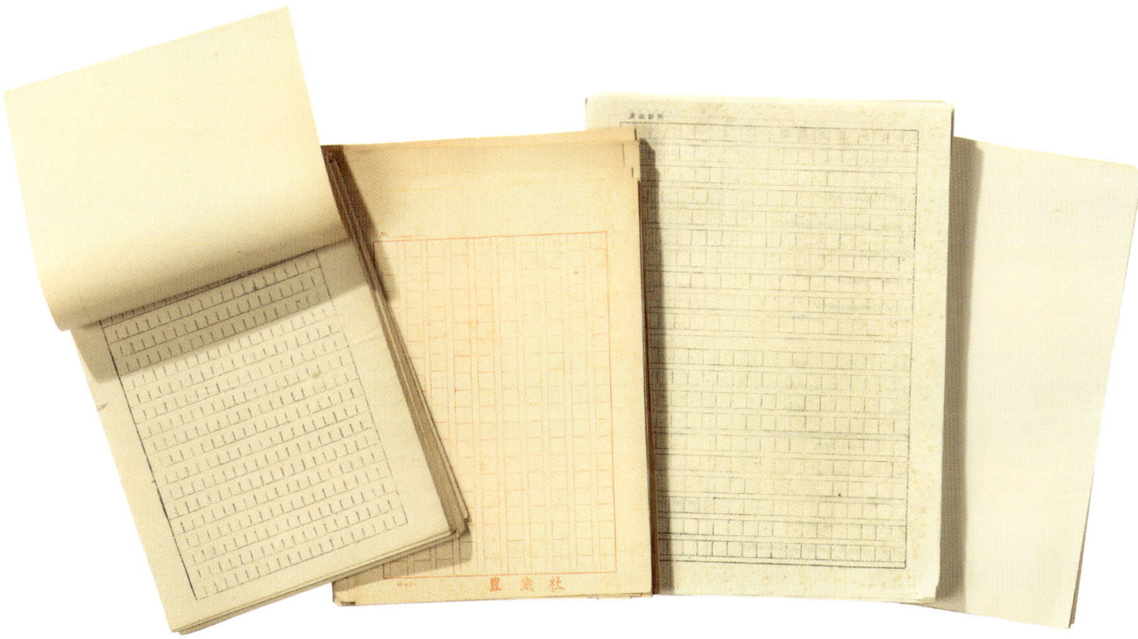

161

빈 원고지_1950.

석주명 가방에 담겨 있던 빈 원고지이다. 한국전쟁 속에서 단 한순간도 내려놓지 않았던 연구와 집필의 의지가 미처 채워지지 못했다.
Empty manuscript in Seok Du Myung's bag. His willingness for research and writing which were never given up even during the Korean War wasn't able to fill yet.

162

석주명 가방에서 나온 집필 원고와 유류품

163

석주명 가방 소지품 일괄_1950.

Left belongings in Seok's bag

석주명의 낡은 가죽 가방에는 신분증명서를 비롯하여 명함, 원고지, 작성 원고, 우편 엽서, 나비 분포 지도, 에스페란토 편지, 메모 등 많은 자료가 가득 들어 있었다. 그의 학문과 삶에 대한 열정이 고스란히 담겨 있었다.

석주명 선생을 기리며

Honoring to Seok Du Myung

아무 말 없이 나풀거리며 날아다니는 작은 곤충에게 사랑을 쏟았던 '나비박사' 석주명은 한국의 나비들에게 우리 이름을 붙여준 첫 번째 과학자였다. 각시멧노랑나비, 떠들썩팔랑나비, 무늬박이제비나비, 청띠신선나비 등 나비 이름은 우리말에 대한 관심과 애정에서 비롯된 것이었다. 통계학적 지식을 생물분류학에 본격적으로 적용시킨 시대를 앞선 과학자, 우리 민족의 과학적 우수성을 보여주는 대표적인 학자, 민족의 자긍심을 크게 고취시킨 학자는 자신의 연구를 국학으로 해석하고 민족적 가치를 부여했다. 세계에 한국인의 위대함을 보여준 석주명은 한국의 '과학기술유공자' 에 헌정되었다.

(한국과학기술한림원 과학기술유공자지원센터,
'한국의 파브르, 나비 연구로 민족의 자긍심을 깨우다. 故 석주명' 중에서)

164

석주명 친필 원고_

Manuscripts

석주명의 생명과도 같은 원고는 석주선이 자신의 생명처럼 보관하고 정리하였다.

나비와 같이 왔다, 나비와 같이 가신 오빠!

원래 의지력이 강한데다가 과함성 있게 무슨 일이나 손에 잡으면 끝을 맺고야 마는 그 끈기와 정력은 동기간에도 감히 따를 수 없었습니다. 억만 년이나 사실 것 같은 생각에서 자신의 향락을 모르고 그저 학문에만 열중하던 모습, 차 한잔 마시는 시간조차 애석해 하시던 학문에 대한 그 애착심이야 뉘라서 감히 흉낸들 내오리까. 1.4후퇴를 당하고 보니 이미 오빠는 가신 뒤라 삶의 용기를 잃어버린 자신이 어찌할 바를 몰라 오빠 체온도 가시지 않은 룩색을 둘러메고 뒷덜미를 땡기는 심정으로 부산까지 내려갔었지요.

오빠! 오늘 회갑을 맞이하여 삼가 영전에 손수 쓰신 책을 바치오니 받으시옵소서.

(『제주도 수필』 유고집, 석주선의 발문 중에서)

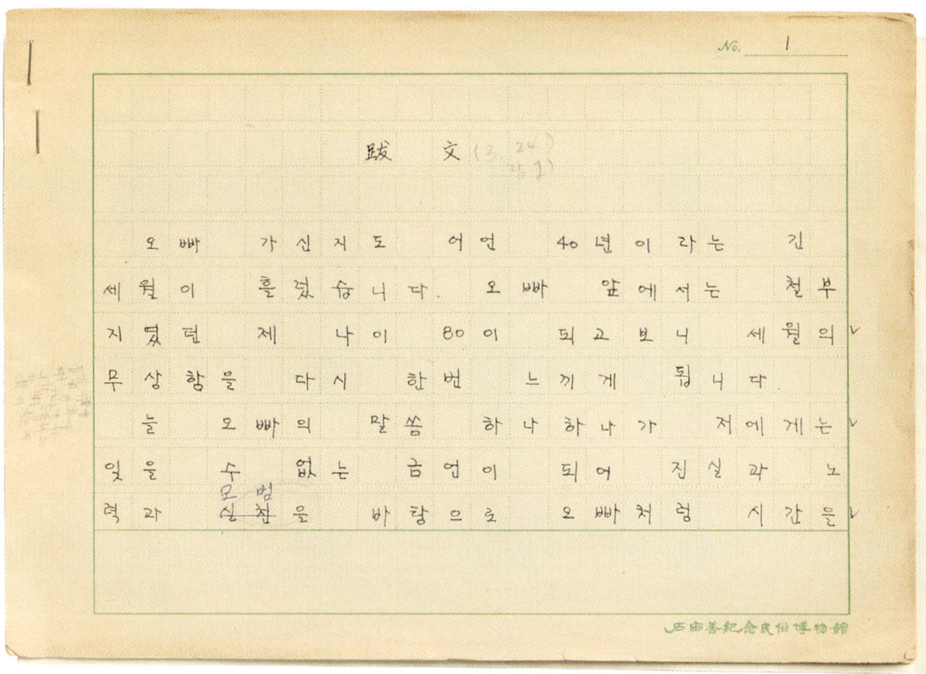

No. 1

跋文

오빠 가신지도 어언 40년이라는 긴 세월이 흘렀습니다. 오빠 앞에서는 철부지였던 제 나이 80이 되고보니 세월의 무상함을 다시 한번 느끼게 됩니다.

늘 오빠의 말씀 하나하나가 저에게는 잊을 수 없는 금언이 되어 진실과 노력과 ~~실천~~ 모범을 바탕으로 오빠처럼 시간은

石宙善紀念民俗博物館

165

한국 본위 세계박물학연표 발문, 석주선_1992.

Korea Standard World Natural History Chronology Postface – Seok Ju Seon

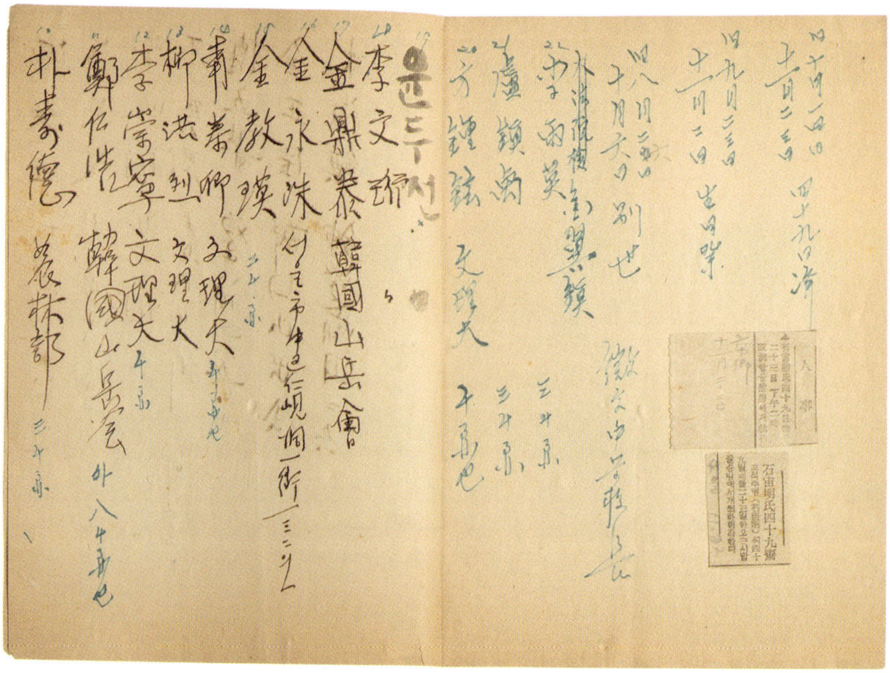

166

석주명 선생 49제 식순 및 관련 신문 자료_1950.11.23.

The order of ceremony for Seok Du Myung 49th day of death and related newspaper

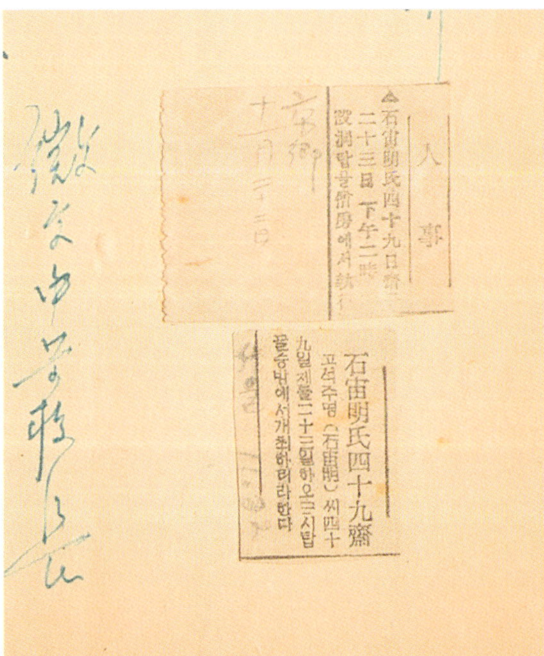

167

석주명 선생 49제 신문 기사_1950.11.22.

The notification of ceremony for Seok Du Myung 49th day of death on newspaper

석주명 선생 5주기 추도회

The 5th Memorial Service of D. M. Seok

1955년 10월 6일 오후 4시, 서울대학교 문리과대학 대강당에서 석주명 선생의 5주기 추도식이 엄수되었다. 추모회를 겸한 추도식은 대한생물학회와 한국산악회에서 개최하였다. 개식과 함께 경건한 묵념을 올리고 조복성 생물학회 부회장이 고인의 약력과 업적을 소개하였고, 김성산 생물학회회장의 애도사, 무학여고 합창대의 추도가 합창, 홍종인 등의 추도사에 이어 유가족 대표의 인사가 있었다.

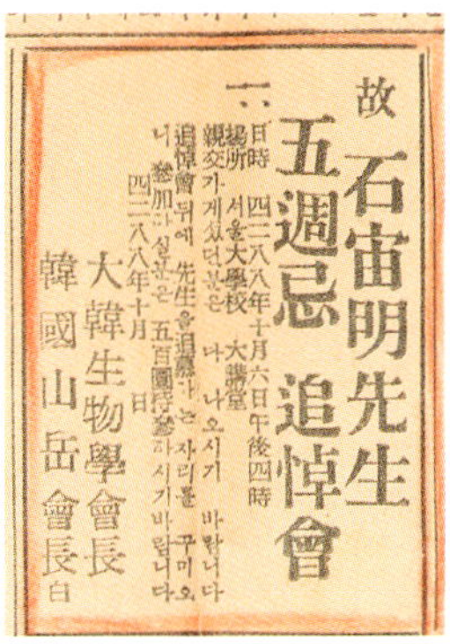

故
石宙明先生
五週忌 追悼會
一、日時 四二八八年十月六日午後四時
一、場所 서울大學校 大講堂
親交가 계셨던 분은 다 나오시기 바랍니다
追悼會뒤에 先生을追慕하는 자리를 꾸미오니 參加하실분은 五百圓持參하시기바랍니다
四二八八年十月 日
大韓生物學會長
韓國山岳會長 白

168

석주명 5주기 추도회 기사,
조선일보_1955.10.4.

The article about the 5th memorial service of D. M. Seok

169

석주명 5주기 추도식_1955.10.6.

The 5th memorial service for D. M. Seok

170

석주명 5주기 추도식_ 1955.10.6.

The 5th memorial service for D. M. Seok

오른쪽에서 두 번째가 석주선.

171

석주명 5주기 추도식에 참석한 군복 차림의 석세조_1955.10.6.

Seok Se Jo in military uniform attending Seok's 5th memorial service.

석주명의 탁상일기에 자주 등장하는 조카 세조이다. 원래 석주명의 7촌이다. 석세조는 한국전쟁 동안에 석주명을 도와 나비 분포도를 세계 각국의 유관 기관에 보내는 작업을 도왔다고 하며, 1950년 10월 6일도 석주명과 함께 있었는데, "나머지 작업을 마저 마치고 박물관으로 오라"며 집을 나간 것이 마지막이 되었다고 한다(홍성조 · 길성자 편, 『나비 박사 석주명 선생』 참조).
Seok Se Jo, relative of Seok Du Myung, helped him sending butterfly distribution map to related organizations around the world during the Korean War.

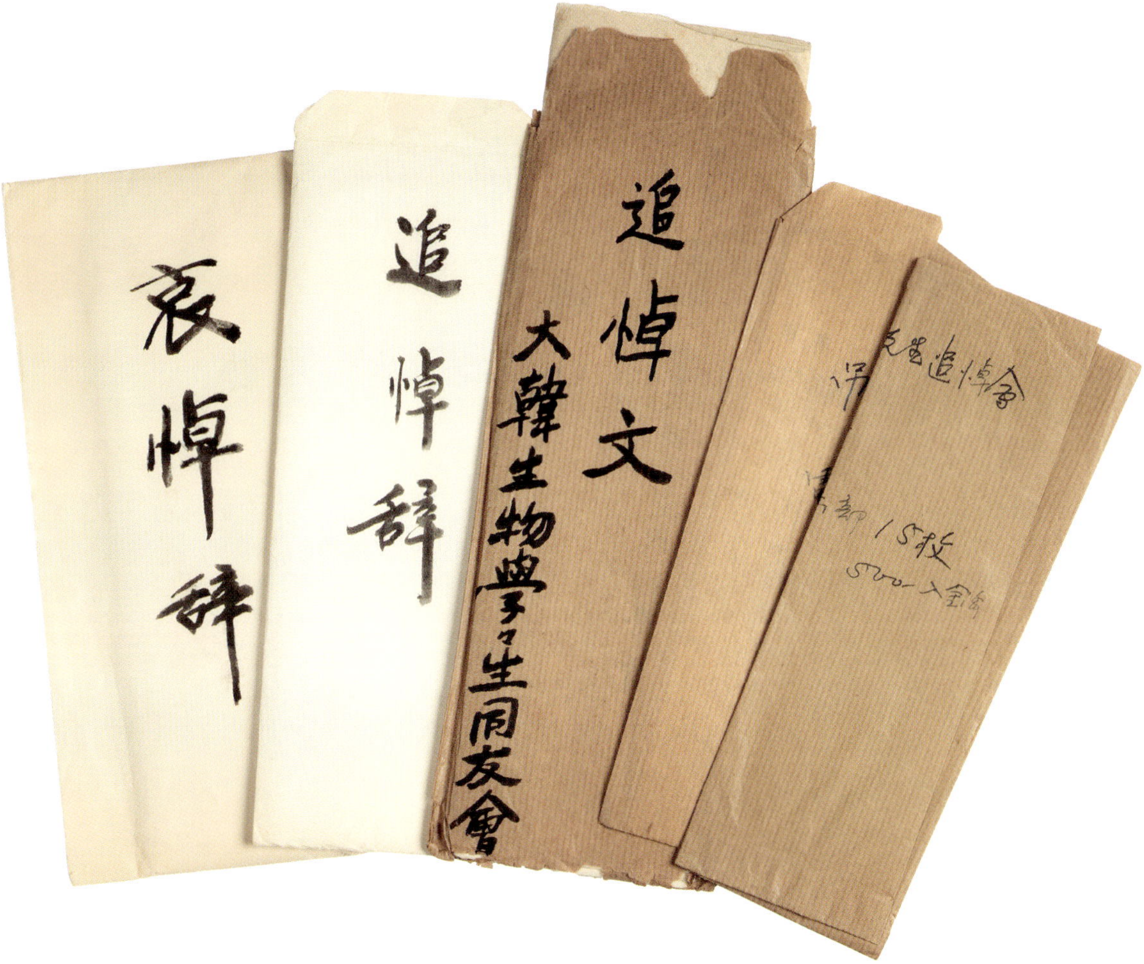

172

석주명 5주기 추도사와 추도회 촬영 필름_1955.10.6.

Funeral address and film of the 5th anniversary of D. M. Seok

좌측부터
애도사_대한생물학회장 김성산
추도사_가고시마농림고등학교 동창 김병윤
추도문_대한생물학학생동우회 김정현
조전_이원식·김용성, 백갑용
추도회 필름

고 석주명 선생 제5주기 추념식
(10월 6일 하오 3시)

-. 개식
-. 국민의례
-. 분향
-. 묵념
-. 식사(式辭)
-. 약력보고
-. 추념문낭독
-. 내빈추념사
-. 추념가
-.유가족인사(유가족소개)
-.분향
-.폐회

어(於) 국립서울대학교 문리대 대강당

기념출판	대한생물학회
약력보고	米(미승우)
추념문낭독	① 김영수(金永洙)_법무부
	② _에스어학회(대한에스페란토학회)
	③ 백남규(白南奎)
추념사	조복성(趙福成) 선생(생물학회)
	정영호(鄭英昊) 선생
	정태현(鄭台鉉) 선생
	홍종인(洪鍾仁) 선생_산악회
	_에스어학회
추념가	(무학)여고합창단
업적소개	기념출판물에 포함

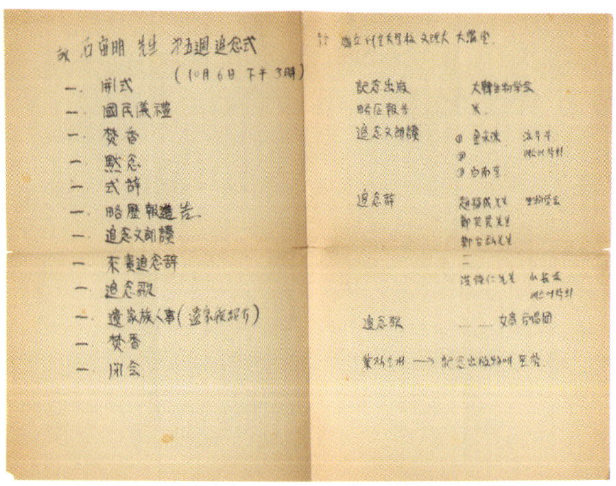

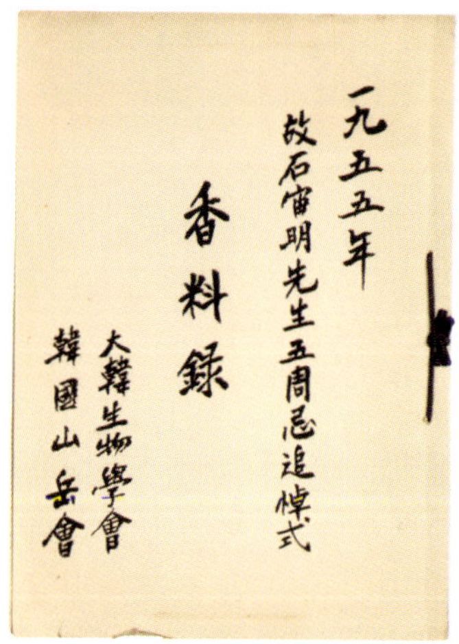

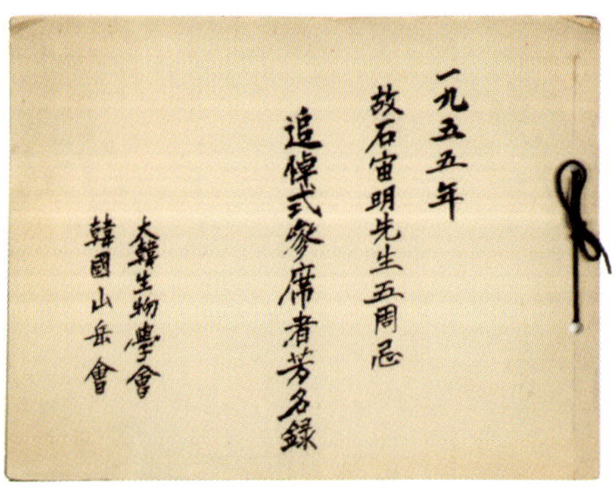

173

석주명 5주기 관련 자료_1950.10.6.

Documents related to Seok Du Myung's 5th anniversary.
The program sheet, a name list of donors, a visitor's book

고 석주명 선생 5주기 식순지_36×26
고 석주명 선생 5주기 추도식 향료록_19.5×27
고 석주명 선생 5주기 추도식 참석자 방명록_27×20.3

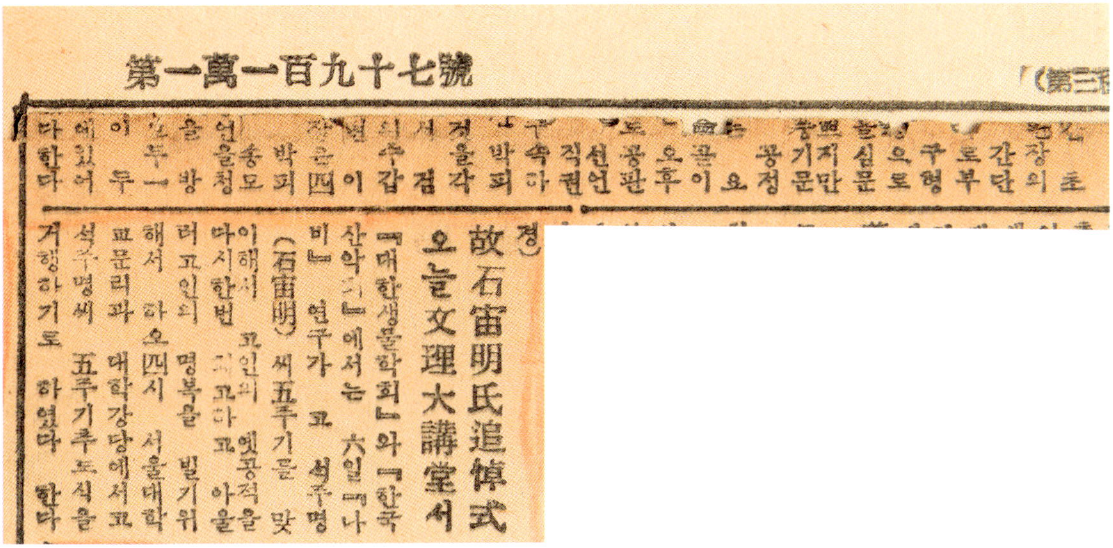
第一萬一百九十七號

故石宙明氏追悼式
오늘文理大講堂서

『대한생물학회』와『한국산악회』에서는 六일『나비』연구가 고 석주명(石宙明)씨五주기를 맞이해서 고인의 옛공적을 다시한번 [illegible] 아울러 고인의 명복을 빌기위해서 하오 四시 서울대학교문리과 대학강당에서 고 석주명씨 五주기추도식을 거행하기로 하였다 한다

174

고 석주명 5주기 추도식 오늘 문리대 강당서, 조선일보_1955.10.6.

Today had Seok Du Myung's 5th memorial service at the National Seoul University auditorium

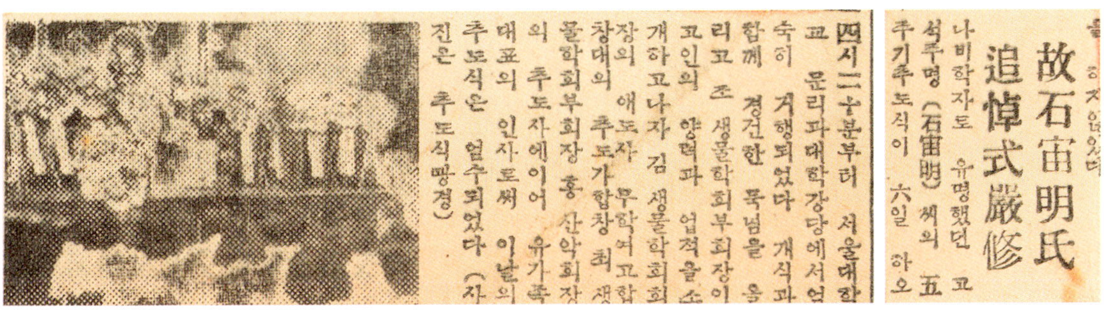

故石宙明氏追悼式嚴修

나비학자로 유명했던 고 석주명(石宙明)씨의 五주기추도식이 六일 하오 四시二十분부터 서울대학교 문리과대학강당에서 엄숙히 거행되었다 개식과 함께 경건한 묵념을 올리고 조 생물학회부회장이 고인의 경력과 업적을 소개하고나자 김 생물학회회장의 애도사 무학여고합창대의 추도가합창 최 생물학회부회장 홍 산악회장의 추도사에이어 유가족대표의 인사로써 이날의 추도식은 엄수되었다 (사진은 추도식광경)

175

고 석주명 5주기 추도식 엄수, 조선일보_1955.10.7.

Conducting Seok Du Myung's 5th memorial service

석주명의 5주기를 맞이하여

한국산악회 이숭녕은 「고 석주명씨 의 제주도 연구, 나비 학자의 5주기를 맞이하여」를 한국일보에, 강영선은 「생물학과 고 석주명, 그 5주기에」를 동아일보에, 미승우는 「세계적인 나비 학자, 고 석주명 선생 5주기에 제하여」를 서울신문에 게재하였다.

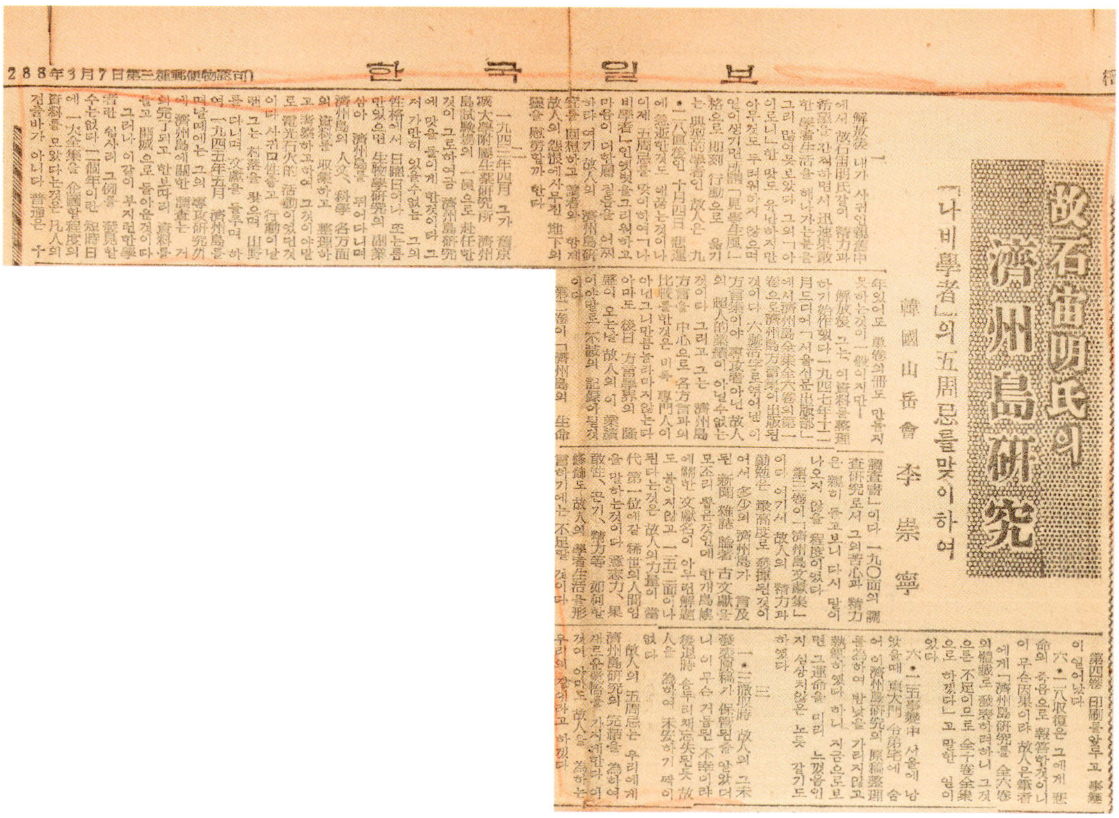

한국일보

故石宙明氏의 濟州島研究

「나비學者」의 五周忌를 맞이하여

韓國山岳會 李崇寧

176

고 석주명 씨의 제주도연구(이숭녕), 한국일보_1955.10.5.

Seok Du Myung's Jeju Study (Lee Sung Nyung)

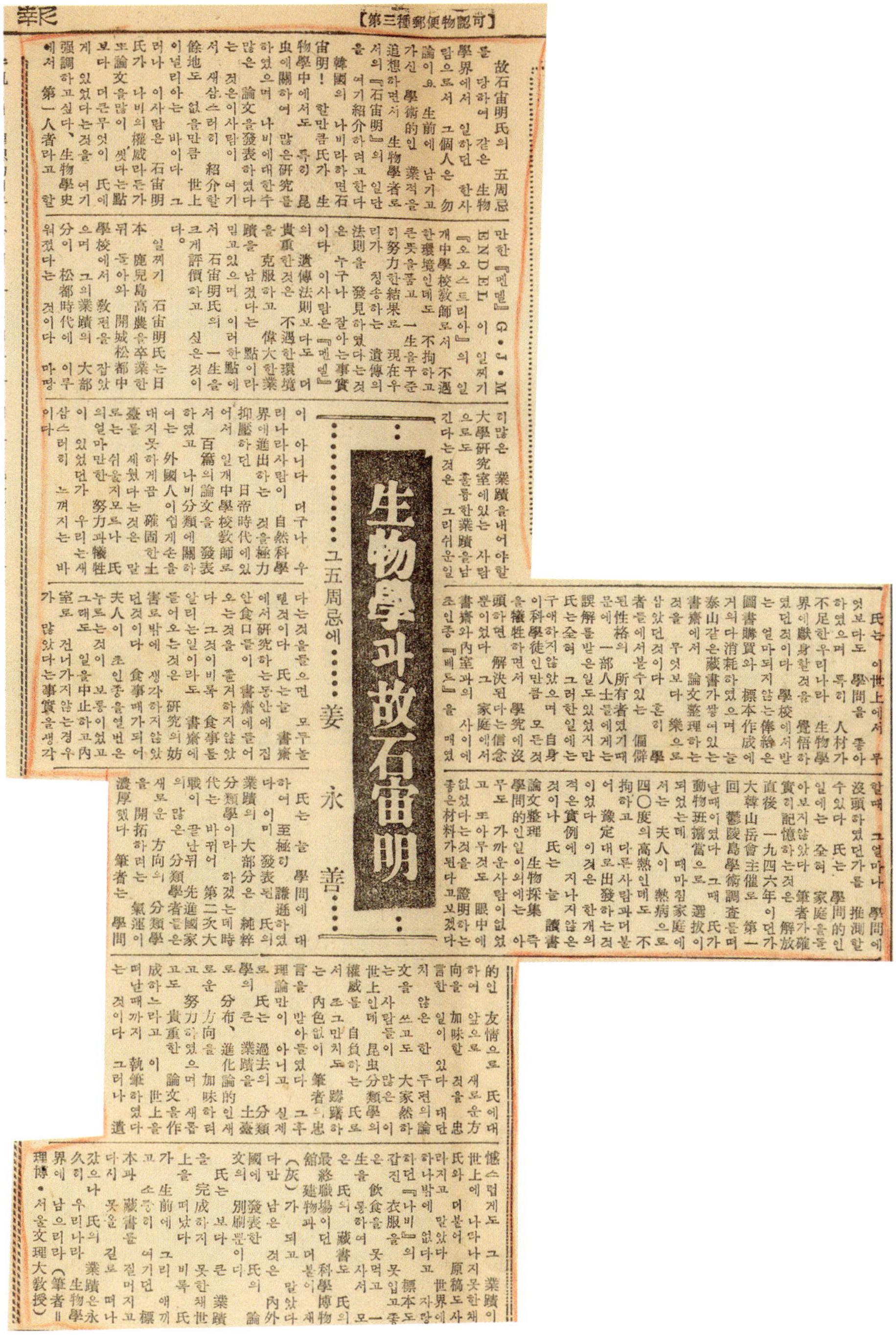

故石宙明氏의 五周忌

生物學과 故石宙明

—그 五周忌에—

姜永善

177

생물학과 故석주명-그 5주기에(강영선), 동아일보_1955.10.6.

Biology and Seok Du Myung – On the 5th anniversary (Kang Yeong Seon)

세계적 나비 학자, 고 석주명 선생 5주기에 제하여

“한국산 접류의 연구를 비롯하여 에스페란토, 제주도의 연구에 이르기까지 선생이 남겨 놓은 공적은 비단 한국 내에서만 높이 평가되어 있는 것은 아닙니다. … 중략 … 지금은 폐허가 된 남산 밑 국립과학관 연구실에서 얼어붙는듯한 추위에 전기 ‘곤로’ 하나로 견디면서 “나는 한 줄의 논문을 쓰기 위해서 3만 마리의 나비를 만져본 일이 있다”하고 술회한 일이 있는데 지금까지 세계적으로 가장 많은 나비를 취급하신 분이 바로 석 선생입니다. ‘60만 마리의 나비의 화장’은 세계적 기록일 뿐만 아니라 정세(精細)한 연구법과 종시일관(終始一貫)된 선생의 ‘노력’을 여실이 증명하고도 남음이 있을 것입니다.”

(미승우, 「세계적 나비 학자」 중에서)

世界的 나비學者
故石宙明先生 五周忌에際하여

178

세계적 나비 학자 석주명(미승우), 서울신문_1955.10.8.

Global Butterfly Scholar Seok Du Myung (Mi Seung Woo)

석주명 총서 출판을 위하여_1960.

To Publish a Series of Seok Du Myung

석주선과 석주명을 기억하는 사람들은 석주명의 미발간 도서 발간을 위한 일에 착수하였다. 우선 '석주명 총서 출판 취지서'를 만들어야 했던 듯하다. 1960년 1월 10일 미승우는 석주명의 약력을 작성하여 석주선에게 전달하였다. 1960년 8월 1일에는 정한모(鄭漢模) 선생이 "석주명 총서 출판 취지"를 작성하였다. 취지문과 약력 사항은 1960년 12월 17일에 영문으로 번역되었다. 석주명 총서의 간행을 위한 외국의 협조를 구하기 위해 작성되었을 가능성이 있다.

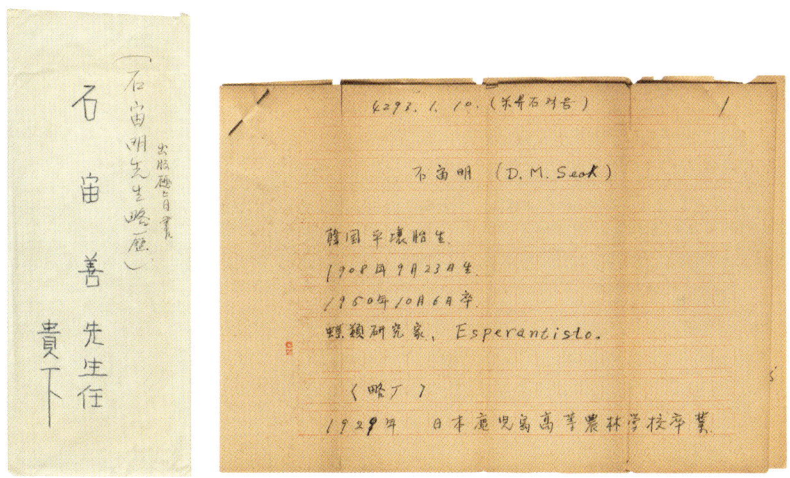

石宙明 (D. M. Seok)

韓国平壤出生

1908年9月23日生

1950年10月6日卒

蝶類研究家, Esperantisto.

〈略歷〉

1929年 日本鹿児島高等農林学校卒業

179

석주명 선생 약력, 미승우 적음_1960.1.10.

Profile of D. M. Seok (Mi Seung Woo)

봉투 8.1×21, 속지 26×19.5

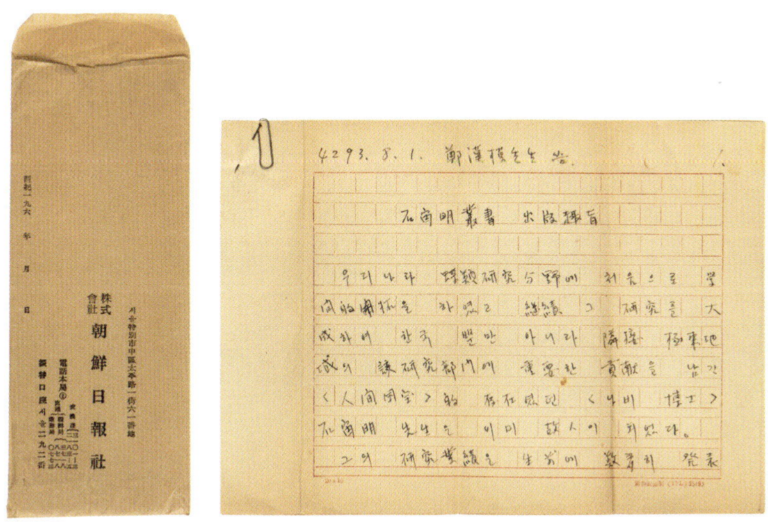

石宙明叢書 出版趣旨

180

석주명 총서 출판 취지, 정한모 씀_1960.8.1.

The purpose for publishing a series of D. M. Seok (Jeong Han Mo)

봉투 8.5×21, 속지 25.6×17.8

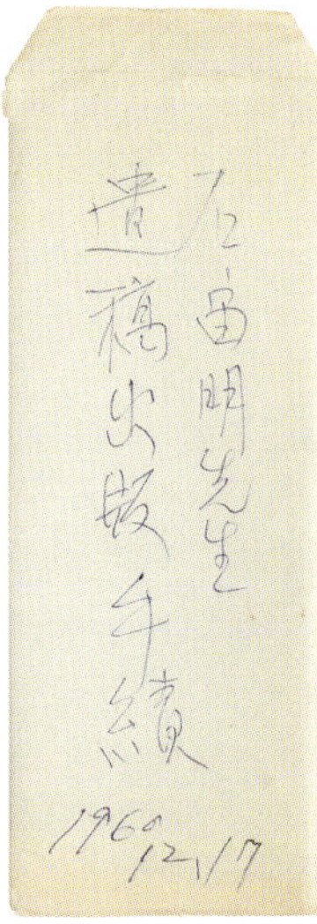

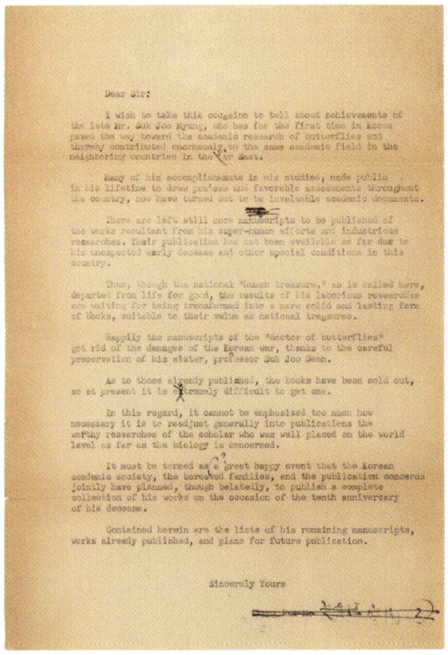

Dear Sir:

I wish to take this occasion to tell about achievements of the late Mr. Suk Joo Myung, who has for the first time in Korea paved the way toward the academic research of butterflies and thereby contributed enormously to the same academic field in the neighboring countries in the Far East.

Many of his accomplishments in his studies, made public in his lifetime to draw praises and favorable assessments throughout the country, now have turned out to be invaluable academic documents.

There are left still more manuscripts to be published of the works resultant from his super-human efforts and industrious researches. Their publication has not been available so far due to his unexpected early decease and other special conditions in this country.

Thus, though the national "human treasure," as is called here, departed from life for good, the results of his laborious researches are waiting for being transformed into a more solid and lasting form of books, suitable to their value as national treasures.

Happily the manuscripts of the "doctor of butterflies" got rid of the damages of the Korean war, thanks to the careful preservation of his sister, professor Suk Joo Seon.

As to those already published, the books have been sold out, so at present it is extremely difficult to get one.

In this regard, it cannot be emphasized too much how necessary it is to readjust generally into publications the worthy researches of the scholar who was well placed on the world level as far as the biology is concerned.

It must be termed as a great happy event that the Korean academic society, the bereaved families, and the publication concerns jointly have planned, though belatedly, to publish a complete collection of his works on the occasion of the tenth anniversary of his decease.

Contained herein are the lists of his remaining manuscripts, works already published, and plans for future publication.

Sincerely Yours

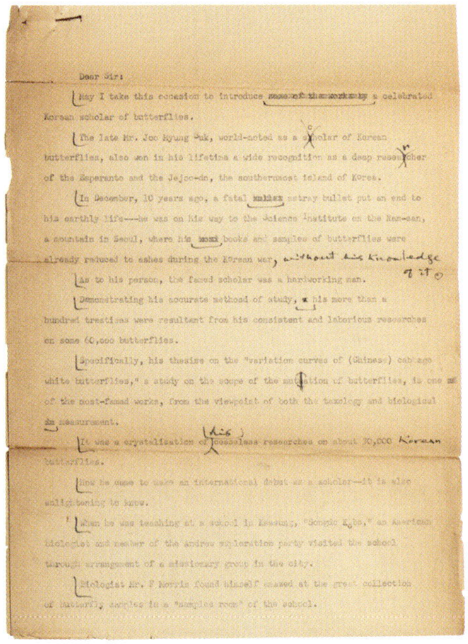

Dear Sir:

May I take this occasion to introduce a celebrated Korean scholar of butterflies.

The late Mr. Joo Myung Suk, world-noted as a scholar of Korean butterflies, also won in his lifetime a wide recognition as a deep researcher of the Esperanto and the Jejoo-do, the southernmost island of Korea.

In December, 10 years ago, a fatal astray bullet put an end to his earthly life---he was on his way to the Science Institute on the Nam-san, a mountain in Seoul, where his books and samples of butterflies were already reduced to ashes during the Korean war, without his knowledge

As to his person, the famed scholar was a hardworking man.

Demonstrating his accurate method of study, his more than a hundred treatises were resultant from his consistent and laborious researches on some 60,000 butterflies.

Specifically, his thesis on the "variation curves of (Chinese) cabbage white butterflies," a study on the scope of the mutation of butterflies, is one of the most-famed works, from the viewpoint of both the taxology and biological measurement.

It was a crystalization of his ceaseless researches on about 30,000 Korean butterflies.

How he came to make an international debut as a scholar---it is also enlightening to know.

When he was teaching at a school in [illegible], "[illegible]," an American biologist and member of the andrew exploration party visited the school through arrangement of a missionary group in the city.

Biologist Mr. [illegible] found himself amazed at the great collection of butterfly samples in a "samples room" of the school.

181

석주명 선생 유고 출판수속, 정한모·미승우_1960.12.17.

Publishing Seok Du Myung's posthumous works (Jeong Han Mo, Mi Seung Woo)

봉투 8.1×21, 속지 19.5×26

182

석주명 선생 유고 출판 기념 및 추도회_1968.11.13.

Commemorate publishing Seok Du Myung's posthumous works and anniversary

183

석주명 선생 유고 출판 기념 및 추도회에서 유족 대표로 나선 석주선_1968.11.13.

Bereaved representative Seok Ju Seon at Seok Du Myung's anniversary

184

석주명 묘 앞에 앉은 석주선_1980년대

Seated Seok Ju Seon in front of Seok Du Myung's tomb

석주명 선생에 대한 추모와 기념

Remembrance and commemoration for Dr. Seok Du Myung

1951.	노무라 켄이치로(野村健一, 1914~1993), 『곤충학입문(昆蟲學入門)』에 석주명 이론 소개
1954.	다카지마 하루오(高島春雄, 1907~1962), 「석주명 추도기」 발표
1955.	시로즈(白水隆, 1917~2006), 흑백알락나비 학명에 '석(seokia)' 헌정
1955.10.06.	석주명 선생 5주기 추도식(대한생물학회, 한국산악회)
1956.12.	다카지마 하루오, 「고 석주명 씨 5주기 추도식」을 『생태곤충(生態昆蟲)』에 게재
1960.	KBS 라디오 <빛을 남긴 사람들, 석주명 편> 방송
1964.	대한민국 정부 건국공로 훈장 추서
1968.11.13.	석주명 선생 유고 출판 기념 및 추도회, 『제주도 수필-제주의 자연과 인문』 출판
1970.	석주명 선생 유고집, 『제주도 곤충상』 출판
1971.	석주명 선생 유고집, 『제주도 자료집』 출판
1972.	석주명 선생 유고집, 『한국산 접류의 연구』 출판
1973.	석주명 선생 유고집, 『한국산접류분포도』 출판
1981.10.06.	서울 탑골승방에 안치되었던 유골을 경기도 광주 오포 삼성공원묘역에 안장
1981.10.10.	단국대학교 석주선기념박물관, <석주명 선생 추모 강연회>
1983.	『동아원색세계대백과사전』에 「석주명」 등재
1990.	초등학교 『탐구생활 6-1』 교과서에 '한국의 나비 박사 석주명' 수록
1992.	유고집 『한국 본위 세계박물학 연표』, 『석주명 나비 채집 이십년의 회고록』, 『나비 박사 석주명의 과학나라』 출판
1993.	『브리테니커 백과사전』 한글판, 「석주명」 등재
1996.	초등학교 국어 『읽기 3-2』 교과서에 '석주명' 수록
1998.04.	문화광광부, '4월의 문화인물' 선정(이병철, 『4월의 문화인물』)
1998.04.	일본한국문화원, 「4月の文化人 石宙明」을 『월간한국문화』에 게재
2003.06.11.	제주 서귀포시에 석주명 선생 기념비 제막
2006.	에스페란토 도입 100주년 기념 「나비 박사 석주명 기념엽서」 발행
2007.03.24.	석주명선생기념사업회 창립 및 기념 세미나(제주대학교)
2008.12.20.	석주명 선생 탄생 100주년 기념 세미나(제주도민속자연사박물관)
2008.	한국에스페란토협회, <석주명 선생 탄생 100주년을 회고하며> 강연회
2008.11.	한국과학기술원 한림원, "명예로운 과학자" 선정
2009.02.02.	제주도민속자연사박물관에서 석주명 관련 자료 전시 <나비의 길, 바람에 실리다>
2009.	한국과학기술원 한림원, "과학기술인 명예의 전당" 헌정
2009.04.18.	국립과천과학관, <닮고 싶은 과학자 나비 박사 석주명의 Life Story 포럼>
2010.02.10.	제주아열대농업생명과학연구소 · 석주명선생기념사업회, <석주명 선생 타계 60주기 기념세미나>
2010.10.	한국조폐공사 석주명 메달 제작
2011.10.05.	제주 KBS 1TV, <학문 융복합의 선구자, 석주명> 방영
2011.10.07~08.	제주대 탐라문화연구소 · 석주명선생기념사업회, 석주명 선생 탄생 103주년 기념 <학문 융복합의 선구자 석주명을 조명하다> 학술대회

2011.12.04.~25.	석주명 일대기를 그린 뮤지컬 <부활-더 골든 데이즈> 공연(원작, 김의경의 『신나비찬가』)
2014.07.	제주도 영천동에 '석주명 나비의 길' 개장
2014.10.29.	석주명 유품, 국가등록문화재 제610호 지정
2015.04.	우정사업본부, 우리나라의 첫 과학자 우표 발행
2018.04.	대한민국 과학기술유공자 선정
2018.10.12.	석주명 탄생 110주년 전국학술발표대회 <석주명의 삶과 학문 세계>
2020.10.28.	한국응용곤충학회, 석주명 선생 70주기 과학기술유공자 헌정 강연
2021.06.20.	한국에스페란토학회『한국에스페란토운동 100년』에 한국에스페란토 유공자 석주명 수록
2021.10.01.	단국대학교 석주선기념 박물관, 특별전 <나비 박사 석주명의 아름다운 날>
2021.10.18	단국대학교 석주선기념 박물관, 학술강연회 <석주명의 생애와 학문 세계>

185

석주선에 의해 발간된 석주명 유고 일괄

Published Seok Du Myung's posthumous works by Seok Ju Seon

186

석주명 관련 논문 및 학술 서적

Thesis and academic books related to Seok Du Myung

187

석주명을 조명한 서적

Books about Seok Du Myung

188

석주명을 주인공으로 한 어린이 서적

Children's books titled Seok Du Myung

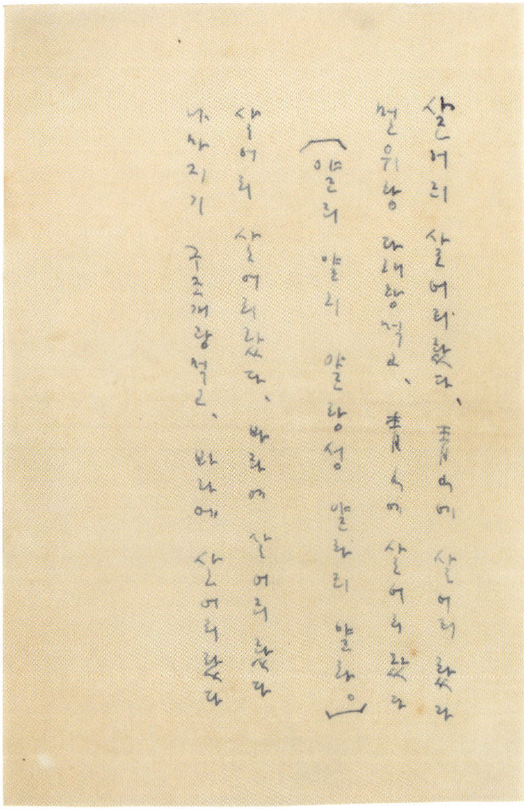

살어리 살어리랏다, 靑山에 살어리랏다
멀위랑 다래랑 먹고, 靑山에 살어리랏다
(얄리 얄리 얄랑셩 얄라리 얄라)
살어리 살어리랏다, 바라에 살어리랏다
나마자기 구조개랑 먹고, 바다에 살어리랏다

189

청산별곡_1950 이전

Cheong-san-byeol-gok

현재 전하는 고려가요 청산별곡을 적은 석주명 친필 메모이다. 석주명은 이 메모를 가방에 가지고 다녔다. 그가 삶의 비애와 고뇌를 슬퍼하였을 수도, 청산별곡에서의 삶을 꿈꾸었을 수도 있다. 어쩌면 생물학자로서 청산과 바다를 그린 청산별곡을 주목하였을 수도 있다. 한국전쟁의 소용돌이에서 앞으로 나아가야만 하는 현실이 힘들고 갈 길이 급했던 자신의 삶을 달래주었을 것이다.

Seok Du Myung was carrying this note in his bag. Perhaps he would have felt sadness and pain of life or have dreamed living in the nature. Or maybe he paid attention to works depict mountains and sea. This song would have soothed tough reality moving forward under the Korean War and his life to go in hurry.

12.7 x 19

190

석주명과 석주선 묘역_ 2021.5.

Seok Du Myung and Seok Ju Seon's tombs

단국대학교는 경기도 광주 공원묘역에 잠든 석주명, 석주선 선생의 묘소를 관리해 오고 있으며, 석주선기념박물관직원 일동은 매년 한식과 한가위에 두 분의 묘소를 찾아, 성묘를 이어오고 있다.

그리운 석주명

해방 후 내가 사귄 친구 중에서 고 석주명 씨 같이 정력과 희망을 간직하면서 신속 과감한 학자 생활을 해 나가는 분을 그리 많이 못 보았다. 그의 '아이러니'한 맛도 유난하지만 아무것도 두려워하지 않으며 일이 생기면 소위 '견사생풍' 격으로 즉각 행동으로 옮기는 전형적 학자인 고인 … 중략 … 나비 학자인 옛 벗을 그리워하고 마음이 더 한층 짙음을 어찌하랴.

(이숭녕, 「고 석주명 씨의 제주도연구」 중에서)

석주명은 42년이라는 짧은 삶은 살았지만, 그 크기는 너무 깊고 넓어서 나비 박사로만 묶어 두기에는 한계가 있다. 그의 성과들을 입체적으로 연결시키면 자연과 인문사회 분야를 자유롭게 넘나들었고, 지역, 민족, 세계를 조화시킨 인물이었다. 그는 전통 학문과 근대 학문의 과도기를 살았고, 자신의 전문 분야인 나비 연구에 충실하면서도 인문사회 분야까지도 아우르는 통합적 학문 연구를 시도하였다. 그리고 그는 일제강점기와 이념의 혼란기를 살았던 합리적 지식인으로서 에스페란토운동과 국학운동을 통해 세계의 당당한 일원으로 풍요로운 나라를 세우려 하였다. 그는 민족적으로 암울한 시기에 민족적 자존감을 높여 주었으며, 해방 이후에는 그동안의 연구 성과를 우리말로 출간하려고 노력하였고, 우리 민족이 당당한 세계 시민 국가의 구성원이 되기를 바랐다.

(윤용택, 『석주명의 삶과 사상』 중에서 재편집)

191

개성 만월대에서 석주선과 석윤희_1940년대

Seok Ju Seon and Seok Yoon Hui at Manwoldae in Gaeseong

기 증 서

품 명 : 석주명 유품

수 량 : 일괄(목록 참조)

상기 유물을 후학들의 연구 자료로 이용되도록 단국대학교 석주선기념박물관에 기증할 것을 서약합니다.

2021년 8 월 24일

기증자: (인)

대표 연락처 :

석주명의 외동딸 석윤희 교수는 2021년 8월 24일, 아빠의 혼을 지켜낸 고모 석주선의 삶이 고스란히 남아 있는 단국대학교 석주선기념박물관에 석주명 유품을 일괄 기증하였다.

아버지에 대한 추억

아버지 석주명에 관해서 더 알고자 하는 여러분께 감사드립니다.
아버지는 대단히 유쾌하고,
친구 좋아하고 말을 잘 하셨습니다.
매우 명랑한 성격이었죠.
아버지는 매년 봄 나비를 채집하러 산에 가서 봄과 여름을 지내곤 하였습니다.
발바닥을 치료해야 할 때에만 집에 돌아왔습니다.
발을 치료하는 데 며칠 걸렸습니다.
이렇게 며칠 쉬고 나면 또 나갔습니다.
"석도깨비"라는 별명도 있었습니다.
.
.
그 당시 한국 사회에 대한 그의 생각은 대단히 비판적이었고,
반자본주의적이었고,
반일(反日)적이었지만
전통적 한국 사회에 대해서도 개혁적이었습니다.
그는 미래지향적인 사람이었습니다.
아버지의 생애에 관심을 가져 주셔서 감사합니다.

(석윤희, 「아버지에 대한 추억」 중에서_2005년 4월 2일)

논고
석주명의 생애와 업적

Discussion
Seok Du Myung's Life and Achievements

논고
석주명의 생애와 업적

Discussion
Seok Du Myung's Life and Achievements

석주명의 삶과 사상

윤 용 택 _ 제주대학교 교수

시대를 앞서간 선각자

석주명(石宙明, 1908.10.17.~1950.10.6)은 민족의 앞날에 먹구름이 드리우던 대한제국 말기에 태어나 일제강점기에 배우고 가르치며 세계적인 나비 학자가 되었고, 해방 이후에는 자신의 연구 성과들을 정리하여 출간하고 당대의 지성인으로서 새나라 건설에 이바지하는 데 혼신의 노력을 기울이다가 한국전쟁 중에 세상을 떠났다.

그는 42년이라는 짧은 생을 살았지만 나비 박사라는 별칭을 얻을 만큼 학문적 인기와 명성을 떨쳤다. 하지만 그가 한국전쟁 중에 갑작스레 세상을 떠난 이후로 학계는 물론 대중들로부터 잊혔다. 그가 다시 세상 사람들의 관심을 받게 된 것은 1985년 이병철의 석주명 평전이 나오면서부터이다. 이후 석주명 이야기가 초등 교과서에 실리고, 한국과학기술원 한림원은 그를 '과학기술인 명예의 전당'에 헌정하였으며, 과학기술정보통신부에서는 '과학기술유공자'로 선정하였다. 그래서인가 오늘날 '석주명'을 모르는 이가 거의 없다. 하지만 묻혔던 그의 행적들이 하나둘 발굴되면서 그의 삶을 재평가하지 않을 수 없게 되었다.

그는 우리나라를 대표하는 나비 학자이다. 그는 70여만 마리 나비를 수집하고 37만여 마리를 관찰하여 우리나라 나비를 250여 종으로 분류하고, 우리말 나비 이름을 지었으며, 우리 나비 연구사를 정리하고, 우리 지도와 세계 지도에 나비 분포도를 그렸다. 그는 나비 채집을 하면서 백두산에서 한라산까지, 동해의 울릉도에서 서해의 가거도까지, 한반도 최북단 풍서동에서 최남단 마라도까지 전국의 산과 들과 섬을 두루 섭렵하였고, 일제강점기 중등교사라는 열악한 상황에서도 나비 연구에 몰두하여 자타가 공인하는 나비 박사가 되었다.

하지만 그를 세계적인 나비 학자로만 바라보는 것은 그의 삶의 일부만을 보는 것이다. 그는 일제강점기와 해방 이후 정국 혼란기를 살면서 당대 지식인으로서 우리민족이 세계 시민 국가의 당당한 일원이 될 수 있도록 노력하면서 자연과학 분야에서 국학운동을 펼쳤던 민족주의자였다. 그리고 그는 자국민과는 모국어로, 외국인과는 배우기 쉬운 세계평화의 언어이자 세계 공통어인 에스페란토로 소통할 것을 주장하면서 학생과 일반 대중을 위한 강좌를 열었으며 교재를 만들고 보급한 에스페란토운동가이자 세계주의자였다.

제주도는 석주명의 주요한 연구 테마였다. 그는 1936년 여름 한 달 동안 제주도에서 나비 채집을 하면서 독특한 자연과 문화에 매료되었고, 1943년 4월부터 2년 남짓 서귀포에 있는 경성제국대학 부속 생약연구소 제주도시험장의 책임자로 근무하면서 제주도의 자연, 방언, 민속, 인구, 역사, 문화 등의 자료를 수집하고 연구하여 6권의 제주도 총서를 펴냈다. 그는 누구보다 제주도를 잘 알기에 스스로를 반(半)제주인이라 하였고, 제주학계에서는 그를 제주학의 선구자라 부른다.

그는 나비를 제대로 알기 위해선 곤충을 알아야 하고, 생물을 알아야 하며, 더 나아가 자연과학과 자연사를 알아야 하고, 인문학과 예술에도 조예가 있어야 한다고 생각하였다. 그는 나비 분야를 깊고 넓게 연구하는 과정에서 자연과학을 넘어 우리 고전까지 섭렵하였다. 그는 곤충 연구를 하면서 터득한 방법론을 제주도 방언 연구와 인구조사에도 응용하였고, 고전과 신학문, 자연과 인문, 지역과 세계를 넘나들면서 자연, 인문, 사회, 예술 등 여러 분야에서 중요한 업적들을 남긴 통합형의 학자였고 학문 융복합의 선구자였다.

그는 지역주의, 민족주의, 세계주의 어느 한 쪽에 매몰되거나 배척하지 않고 서로 받아들여 잘 조화를 이뤘다. 다양한 분야에 두루 능통할 뿐만 아니라 서로 다른 이념이나 관점을 녹여내어 화합하려고 했던 그의 태도는 학문 융복합의 시대이자 글로벌 시대에 많은 메시지를 던져준다. 그리고 그는 단순한 지식인이 아니라 자신의 지식과 지혜를 과학의 대중화와 새나라 건설하는 데 제공하려고 노력한 실천적 지성인이었다.

구한말 평양에서 태어나, 일제강점기에 개성에서 교육과 연구를 하였고, 해방 전후에는 제주도와 서울에서 활동한 그는 남북 동포가 함께 존경하고, 자연과학계와 인문사회학계에서 모두 흠모할 수 있는 시대를 앞서간 선각자였다.

꿈 많던 학창 시절

석주명은 1908년 10월 17일(음력 9월 23일) 평양에서 태어났다. 그는 1917년에 평양공립보통학교에 입학하여 1921년에 졸업한 후 평양 숭실학교에 입학하였다. 하지만 1922년 여름 동맹휴학 사태로 숭실학교를 중퇴하고 개성에 있는 송도고등보통학교로 전학하였다. 그가 학생이었던 1920년대 송도고보는 5년제 지정 학교로 한옥 기숙사와 최신식 보일러 난방 시설을 갖춘 석조 본관에다 전천후 체조장, 박물표본실 및 강의실, 물리화학실험실 및 강의실 등이 갖춰져 있는데다 원홍구라는 유능한 생물 교사가 재직하고 있었다.

그는 1926년 송도고보를 졸업한 후 일본 가고시마고등농림학교에 입학하였다. 그의 입학 당시 가고시마고농은 농학과, 임학과, 농예화학과, 양잠학과로 편제되어 있었고, 농학과는 1부(농학일반), 2부(농예생물학전수)로 나눠져 있었다. 농학과 학생들은 2학년에 진급하면서 농학과 두 전공 가운데 하나를 선택해야 했는데, 석주명은 '농예생물학전수'를 선택하였다. 당시 농예생물학은 주로 농작물에 피해를 주는 곤충들을 연구했는데, 해충 중에는 나방 종류가 많기 때문에 가고시마고농 생물학 교수들은 나방에 관심이 많았다.

그는 3학년이던 1928년 8월에 오카지마(岡島銀次, 1875~1955) 교수와 타이완 채집 여행을 다녀왔다. 당시에 오카지마는 비가 내리는데도 하루살이 수백 마리를 삼각 봉지에 담아 일일이 분류하여 곤충 채집 과제를 완수한 석주명을 눈여겨보았다. 그는 가고시마고농을 졸업하고 귀국하는 석주명에게 조선 나비를 연구할 것을 권유하였다. 훗날 그는 스승에 대한 고마움을 표시하기 위해 금강산에서 발견한 부전나비의 신아종에 '긴지부전나비'라 명명하기도 했다. 가고시마고농 시기에 그에게 큰 영향을 준 또 다른 이는 국제어인 에스페란토를 가르쳐준 시게마츠(重松達一郎, 1868~1940) 교수였다. 시게마츠는 벼 전문학자이면서 에스페란토의 대가로, 에스페란토를 보급하는 데 노력하고 있었다. 식민지 학생이었던 석주명은 에스페란토의 취지에 전적으로 공감하여 에스페란토를 배우고, 적극적인 에스페란티스토가 되었다.

당시 농학과 농예생물학 전공 학생들은 실험과 논문 지도를 받아 득업 논문(졸업 논문)을 쓰면 농업, 동물, 식물 중

등 교사 자격증이 주어졌다. 석주명은 1929년 1월 '사과독나방 사육연구'라는 주제로 득업 논문을 완성하고 3월에 가고시마고농 농학과 2부(농예생물학전수)를 졸업하고 귀국길에 올랐다.

찬란한 교사 시절

석주명은 3년간의 유학 생활을 마치고 1929년 4월부터 함흥 영생고보에서 생물 교사로 2년간 재직하였다. 그리고 1931년 4월 송도고보 스승인 원홍구가 평남 안주공립농업학교로 전근하자 석주명은 모교인 송도고보(1938년 송도중학으로 개칭)에 전근하여 1942년 3월까지 11년간 생물 교사로 근무하면서 나비를 채집하고 연구하여 세계적인 나비 학자가 되었다.

그가 개성 송도고보에서 교사 생활을 하게 된 것은 나비 연구가로서는 대단한 행운이었다. 개성은 132종의 나비가 있을 만큼 다양한 종류의 나비가 서식하고 있었고, 당시 송도고보는 신식 장비를 갖춘 과학 실험실들이 갖춰져 있고 전국의 우수한 학생들이 다니는 명문인데다 나비 채집과 연구를 전폭적으로 지원해줄 수 있는 미국인 선교사 스나이더(L. H. Snyder)가 있었다. 스나이더는 송도고보 교장으로 근무하면서 석주명이 미국의 여러 기관으로부터 나비 채집 지원 경비를 받을 수 있도록 도와 주었고, 영국 왕립아시아협회 조선지부에 주선하여 *A Synonymic List of Butterflies of Korea*를 집필하도록 하였고 그 책의 서문까지 써 주었다.

1931년 당시 송도고보에는 개성시내뿐만 아니라, 인근 황해도와 경기도, 멀리 평안도, 함경도, 전라도, 충청도, 경상도 등 전국의 학생들이 재학하고 있었고, 박물관에는 식물 표본 2,000여 종, 동물표본 2,500여 종이 있었다. 그리고 박물교실에는 현미경이 놓여 있는 학생 2인 1대의 실험관찰용 책상이 설치되어 있었다. 이화학교실은 200여 명을 수용할 수 있는 경사진 계단식 대형 교실로 실험대를 겸한 책상을 배열하였으며, 초대형 실험대를 겸한 교탁을 내려다 볼 수 있을 뿐만 아니라 천체망원경까지 갖추고 있었다. 학생들은 한 교실에서 공부하지 않고 지력(地歷)교실, 이화학교실, 생물교실 등을 돌아가면서 공부하였다. 이처럼 송도고보는 당시 최첨단 시설을 갖추고 현대적 방식으로 수업을 하고 있었다.

그는 송도고보 교사 시절 학생들의 도움을 받아 60만 마리 나비를 수집하였다. 그는 여름방학이 되면 1학년부터 3학년까지 나비를 200마리 정도 채집 포장해서 개학과 동시에 제출하도록 과제를 부과했다. 하지만 여름방학 과제로 제출된 나비들은 주로 여름형이기 때문에, 그곳의 봄형 나비가 필요할 때는 조수를 파견하였고, 자신은 주로 학생들이 채집하기 힘든 외진 벽지를 골라 채집 여행을 하였다.

그리고 당시 송도고보는 전인교육을 강조하면서 과학부, 체육부, 산악부, 학예부, 음악부, 미술부, 종교부 등의 과외활동을 강조하였다. 그는 틈틈이 과학부, 산악부, 음악부 등을 맡아 지도하기도 하였다. 그는 수업 시간엔 학생들을 가르치고, 방과 후엔 예체능을 지도하며, 야간에는 밤늦게까지 연구실에 남아 방학 때 채집한 나비들을 분류하면서 세계적인 나비 학자로 성장해 갔다.

세계적인 나비 학자

석주명은 1933년부터 개성 지방을 넘어서 나비 채집을 위해 전국을 여행하기 시작하였는데, 그러려면 중등 교사 봉급만으로는 자신과 조수들의 채집 여행 경비를 비롯해서 엄청난 표본 관리 비용이 턱없이 부족했다. 따라서 그는 외국의 자연사박물관이나 연구소로부터 연구비를 받고 그 대가로 나비와 나방를 채집하여 부쳐 주었다. 이러한 방법은 연구비도 충당되고, 외국 학자와 친분을 쌓으면서 그들로부터 외국 나비 표본을 수집할 수 있어서 일석삼조의 효과를 거둘 수 있었다.

그는 매년 여름방학에 나비 채집을 위해 전국을 여행했다. 1933년에는 미국 하버드대학 비교동물학관의 경비 지원을 받아 백두산을, 1934년에는 함경북도와 간도의 용정지방을, 1935년에는 금강산을 비롯한 강원도, 충청남도와 전라남북도 일대를, 1936년에는 미국자연사박물관으로부터 경비를 지원받아 전라남도 해안과 제주도를, 1937년에는 경상남도 일대, 사할린과 홋카이도 일대를, 1938년에는 묘향산을 비롯한 우리나라 서부를, 1939년에는 북경, 만주, 몽골 일대를, 1940년에는 함경남북도와 만주 일대를, 1941년에는 중강진을 비롯한 압록강 유역과 평안북도 일대를, 1942년에는 함경도 벽지와 중남부 지방을 다니면서 나비를 채집하여 세계적인 나비 채집가가 되었다. 그는 곤충학술지에 구장, 개성, 나남. 영흥, 금강산, 지리산, 다물리도, 완도, 울릉도, 제주도 등지에 서식하는 나비 목록을 밝혔고, 채집 일지, 채집 지도, 채집 성과 등을 담은 13편의 나비 채집기를 남겼다.

그는 송도고보(송도중학)에 재직하는 11년 동안 수십 편의 나비 관련 논문을 발표하였다. 영국 왕립아시아협회 조선 지부로부터 조선의 나비 목록을 영문으로 정리해줄 것을 의뢰받고 1940년 우리 나비를 255종으로 정리한 Synonymic List를 펴내면서 세계적 나비 학자 반열에 올랐다. 그는 1942년 3월 송도중학 교사를 사직하고 7월부터 개성에 있는 경성제국대학 부설 생약연구소 촉탁으로 근무하게 되었고, 1943년 서귀포에 제주도시험장이 개장하게 되자 책임자로 파견되어 제주도의 곤충을 채집하고 정리하였다.

해방이 되자 그는 248종의 나비 이름을 우리말로 짓고 『조선 나비 이름의 유래기』(1947)에서 그 내력을 밝혔다. 그는 사후에 출간된 유고집 『한국산 접류의 연구』(1971)에서 우리 나비 연구사와 자신의 연구 결과를 총정리하면서 우리 나비를 234종이라 밝혔고, 『한국산 접류 분포도』(1972)에서 252종의 나비 분포를 우리 지도와 세계지도에 그렸다. 일제강점기, 해방 정국, 한국전쟁 등 민족적으로 어려운 시기에 과학적 학문 연구 방법도 채 확립되지 못한 상황에서 한 학자가 한 국가의 나비 목록을 정리하고, 나비 이름을 짓고, 분포도를 자국 지도와 세계지도에 일일이 그려 넣은 것은 세계 곤충학계에서도 찾기 힘든 사례이다.

자연과 인문사회를 아우른 통합 학자

석주명이 나비를 연구했던 궁극 목적은 나비를 통하여 자연법칙을 발견하고, 그를 바탕으로 행복한 삶을 추구하는 것이었다. 그는 나비를 알려면 나비만 알아서는 안 되고, 나비와 관련된 모든 것을 알아야 한다고 주장했다. 나비를 제대로 알기 위해선 곤충을 알아야 하고, 생물을 알아야 하며, 더 나아가 자연과학 일반과 자연사를 알아야 하고, 인문학뿐만 아니라 예술에도 조예가 있어야 한다는 것이다. 그렇기 때문에 그는 나비를 연구하면서 우리 고전과 미술에까지 관심을 가졌다. 그는 나비 분야를 깊이 폭넓게 연구하여 일가를 이뤘던 내공을 바탕으로 인문사회 분야에까지도 탁월한 업적을 남겼고 두루 능통한 학자가 되었다.

석주명은 Synonymic List를 편찬하는 과정에서 우리 고전을 섭렵하면서 정철(鄭澈, 1536~1593)의 '사미인곡'에 우리나라에서 '범나비'가 처음으로 나오고, '조선왕조실록 광해군일기(1617)'에 '줄흰나비'가 등장하며, 신작(申綽, 1760~1828)이 '조수충어초목명'에서 나비[蝶]와 나방[蛾]을 처음으로 구분하였는 것을 확인하였다. 하지만 그는 나비와 관련된 우리 고전 가운데 과학적 가치가 있는 것은 남계우(南啓宇, 1811~1890)의 나비 그림이 유일하며 실제로 그의 화접도에서 37종의 나비를 찾아내어 발표하기도 하였다.

석주명의 『한국 본위 세계박물학연표』(1992)는 지구상에 생물이 등장한 시점부터 그가 사망하기 직전까지 세계과학기술의 발전 과정과 인류 문명 연대기로 우리나라의 입장에서 펴낸 우리나라 사람을 위한 세계 과학사요, 세계 문화사이다. 이는 그가 펼쳤던 자연과학에서 국학운동의 산물이다. 이 책을 쓰는데 물리, 화학, 생물, 지질 등 자연과학 분야뿐만 아니라 우리나라, 중국, 일본 등 동아시아와 유럽과 미국 등 서양의 역사, 과학, 문화 등에 대한 광범위한 지식이 필요했다. 우리는 이 책에서 그의 폭넓은 학문 세계를 엿볼 수 있다.

그는 하나를 제대로 알기 위해서는 전체를 알아야 한다는 통합적 관점과 그 어떤 지식도 자신이 발 딛고 있는 현실과 부합되어야 한다는 주체적 관점을 취하고 있다. 그리고 그는 인문학과 자연과학, 지역과 세계, 고전과 현대, 특수와 보편 등을 자연스럽게 넘나들면서 조화를 이루려고 하였다. 그러한 그의 학문적 태도는 서로 다른 분야와 융복합해야 하는 시대를 사는 우리에게 많은 시사점을 준다.

지역, 민족, 세계를 녹여낸 실천적 지성인

석주명은 지역주의(localism), 민족주의(nationalism), 세계주의(globalism) 가운데 어느 하나를 고집하거나 배척하지 않고 잘 녹여 내었다. 그가 가고시마고농 시절에 배운 에스페란토는 그의 세계관을 확장시키는 데 주요한 역할을 하였다. 같은 민족이나 국민끼리는 모국어를 사용하고 외국인과는 배우기 쉬운 에스페란토로 소통하자는 운동은 외국어를 배우느라 불필요한 시간과 노력을 줄이자는 합리주의 운동이고, 약소 민족 언어를 살리기 위한 민족운동이면서, 민족 간 대립과 분쟁을 해결하기 위한 평화운동이기도 하다.

그는 가고시마고농 학생 때부터 신문과 잡지 기고를 통해 국제어 에스페란토의 필요성을 역설하였다. 그는 나비 관련 논문들도 에스페란토로 발표하거나 요약문을 쓰면서 세계 학자들과 학술 교류를 하였다. 일제강점기에 에스페란토의 효력을 체험한 그는 해방이 되자 1945년 12월 조선에스페란토학회를 창립 발기인으로 참여하고, 대중들을 위한 에스페란토 강습회를 열고, 여러 대학에서 에스페란토 강좌를 개설하여 에스페란토운동을 주도하였다.

그는 1947년 6월『국제어 에스페란토 교과서 부 소사전』을 펴내고, 그 해 12월『제주도 방언집』을 펴냈다. 그는 우리 민족이 새나라 건설을 모색하던 시기에 전혀 이질적인 두 책을 펴냄으로써 우리가 당당한 세계의 일원이 되기 위해서는 국제어인 에스페란토를 배워야 하고, 다시 찾은 우리말의 뿌리를 찾기 위해서는 우리 옛말이 남아 있는 제주어를 연구해야 한다는 것을 보여주었다. 그는 우리의 삶의 질을 높이고 문화를 더욱 풍성하게 하기 위해 국제어인 에스페란토 보급과 지역어인 제주 방언 연구에 매진하였다.

그가 제주도를 연구했던 이유는 제주의 모습 속에 우리나라 본 모습이 잘 남아 있다고 생각했기 때문이었다. 그 점에서 그의 제주도 연구는 국학의 연장이었다. 그는 민족문화가 융성하기 위해서는 지역 문화의 다양성이 인정되어야 하고, 인류문화가 융성하기 위해서는 민족문화의 다양성이 인정되어야 하며, 이를 보장하기 위해서는 국제어가 강대국 언어가 아니라 세계인들 모두가 배우기 쉬운 언어라야 한다는 것을 주장하였다. 그는 지역, 민족, 세계를 잘 녹여 내어 자연스럽게 넘나들면서 시대를 앞서간 실천적 지성인이었다.

맺음말

석주명은 42년이라는 짧은 삶을 살았지만, 그의 삶의 크기는 너무 깊고 넓어서 나비 박사로만 묶어 두기에는 한계가 있다. 그는 나비 이외에도 일생 동안 국제어인 에스페란토에 애정을 쏟았고, 그의 학문이 무르익던 말년에는 변방의 섬이었던 제주도 연구에 매진하였다. 그의 '나비', '에스페란토', '제주학'의 성과들을 입체적으로 연결시켜 본다면, 그는 자연과 인문사회 분야를 자유롭게 넘나들고, 지역, 민족, 세계 어느 하나를 배척하거나 고집하지 않고 그것들을 잘 녹여 내고 조화시킨 인물임이 드러난다.

그는 나비 연구를 통해 학문의 깊이를 알았고, 제주도 연구를 통해 학문의 폭을 넓혔으며, 에스페란토운동을 통해 지역주의, 민족주의, 세계주의를 녹여 내어 모두를 살릴 수 있다는 것을 알았다. 그는 전통 학문과 근대 학문의 과도기를 살았고, 자신의 전문 분야인 나비 연구에 충실하면서도 인문사회 분야까지도 아우르는 통합적 학문 연구를 시도하였다. 그리고 그는 일제강점기와 이념의 혼란기를 살았던 합리적 지식인으로서 에스페란토운동과 국학운동을 통해 세계의 당당한 일원으로 풍요로운 나라를 세우려 하였다.

그는 현실을 중시하는 주체적 경험주의자이면서도 학문적 이론은 만인에게 승인되어야 한다는 객관적 합리주의자였다. 그는 합리적 세계주의를 취하면서도, 식민지 백성이자 약소국의 지식인으로서 민족주의, 민주주의, 평화주의로 나아갔다. 그는 각 지역이나 민족은 동등한 권리를 지닌다는 개방적 평등주의자이면서도, 보편적 지식과 지혜를 누구나 공유해야 한다는 보편적 평화주의자였다.

그는 인문학과 자연과학, 지역과 세계, 전통과 현대, 특수와 보편 등을 자연스럽게 넘나들었고, 오래된 것이라 폄하하지 않고 새로운 것이라 해서 경시하지 않았으며, 지역주의, 민족주의, 세계주의 어느 한쪽에 치우치지 않고 받아들여 녹여 내고 조화를 이뤄냈다. 다양한 분야에 두루 능통하면서 자신과 다른 견해와 관점들을 융섭하려는 그의 학문 태도는 서로 다른 학문과 기술을 융복합하고 이념이 다른 이들과 공존하며 살아가야 하는 우리에게 많은 시사점을 준다.

그는 민족적으로 암울한 시기에 배우고 가르치면서 우리 나비에 몰입하여 자타가 공인하는 나비 박사가 되었고, 우리나비에 관한 한 일본 나비 학자들을 압도함으로써 민족적 자존감을 높여 주었다. 해방 이후에 그는 남북 분단과 동족상잔의 전쟁까지 치르는 소용돌이 정국 속에서 그동안 수집했던 자료를 정리하여 우리말로 출간하려고 노심초사하였고, 우리 민족이 당당한 세계 시민 국가의 구성원이 될 수 있도록 노력했다.

그는 정규 대학이 아닌 고등농림학교를 나왔지만, 노력과 실력으로 세계적인 학자가 되었다. 그는 우리 청소년과 교육자와 연구자들에게 학력이나 지위보다 노력과 실력이 중요하다는 것을 보여주는 좋은 모델이 될 것이다. 현재 우리는 민족적으로 남북이 분단되고, 학문적으로 자연, 인문, 사회 분야 학자들이 소통이 부족한 상황이다. 그는 남북을 두루 탐사하면서 많은 연구 성과를 남겼고, 남북 갈등이 극에 달하던 한국전쟁에 희생되었다. 앞으로 석주명에 대한 남북간의 공동 연구는 우리 민족의 화해와 화합에 도움이 되고, 인문, 사회, 자연과학자들 간의 학제적 연구는 학문 융복합에 익숙하지 않은 우리 학계에 서로 소통을 이루는 계기가 될 것이다.

에스페란토 관련 기증 자료의 현황과 의의

서 진 수 _ 한국에스페란토협회장, 강남대학교 명예교수

들어가며

나비학자 석주명은 전 세계에 분포되어 있는 나비의 표본과 학술 자료들을 수집하고 자신이 연구한 결과물을 전 세계의 보다 많은 연구자에게 알리기 위한 가장 유용한 수단으로 국제어 에스페란토를 선택하였다. 석주명이 일본 가고시마 고등농림학교(鹿兒島高等農林學校) 유학 때 생물학에 대한 관심과 에스페란토에 대한 관심을 동시에 가졌던 것은 유학생인 그가 학술 연구와 함께 자신의 연구 결과물을 세계인과 공유하고자 했기 때문이다. 그는 이를 위한 소통 수단인 언어의 중요성과 함께 1887년 폴란드의 안과 의사이자 언어학자인 자멘호프(Lazaro Ludoviko Zamenhof, 1859~1917) 박사가 창안하여 발표한 국제어 에스페란토(Esperanto)의 핵심 철학인 배우기 쉽고 중립적인 언어라는 특성을 일찍이 인식하였다고 볼 수 있다.

석주명이 1926년 일본 가고시마 고등농림학교에 유학했을 당시 그 학교에는 일본 에스페란토계의 초기 활동가였던 시게마쓰 다츠이치로(重松達一郎, Sigemacu Tacuiciro) 교수가 이미 1909년부터 에스페란토 모임을 만들어 운영하고 있었다. 입학 후 에스페란토에 관심을 가진 석주명은 1927년 1월부터 교내 에스페란토 연구회에 적극 참여하였다. 훗날 석주명이 국제적인 나비 학자가 될 수 있었던 이면에는 세계인과 쉽게 소통할 수 있는 국제어 에스페란토를 열심히 학습하고, 나아가 적극적으로 교육까지 하며 언어를 잘 구사할 수 있었던 점이 자리하고 있었다.

일본의 에스페란토 보급 운동은 1900년대 초부터 프랑스와 영국 등 서구 국가의 에스페란토 회원들이 일본에 들여오면서 시작하였고, 이후 자체적인 통신교육과 러시아 블라디보스톡에 체재하던 일본인 등이 배워와 강습이 활발해졌다. 1919년 일본 에스페란토 협회(Japana Esperanto-Instituto)가 창설된 후 1920년대 초에 이미 1~2천 명에 달하는 회원이 전국적으로 활동하고 있었다.

일본 유학 시절 국제어 에스페란토 학습

석주명은 에스페란토를 학습한 지 얼마 지나지 않은 1927년 1월에 곧바로 에스페란토로 글을 쓰기 시작하였다. 당시 재학 중이던 학교의 에스페란토 연구회가 발행하는 기관지 [희망](La Espero)에 'Unu peco de mia Travivaĵo pri Esperanto'(나의 에스페란토 삶에 관한 단면)와 'Du Impresoj'(두 가지 인상)을 발표하였고, 1928년에는 "에스페란토를 이해하라"는 글과 일본 가고시마의 옛 지방 타네(多禰) 섬에 관한 소감을 에스페란토로 발표하였다. 그의 에스페란토에 대한 열정과 실력은 학습 초기부터 잘 나타났다.

1929년 3월 가고시마 고등농림학교를 졸업한 후 4월에 귀국한 이후 석주명의 에스페란토 활용과 보급 운동은 더욱 활발해졌다. 1930년대에는 세계 여러 나라의 학자 및 에스페란토 회원들과 편지를 주고받으며 한편으로는 인맥을 확장하고 다른 한편으로는 연구 자료와 나비 자료를 수집하는 데 적극 활용하였다. 일본 유학 이후 줄곧 석주명의 삶에서 중요한 부분을 차지하는 에스페란토 관련 유품이 단국대학교에 기증되어 나비와 생물학 연구자뿐만 아니라 해방 이후 혼란기에 활동했던 에스페란토 회원과 단체에 관한 남아 있는 자료가 많지 않은 국제어 에스페란토 연구자에게까지 많은 도움을 주고 있다. 에스페란토 관련 기증품은 친필 자료, 원고와 잡지, 논저, 서류, 편지와 엽서, 에스페란토 단체 관련 서류와 자료, 국내외 회원들에게서 받은 편지와 엽서, 사진 등 전체 232건의 유물 중 일반 자료 분류와 중복되는 것을 포함하여 전체의 23%에 달하는 54건이다.

기증품을 내용별로 분류하면 크게 1) 에스페란토 강습서와 사전, 2) 석주명의 논저와 한국어의 로마자 표기법, 3) 임원으로 활동하며 대학 등에서 국제어를 가르쳤던 조선(대한)에스페란토학회 관련 자료와 서류, 4) 세계 각국의 에스페란토 회원들과 교환한 편지, 봉투와 엽서, 5) 국내 회원으로부터 받은 서신의 내용과 봉투, 6) 석주명이 자연과학과 에스페란토 강의를 진행했던 대학들의 강의 시간표, 7) 에스페란토 시와 악보, 8) 에스페란토로 쓴 1950년의 탁상일기로 나눌 수 있다.

국제어 에스페란토 교과서와 언어 자료

어학 단체인 한국 에스페란토 협회 차원에서 에스페란토 관련 강습서와 사전은 어느 시대에나 큰 의미를 갖는다. 특히 1920년 한국 에스페란토 도입 초기인 1920년 이후 일제강점기와 해방 직후의 에스페란토 강습서와 사전은 열악한 교육 환경을 감안할 때 더더욱 그 가치가 크다고 할 수 있다. 석주명이 1947년 조선에스페란토학회에서 발행한 강습서는 "국제어 에스페란토 교과서(Lernolibro de Esperanto)"라는 강습서와 같은 책에 소사전(Vortareto)이 함께 들어 있으며, 표지에는 석주명의 정체성을 보여 주는 큰 나비 그림이 그려져 있다.

기증품에 포함되어 있는 또 다른 강습서로 초기 한국 에스페란토 운동을 이끌고 석주명의 시대에도 함께 활동했던 김억이 저술한 "에쓰페란토 속성강좌(Esperanta Kurso Rapida)"가 포함되어 있다. 강습서 외의 자료로는 석주명이 쓴 단편 글을 모아 묶은 '에스페란토論'이 있고, 고유명사의 로마자 표기에서 에스페란토 표기를 매우 선호했던 그가 연구한 한국어의 로마자 표기법 관련 자료인 언어(Lingvo), 문자(Litero), 알파벳(Alfabeto) 등 9장이 남아 있다.

조선(대한)에스페란토학회 관련 자료

기증품 중 특히 주목을 끄는 것은 1945년에 창립한 조선에스페란토학회가 대한에스페란토학회(Korea Esperanto-Instituto: K.E.I.)로 명칭을 바꾸고 활동을 재개하던 시기의 활동을 자세히 볼 수 있는 자료들이다. 1949년 6월 3일자 중앙우체국 사서함 사용 허가신청서와 8월 1일자 출판사 등록 서류에 전임 대표자 이극로, 현 대표자 김창숙으로의 변경 사항이 기록되어 있어서 당시 학회의 변동 사항을 파악할 수 있다. 그리고 학회를 새롭게 발족하기 위해 가진 1949년 11월 16일부터 12월 10일까지의 모임 관련 유품에는 모임 일시, 장소, 참석자 명단 등에 관한 자료들이 포함되어 있다. 또한 국호와 관련하여 조선, 대한, 한국 등 어떤 명칭을 사용할지 매우 고심한 흔적이 잘 나타나 있다. 펜글씨로 원고지에 작성한 학회 규약 초안에 '한국'이라고 썼던 '국'자를 긋고, 앞에 '대'자를 써넣어 학회 명칭으로 사용하였다.

두 종류의 입회 원서 뭉치가 있는데, 1949년과 1950년에 작성한 백남규, 김억, 석주명 등 58명의 A4 용지 세로형과 1950년 1월 1일에 작성한 28명의 가로형 간단한 형태의 원서가 있다. 두 종류 모두 하단에 인쇄되어 있는 이전 명칭인 '조선에스페란토학회'의 조선을 지우고 대한으로 수정한 사항이 보인다. 그리고 1949년 12월 13일자 서울신문 하단에 "대한에스페란토학회 발족 선언"을 광고한 신문이 스크랩되어 있다. 총무부장을 맡고 있던 석주명이 당시의 주소록, 입회 원서 등을 소장하고 있다가 기증하게 된 것이다.

1949년 5월 1일 이후의 회원 명단에는 김창숙, 백남규, 김억, 유기동, 이정모, 석주명, 김교영, 이정모, 서병택, 송창용, 홍형의, 이재현, 신봉조 등 53명의 명단이 수록되어 있다. 다른 주소록(Adresoj por T.E.A.)에는 학회의 명칭(Korea Esperanto-Instituto), 소재지(한국 서울 종로3가 83), 편지 발송 주소(서울 중앙사서함 18호), 그리고 아래 부분에 유기동(K. Saliko), 백남규(Stelaro Paik), 김억(Verda E. Kim), 석주명(D. M. Seok) 등의 명단이 있다. 또 다른 자료에는 회원들이 직접 기록한 친필 이력서, 납입 월에 도장이 찍혀 있는 회비 납입대장, 그리고 석주명이 다른 회원의 2배에 해당하는 액수를 납입한 회비 납부 내역과 특별 회비 명세표, 회계 장부 등이 남아있다.

당시에 대한에스페란토학회는 에스페란토 창안자인 자멘호프 박사 탄생일과 서거일에 문화 강연회를 개최하였는데, 석주명은 '에스페란토와 과학'이란 주제로 강연을 하였다. 함께 활동을 이끌던 백남규는 '자멘호프 박사의 생애와 업적', 박영래는 '에스페란토 본질론', 김억은 '에스페란토 문학과 그 표현', 이정모는 '에스페란토와 교육', 이기인은 '에스페란토와 한글', 서병택은 'Lingvo por nova generacio(신세대를 위한 언어)', 이계순은 'Esperanto por studentoj(학생들을 위한 에스페란토)'에 관한 강연을 하여 당시 주요 회원들의 전공 영역과 관심사를 살펴볼 수 있다.

입회 원서에는 본적, 사는 곳, 이름, 난 날, 직업, 이력, 그 밖의 것, 그리고 아래 부분에 추천인을 쓰는 난이 있다. 직업난에 김억은 공군사관학교 교수-육사 강사, 백남규는 동덕여자중학교 부교장, 이재현은 공무원(부산국립극장), 석주명은 국립과학관 기감(技監), 석주선은 관리(공무원), 이기인은 서울대학 교수, 황보유안은 기독교 전도사라고 적혀 있다. 이력서도 몇 건 남아 있는데, 김억이 직접 작성한 이력서에는 그의 이력과 함께 그의 사인이 선명하게 남아 있다.

서병택이 친필로 쓴 대한에스페란토학회의 강령(La devizo de K.E.I.)을 석주명이 수정한 자료도 남아 있다. 대한에스페란토학회 강령과 규약은 스텐실 페이퍼에 철필로 긁어 쓰고 갱지에 등사 잉크로 밀어 인쇄를 하였다. 1949년과 1950년에 작성되고 기록된 이들 대한에스페란토학회 관련 자료는 한국에스페란토협회(Korea Esperanto-Asocio)가 2021년에 발간한 『한국에스페란토운동100년: 1920-2020』의 연표와 100년사에 보다 많은 내용과 행사들을 추가할 수 있는 자료를 제공하고 있다.

신흥대학, 국학대학, 동국대학 에스페란토 시간표

교육자 석주명은 박물학, 동물학, 생물학 등 과학 분야에 관한 강의뿐만 아니라 일본 유학 이후 인연을 맺은 국제어 에스페란토의 강습에도 열정적이었다. 1931년 송도고등보통학교 교사 시절에도 부임 후 곧바로 에스페란토 클럽을 만들어 방과 후에 학생들을 지도하였는데, 당시에 찍은 사진 한 장이 남아 있다. 1942년 송도 고등보통학교를 사직한 석주명은 이후 경성제국대학 의학부 미생물학 교실 소속 개성생약연구소와 제주도시험장에서 근무할 시기를 제외하고는 여러 대학에서 그의 전공인 자연과학과 에스페란토를 가르쳤다.

서울 소재의 신흥대학, 국학대학, 동국대학에서 자연과학 강의를 하던 석주명은 자연과학 강의에 이어 다음 시간에 에스페란토 강습을 실시하였다. 신흥대학 1949년 1학기 시간표에는 석주명이 화요일과 목요일, 주간과 야간에 자연과학 강의와 에스페란토 강의를 연이어 한 것으로 나타나 있다. 석주명은 서울대학, 홍익대학 등에서도 에스페란토 강습을 한 것으로 알려지고 있으나 위 3개 대학의 강의 시간표만 남아 있다. 또 다른 대학의 자료에 의하면 조선에스페란토학회 제2대 회장을 역임한 김창숙이 부총장으로 재직했던 성균관대학에서도 에스페란토 강의가 있었는데, 시간표에 '세계어, 홍형의'라고 쓰여 있다. 세계어는 에스페란토의 중국식 표기인데, 해방 후 군정청 문교부에서도 에스페란토를 세계어라고 불렀고, 제2외국어로 채택했었다.

세계인과의 펜팔: 영국, 스페인, 소련, 체코슬로바키아, 일본

세계 여러 나라의 학자, 에스페란토 회원들과 주고받은 1932년, 1936년 소인이 찍힌 편지, 편지봉투, 엽서 등이 남아 있다. 이름과 주소를 에스페란토로 표기한 것이 많은데, 스페인의 에스페란토 회원이 보낸 엽서에는 석주명의 이름이 Seok Ĝumeong, 주소는 Songdo Liceo por koreoj, Songdo, Koreujo, Japanlando(일본국 한국 송도 한국인 중학교)로 되어 있다. 일본국 표시는 에스페란토로 Japanlando라고 쓰여 있고, 그 옆에 국제 통신 공통어인 프랑스어로 Japon(일본)이라고 병기되어 있다. 러시아 모스크바의 에스페란토 회원이 보낸 엽서에는 주소가 Koreo, Japanio (일본국 한국)이라고 표시되어 있다.

1930년대에 주고받은 편지, 엽서는 여러 나라의 에스페란토 회원들과 일반적인 안부를 묻고 답한 단순한 펜팔 편지부터, 나비 전문가를 찾아달라는 부탁과 회신, 그리고 펜팔을 통한 우표 수집 얘기까지 다양하다. 대상 국가 또한 영국, 스페인, 네덜란드, 이탈리아, 핀란드 외에 소련, 체코슬로바키아 등으로 다양하다. 체코슬로바키아와 이탈리아에서 온 편지에는 보내준 나비 표본에 대해 전달받은 전문가가 고마워한다는 내용과 그 나라의 나비 전문가 이름과 주소도 적혀 있다. 1950년에 세계에스페란토협회(Universala Esperanto-Asocio)에서 석주명에게 보낸 편지의 봉투도 남아 있다.

그리고 국내 회원들이 붓글씨, 펜글씨로 써서 보낸 편지 봉투도 남아 있는데, 겉봉에 '대한애쓰패란토學會'라고 쓴 것도 있고, '大韓에스페란토學會'라고 쓴 것도 있는 점이 특이하다. 국내에서 받은 편지봉투 중에는 세계에스페란토협회 회장과 한국에스페란토협회 회장을 역임한 한국의 이종영 박사가 진주공립중학교 5학년 때 보낸 것도 있다.

집회 허가서, 사진, 시

이 외에 1949년 12월 15일 서울상공회의소에서 개최한 국제어 에스페란토 창안자인 '자멘호프 박사 탄생 90주년 기념 축하회'에 대한 집회 허가 신청서를 유기동, 백남규, 석주명이 공동 명의로 서울특별시 경찰국 사찰과장에게 제출한 자료도 있다. 그리고 서울특별시장 이기붕의 스탬프와 관인이 찍혀있는 1950년 4월 7일자 집회 허가서도 남아 있으며, 이 행사를 신문을 통해 알리기 위해 언론사 문화부장에게 보낸 편지도 남아 있다. 앞서 언급한 1931년 송도고보 근무 시절 학생들에게 에스페란토를 지도하며 찍은 학생들과의 단체 사진이 있다. 그 사진에는 양복을 말끔하게 차려입은 석주명과 9명의 학생이 함께 있으며, 뒷면 칠판에는 "Esperanta Klubo Songdo Liceo por Koreoj"(송도 한국인 중학교 에스페란토 클럽)라는 글씨가 쓰여 있다. 그리고 석주명과 함께 양복을 입은 사람이 에스페란토 상징 깃발인 녹색 별이 들어있는 녹성기를 들고 서 있고, 옆 툇마루에 한복을 입은 연장자와 교복을 입은 젊은이와 찍은 비슷한 시기의 사진 한 장이 더 남아 있다.
세계에스페란토협회의 기관지 6권, 일본에스페란토학회의 기관지 2권도 있다. 그리고 그의 탁상일기에 기록되어 있는 연인 'mia'가 만든 노래인 '즐거운 농부'의 한국어 가사와 에스페란토 번역인 'Gaja kamparano'도 남아 있다. 노랫말은 "새벽 하늘 고요히 터지고, 봄 바람은 찬이슬을 스다듬내..."로 시작하고, 에스페란토 번역은 "Sur ĉielo rondiras brilsuna, herbaroson milda vento ekkaresas..."로 시작한다.
기증한 석주명의 일반 자료, 유물과 에스페란토 관련 자료들은 그의 여동생 석주선 박사가 전쟁 기간에도 소중하게 간직하고 함께 피난을 다닐 정도로 애지중지했고, 이후 조카 손녀 박성실 교수에 의해 잘 보존되어온 것으로 알려졌 있다. 한국현대사를 살았던 학자와 그가 남긴 이 소중한 자료들은 에스페란토 회원과 협회의 역사 연구자뿐만 아니라 한국 과학사와 현대사 일반을 연구하는 학자들에게도 중요한 사료로써 그 가치가 크다고 평가할 수 있다.

1950년의 <탁상일기>

석주명의 유품 중에 1950년 1월 1일부터 10월 5일까지, 그리고 세상을 떠난 10월 6일 아침에 기상한 직후, 또는 집을 나서기 전에 썼을 것으로 추정되는 날씨만 기록되어 있는 탁상일기가 있다. 내용은 10일간의 나비 채집을 위해 충청남도로 여행을 떠난 시기에 기록한 일정을 제외하면 모두 국제어 에스페란토로 썼다. 날씨, 주요 행사, 방문객 이름, 방문자, 방문지, 박물관과 집, 거의 매일 반복되는 연구 얘기들, 여동생과 남동생 등 가족 이야기, 만나거나 찾아온 사회 인사, 에스페란토 회원, 지인, 친척, 반복되는 박물관 출근 얘기, 출근길과 퇴근길에 들린 각종 인쇄소와 출판사에 관한 상세한 내용이 기록되어 있다. 일기에 나타난 석주명 본인은 연구에 몰입하여 사는 과학자이고, 연구소와 연구물을 출판하기 위해 출판사를 오가는 단순한 삶을 반복하는 사람이다. 그러나 다른 한편으로는 사람 좋아하는 유명인답게 찾아오는 사람이 매일 끊이지 않고 이어졌다.

강의를 하러 가거나 업무차 들린 국학대학, 신흥대학, 교대, 서울대 등 대학, 6·25로 시끄러운 사회 풍경, 집 앞길에서의 교전 상황과 옆집 지하실로의 피신, 전쟁 기간 동안 위험을 느껴 자신이 집필한 원고를 박물관으로 가져가 숨겼다가, 집으로 갖고 와 땅에 묻었다가 다시 파낸 이야기, 그리고 혼자 또는 남동생과 목욕탕에 간 사적인 이야기 등이 적혀 있다.

일기는 매일 날씨를 기록하는 것으로 시작한다. 맑은 날은 'Bela tago(아름다운 날)', 구름 낀 날은 'Nuba tago(구름의 날)', 비가 온 날은 'Pluva tago(비의 날)', 구름 끼고 비온 날은 'Nuba k. pluva tago(구름의 그리고 비의 날)'이라고 표기하였다. 이 중 맑음을 '아름다운 날'이라고 표기한 것이 특이하다. 영어에서 맑은 날을 clear, sunny, fine, fair 등으로 표기하는 것과 비교해도 재미있는 표기이다. 나비 채집과 수집, 그리고 연구를 천직으로 알고 살다간 학자에게 날씨는 매우 중요했을 것이다.

나비 학자 석주명의 탁상일기에 이름을 밝히지 않은 한 여인과의 기록이 계속된다. 이름 대신 "mia(나의)"라고만 표시한 그녀와 함께 보낸 시간과 일상이 계속된다. 함께 식사도 하고, 박물관에서 연구도 같이 하고, 간혹 집에 찾아온 그녀를 바래다 주고, 그녀가 만든 노래도 함께 부르고, 영화와 연극 감상도 함께했다. 남동생이 급작스레 결혼을 하여 온양으로 신혼여행을 떠나던 날도 석주명과 'mia'는 서울역에서 잠시 만날 정도였다. 그러나 그 뜨거운 만남도 6·25로 인해 'mia'가 8월 3일 평택으로 피난을 가면서 그리움 속에서 시간만 흐를 뿐이었다. 결국 다시 만나지 못한 채 석주명은 10월 6일 낮술을 마신 국군의 총에 맞아 세상을 떠나고 만다.

미술계에서는 영화처럼 살다간 천재 화가 이인성(1921-1950)을 자주 언급한다. 그가 남긴 명화 '노란옷을 입은 여인'이 첫 번째 부인인데, 그녀가 1942년 불과 26세에 병으로 세상을 떠났다. 그 후 이인성은 허한 감정을 달래기 위해 재혼하였으나 실패하였고, 1947년 세 번째 결혼을 한다. 그러나 이인성은 39세인 1950년 6·25전쟁 중에 집에 돌아가는 길에 순경과 실랑이를 하다가 총기 오발 사고로 어이없는 죽음을 당한다.

42세에 생을 마친 마지막 해에 석주명이 9개월 조금 넘게 국제어 에스페란토로 매일 썼던 탁상일기를 읽으며 비슷한 시기를 살았던 천재 화가 이인성과 타고난 과학자 석주명이 오버랩되었다. 공교롭게 1950년 6·25전쟁 중에 똑같이 운명을 달리 한 두 스타의 삶과 완성되지 않은 마지막 사랑 이야기는 그들의 삶과 일에 대한 열정, 당시의 한국 남성상과 결혼 풍습, 인물들의 마지막 연인들과의 안타깝고 애틋한 스토리로 마감된다. 짧지만 석주명의 탁상일기는 그의 삶의 스타일 그리고 학문을 향한 열정에 대한 기록이고, 시대상을 담은 블랙박스이며, 불타는 사랑을 했던 한 사람의 인간적인 삶에 관한 값진 기록 유물이다.

한국 에스페란토 운동의 선구자 석주명

홍성조_『나비 박사 석주명 선생』의 저자, 문일여고 교장

초기 학력과 에스페란토 입문

1908년 평양 이문리에서 출생한 석주명은 어릴 때 서당에서 한문을 수학하였고, 9살에 평양 공립종로보통학교에 입학하였다. 13세에는 숭실고등보통학교에 입학하였으나 다음 해 동맹휴학으로 숭실고보를 중퇴하고 개성에 있는 송도고등보통학교로 전학을 가서 18세에 졸업하고, 곧바로 일본 가고시마로 건너가 고등농림학교 농학과에 입학하였다. 2학년 때인 1927년 교내의 '에스페란토연구회'에 참여하여 시게마스 다츠이치로 교수와 만났으며, 석주명의 에스페란토 기초와 실력은 이미 이때 거의 완성되었다. 훗날 그가 국제적인 '나비 박사'로 대성하고, 각국 학자들과의 학술 교류 및 논문 발표 등을 통해 연구 업적을 세계에 보급할 수 있었던 데에는 에스페란토가 결정적인 역할을 하여 그의 학문과 에스페란토는 가고시마 시절부터 이미 불가분의 관계였다고 할 수 있다.[1]

석주명이 유학 시절 3년간 에스페란토로 기고한 글은 다음과 같다.

1) 「에스페란토 학습에 관하여」 교내 기관지 La Espero 제1호에 발표
2) 「Unu peco de mia travivaĵo pri Esperanto」 제2호
3) 「Du impresoj」 1928(20)
4) 「이해하라 에스페란토를」
5) 「Sentoj en Insulo Tane」, 교내 교우지 『土』

에스페란토 보급과 학문적 활용

석주명은 1929년 3월 21세에 가고시마 고등농림학교 박물과를 졸업하고 귀국한 후 다음 해인 1930년 10월 26일부터 28일까지 3회에 걸쳐 『평양매일신문』에 「국제어 에스페란토」를 시리즈로 기고하였고, 동경대학 『동물학 잡지』에 "연구 논문에 에스페란토 요약을 붙일 수 있도록 하자"[2]고 제안하여 통과된 후 외국 학자들과의 연구 논문 교류에 에스페란토를 폭넓게 이용하였다. 이에 대해 초기 에스페란토 교육자인 홍형의는 그의 저서 『민족 해방과 국제어 에스페란토』에서 이렇게 말했다. "세계 각국의 의학자·자연과학자들이 에스페란토로 서로 자료를 교환하고 논문을 발표함으로써 그들이 얻은 이익은 대단히 컸다. 그 가까운 예로는, 조선의 나비 연구가 석주명 씨가 에스페란토를 통하여 전 세계의 나비 표본을 조선의 나비 표본과 교환하여 수집하였던 바, 세계 여러 나라의 에스페란토를 사용하는 곤충 학자들로부터 절대적인 협력을 얻어 큰 성과를 얻었으며, 연구 논문을 에스페란토로 발표함으로써 일약 세계적인 곤충 학자 대열에 참여하였다."[3]

그는 이후 에스페란토로 논문을 발표하였고, 소사전이 첨부된 에스페란토 교과서를 저술하여 에스페란토 보급에 기여하였다. 또한 직접 강습회를 지도하고, 에스페란토에 대한 글을 통해 1930~1940년대의 한국 에스페란토 운동을 주도해 나갔다. 일본어와 영어에 능통했던 석주명이 그토록 에스페란토를 사랑했던 또 하나의 중요한 이유는, 일본어나 영어가 아닌 세계 공통어로 교류함으로써 한국의 열악한 국력과 식민지 국민의 언어적 열세를 극복하고 구미 제국의 유수한 학자들과 학문적으로 대등한 입장에 서기 위함이었다.

이러한 그의 고집과 집념은 매우 중요한 의미를 갖는다. 세계 공통 언어를 통해 대립과 분쟁을 해결하고 인류를 한 가족으로 통일하기 위한 평화 운동으로 1887년 폴란드의 자멘호프(Lazaro Ludoviko Zamenhof, 1859~1917) 박사가 창안한 에스페란토 운동이 군국 일제의 탄압으로 조선과 일본에서 위기에 처했을 때 석주명은 자신이 국제적 명성과 학자라는 신분을 등에 업고 자연과학 분야의 논문과 학술 교류에 에스페란토를 사용함으로써 일제의 탄압을 교묘히 피하여 에스페란토의 명맥을 잇는 데 공헌하였다.

그는 김억과 신봉조로 대표되는 1920~1930년대 한국 에스페란토 운동 초기 단계 이후 백남규, 유기동 등과 함께 1950년까지 그 명맥을 지켜나간 것이다.[4] 1920년 시인 김억이 조선에스페란토협회를 창립하여 에스페란토 운동을 일으키고, 신봉조, 백남규, 홍형의 등이 1920년대와 1930년대에 에스페란토 운동을 이어가던 시기에 석주명은 한편으로 묵묵히 자신의 학문적 결과물을 에스페란토로 발표하여 명성을 다져가고, 다른 한편으로 자신이 재직하던 학교에서 제자들에게 국제어 에스페란토와 세계를 향한 꿈을 가르쳤다는 것은 그의 학자이며 동시에 교육자였던 면모를 잘 보여 주고 있다.

1) 석주명의 생애, 에스페란토 관련 글과 업적에 대해서는 홍성조·길경자 편, 『나비 박사 석주명 선생 D.M.Seok, D-ro Papilio』, 한국에스페란토협회, 2005, 참조.
2) "Kroniko de la Esperanto-Movado en Japanujo(Ⅰ) - 1906~1926, 1956, p.40. 이종영, 『한국에스페란토운동 80년사』, 한국에스페란토협회, 2003, 51쪽.
3) 홍형의, 『민족해방과 국제어 에스페란토』, 조선에스페란토학회, 1946, 10쪽.
4) 이병철, 『위대한 학문과 짧은 생애』 아카데미서적, 1989, pp. 45~46쪽.

해방 이후의 에스페란토 활동

석주명은 1945년 5월에 수원 농사시험장(본소) 병리곤충학부장으로 자리를 옮기고서 8월 15일에 해방을 맞이하였다. 8·15 이전의 에스페란토 회원들은 그들이 가진 에스페란토 책자들을 모두 땅속에 묻어 보관했다. 그 당시 에스페란토 책자를 보관하고 있다가 발각되면 일경이 반제로 단정해서 탄압을 했기 때문이다. 해방을 맞자 에스페란토 회원들은 그 해 11월 11일 경성원예학교(지금의 장충고등학교 자리)에 모여 약소 민족어의 해방과 에스페란토 건설을 경축하는 '에스페란토 정치 선언'을 채택했다.

이 화합을 시작으로 12월 15일에 '조선에스페란토학회' 창립 대회가 열렸으며, 여기에는 석주명을 비롯하여 김창숙, 이재현, 김억, 이균, 서병택, 신봉조, 백남규 등 전국의 많은 에스페란토 회원과 에스페란토에 호의를 가진 인사들이 참석하였다. 이 날 서기장으로 홍형의가 선출되었다. 석주명은 1946년 2월 16일 서울대학 에스페란토 강습회에서 홍형의와 함께 강연을 하였고, 국학대학과 홍익대학에서 제2외국어 과목인 에스페란토를 강의하였으며, 조선에스페란토학회 서기장과 1949년에 통합된 대한에스페란토학회 총무부장을 맡아 숱한 강습회를 열어 젊은이들을 가르쳤다.[5]

이 당시 학술 단체인 조선에스페란토학회가 대학에 정규 과목 혹은 선택 과목으로 에스페란토를 설치케 한 것은 유억겸 장관의 힘이 컸지만, 이 일은 오늘날까지 대한민국에서 에스페란토 운동이 명맥을 유지할 수 있게 된 원동력이 되기도 하였다. 이런 상황에서 강의용 교과서의 필요성을 절실히 느낀 석주명은 자비를 들여 '에스페란토 교과서'를 발간하는 열의를 보였다.『국제어 에스페란토 교과서, 부 소사전』은 1947년 1월 4일에 탈고하여 6월 6일 '조선에스페란토학회' 이름으로 선문서관에서 발행한 사륙판 75페이지짜리 소책자다. 1923년에 김억이 편집한『에스페란토 독학』이 대중적 독학용인데 비해, 이 책은 강습용으로써, 설명이 적고 예문이 풍부해 수준이 높았다. 이 책은 1947년 6월10일에 초판을 발행하여, 1948년 10월30일에 재판을, 1949년 10월30일에 3판을 발행했다.

이후 1949년 11월 16일 김억, 나원화 등이 이끄는 고려에스페란토학회와 조선에스페란토학회가 통합하여 대한에스페란토학회가 새로이 발족할 당시에도 석주명은 9명의 주요 대표자 중 한 사람으로 참석하여 중요한 역할을 하였다. 한국 에스페란토협회는 학문과 운동 등 다방면의 공적을 기려 석주명을 한국의 초창기 에스페란토 운동사를 빛낸 선구자로 선정하여 추앙하고 있다. 애국가의 작곡가 안익태와 기타, 그리고 만돌린을 함께 연주할 정도로 음악에도 열정적이었던 낭만파였고, 등산을 좋아하여 한국산악회 부회장을 역임한 석주명도 함께 기억해야 할 것이다.

에스페란토로 표기된 논문과 연구물의 제목과 요약

석주명이 에스페란토로 요약문이나 설명을 쓴 학술 논문은 무수히 많다. 그는 학문 저술 초기부터 논문이나 저술의 제목, 요약을 반드시 에스페란토로 기록하는 것을 철칙으로 하였다. 또한 많은 고유명사를 에스페란토로 바꾸어 사용하려고도 노력했다. 한 예로 제주도의 별칭인 퀠파트(Quelpart, Quelparte, Quelpaert)를 에스페란토의 발음과 명사형(에스페란토의 모든 명사는 어미가 알파벳 'o'로 끝남)으로 바꾸어 Kuelparto라고 표기하였다.

그는 1933년에 개성 지방의 나비에 관한 논문을 조선박물학회 잡지에 게재할 때, "開城地方ノ蝶類(Papilioj en Songdo, Koreujo)"라고 하였으며, 1938년에 한국산 나비에 관한 논문을 쓸 때도 "朝鮮産 Hesperia maculata チャマダラセセリに就て(Pri Hesperia maculata Bremer et Grey de Koreujo)라고 에스페란토 번역을 제목에 병기하였다. 그리고 요약(에스페란토로 Resumo라고 함)을 반드시 에스페란토로 하였는데, 그 철칙은 국내뿐만 아니라 일본 잡지에 논문을 게재할 때도 마찬가지였다. 심지어 "Ginandromorfo de Pieris napi Linne f. dulcinea Butler"[6]

(D. M. Seok, Laboratorio de Zoologio, Songdo, Koreujo)에서 보는 바와 같이 일본 학술 연구 지원 소사이어티의 지원금을 받아 연구를 수행했을 때 그 사실을 모두 국제어 에스페란토로 표시하였다.

논문뿐만 아니라 나비를 잡으러 다녔던 채집기를 기록할 때도 "北朝鮮蝶類採集記 (Notoj pri la kolektado de papilioj en la norda Koreujo)", "南朝鮮蝶類採集記 (Notoj pri la kolektado de papilioj en la suda Koreujo)", "朝鮮 나비 이름의 由来記(La devenoj de la nomoj de Koreaj Papilioj)"와 같이 한국어와 에스페란토 두 언어로 표기하였다. 그는 '1민족 2언어' 사상을 주장하는 에스페란토 사상을 신봉하는 철저한 에스페란토 사용자였다.

석주명은 나비 연구뿐만 아니라 "耽羅古史(Malnova Historio de la Insulo Kuelparto)", "国学과 生物学(Nacia scienco kaj Biologio)", "済州道 方言과 比島言(La Dialekto de la Insulo Kuelparto kaj Lingvo de la Insulo Filipinoj)", "済州道 方言과 馬来語(La Dialekto de la Insulo Kuelparto kaj la Lingvo de Malajo)", "徳積群島 学術調査報告(Raportoj de la Scienca Ekspedicio de la Arhipelago Deok-Zeok)에서 보는 것처럼 제주도와 기타 연구의 결과 발표에서도 철저하게 국내와 해외 연구자를 모두 겨냥하여 제목과 내용 요약에서 국제어 에스페란토를 활용하였다.

석주명은 나비와 제주, 기타 한국 연구에 일생을 바친 연구자, 학자였으며, 다른 한편으로는 일본 유학에서 운명처럼 만난 국제어 에스페란토를 평생 아끼고, 학습하며 가르치고, 보급을 위해 많은 지도자들과 협회 운영에도 적극적으로 참여했던 국제어 에스페란토 운동가였다.

---

5) 이에 대한 자세한 내용은 김삼수, 『韓國에스페란토運動史』, 숙명여자대학교 출판부, 1976, pp. 424~427쪽; 한국에스페란토협회, 『한국에스페란토운동100년: 1920-2020』, 2021, 76~79쪽 참조.

6) Laborajo sub la monhelpo de Nippon Gakuzyutu Sinkokai(Japan Society for the promotion of Scientific Research) No. 6

한반도의 나비는 내 손 안에: '나비 박사' 석주명의 한국산 나비 연구 3부작[1)]

문 만 용 _ 전북대학교 교수

일제 강점기에 과학기술 분야에서 전문 연구자로 활동할 수 있는 한국인은 매우 드물었다. 고급 과학기술 교육을 위한 제도가 마련되지 않은 상황에서 과학기술자가 되기 위해서는 일본 유학이 필수적이었다. 좁은 길을 거쳐 뛰어난 연구 성과를 바탕으로 일본 제국대학 교수까지 오른 이태규나 이승기 같은 인물도 있었으나 그들이 전부였다. 그들에 앞서 미국에서 한국인으로 첫 번째 이학박사 학위를 취득한 이원철은 귀국하여 연구를 접고 연희전문에서 교육에 집중할 수밖에 없었다. 대형망원경으로 맥동변광성을 연구했던 이원철이 교육용 망원경조차 제대로 갖추어지지 않은 식민지 한국에서 할 수 있는 연구는 별로 없었다. 안동혁처럼 총독부 중앙시험소에서 연구에 종사한 경우도 있었지만 관립 시험 연구 기관에서 근무한 한국인 연구자들은 기관마다 한두 명에 불과했다.

그러나 동식물 분류학을 중심으로 한 박물학은 높은 수준의 실험 장비나 전문 지식이 없어도 연구가 가능했기 때문에 상대적으로 활발한 연구가 이루어졌고, 한국인 연구자들도 많은 편이었다. 1923년 결성된 조선박물학회(朝鮮博物學會) 회원 중 10% 정도가 한국인이었고, 학회지인『朝鮮博物學會雜誌』에 논문을 게재한 한국인 연구자들은 10여 명이 넘었다.[2)] 다른 과학기술 분야에 비해 생물학은 흥미로운 동식물 이야기를 통해 대중들에게 쉽게 다가갈 수 있었고, 전문 기관에 근무하지 않더라도 주변 동식물 채집에서부터 연구를 시작할 수 있었기 때문에 한국인 연구자가 많았다. 우리나라 근대소설의 효시로 꼽히는 이광수의『무정』에서 주인공 형식이 "조선 사람에게 무엇보다 과학을 주어야겠"다면서 공부하기로 결심한 과학이 바로 생물학이었다. 또한 1930년대 과학운동 과정에서 선정된 '과학데이(science day)'는 다름 아닌 생물학자 다윈(Charles R. Darwin)의 기일인 4월 19일이었다. 이렇게 볼 때 박물학·생물학이 일제강점기 한국, 나아가 한국인의 과학 연구를 대표하는 분야라 해도 지나치지 않을 것이다.

한국인 생물학자 중 연구 활동 측면에서 가장 두각을 나타낸 인물로 식물학의 정태현, 곤충학의 조복성과 석주명을 들 수 있다. 구체적인 연구 대상이 다르기 때문에 직접적인 비교는 쉽지 않지만 이들 세 명 연구자들은 발표한 논문이나 보고서, 저서 등에서 다른 생물학자에 비해 압도적인 모습을 보였고, 한국 근대 생물학 형성 과정에서 핵심 인물로 활동했다. 특히 석주명은 양적으로 가장 많은 100여 편 이상의 학술 논문을 발표했으며, 1940년 그간 한국산 나비에 대한 모든 연구를 집대성한 영문 연구서 *A Synonymic List of Butterflies of Korea*를 펴냈다. 비록 이 책은 모노그래프가 아니라 한국산 나비 각 종별로 기존 연구를 정리한 목록 형식이었지만 일제 강점기에 한국인 과학자가 영문으로 집필한 유일한 연구서였다. 그 덕분에 석주명은 이혼 재판이 중앙 일간지에 보도될 정도로 대중적으로 널리 알려진 과학자가 되었다.

한국인들이 해방 이후 새로운 국가를 꿈꾸던 1948년 6월 8일, 서울대학교 공과대학 학장 김동일, 문리대학 학장 이태규, 약학대학 학장 도봉섭, 화학공학과 학과장 이승기 등 당대의 대표적 과학기술자들이 한자리에 모여 국가 건설을 위한 과학기술(자)의 역할과 미래에 대해 좌담회를 가졌다. 그들은 과학기술진흥이 국가 재건에 필수적인 과제라고 주장하면서 당시 한국 과학의 수준이 국제적으로 낙후된 상태임을 인정했다. 그런데 흥미롭게도 한 참석자가 조금은 다른 의견을 밝혔다.

> "동식물 방면에서는 향토성이라는 것이 있기 때문에, 가령 우스운 이야기 같습니다마는 물리화학 방면에서는 [한국]물리화학자들에게 외국 사람들이 선생님 대접을 하면서 무엇을 물어보게 될 것은 이후에 10년이나 20년 있어도 그렇게 되기 어려울 것 같습니다마는, 동식물 방면만큼은 외국 사람들이 와서 우리들에게 물어볼 것도 배울 것도 적지 않을 것입니다."[3)]

동식물이 지니는 토착성 혹은 향토성 때문에 한국 생물학자들이 외국 학자들에 비해 우위에 있어 한 수 가르쳐줄 수 있다는 발언이었다. 이런 도발적인 주장을 한 사람은 국립과학박물관 동물학연구부장 나비 학자 석주명이었다. 그의 발언에 중앙공업연구소 소장 안동혁은 웃음과 함께 "그런 방면은 다행입니다. 물리화학은 세계 수준이라는 것이 있으니까"라고 화답했다. 석주명의 그같은 자신감은 어디서 나온 것일까?

사실 석주명의 발언은 자신의 경험에서 나온 근거 있는 의견이었다. 한국산 나비에 대해서는 전 세계 어느 누구도 그보다 많은 지식과 정보와 표본을 갖고 있지 않았다. 단순히 한국산 생물에 대한 연구이기에 한국 학자가 유리하다는 일반론이 아니라 20여 년간 남다른 노력으로 국제 학계에서도 그 성과를 인정받은 사람만이 보일 수 있는 당당함이었다.

40세의 의기충천한 나비 학자 석주명은 그로부터 2년 뒤 한국전쟁 와중에 불의의 사고로 세상을 떠나면서 대중들의 기억에서 멀어져갔다. 다행히 1985년 이병철의 『석주명 평전』이 나오면서 석주명은 다시 주목을 받게 되었고,[4)] 1998년 문화관광부에 의해 '이달의 문화 인물'로 선정되었다. 2009년 한국을 대표하는 과학기술자들을 기리는 '과학기술인 명예의 전당'에 헌정되었고, 2017년 대한민국 과학기술유공자로 지정되면서 그는 한국 최고 과학기술자의 한 명으로 인정받았다.

---

1) 문만용, 「석주명의 한국산 나비 연구 3부작」, 『애산학보』 45, 2018, 51~80쪽을 토대로 일부 수정한 글이다. 『애산학보』 45호에는 석주명의 생애와 나비 연구, 방언 연구, 제주도 연구, 에스페란토 등 그의 다양한 학문 활동을 다룬 8편의 논문이 실려 있다.

2) 일제강점기에는 생물학이라는 표현도 있었으나 실제로는 박물학이라는 용어를 더 많이 사용하였다. 당시 박물학은 동식물학과 보건위생은 물론 광물학까지를 포괄했다. 조선박물학회의 이름에 생물학이 들어 있지 않았고, 실제로 지질학자들도 회원으로 참여했지만 처음부터 생물학이 중심이었고, 『조선박물학회잡지』에 실린 논문도 생물학이 중심이었다.

3) 「좌담회: 새과학을 이야기하는 밤」, 『현대과학』 8호, 1948, 44~51쪽. 이 좌담회는 1948년 6월 8일 개최되었으며, 석주명, 김동일, 이태규, 이승기, 도봉섭 외에 서울대 문리대 강사 김종철, 의과대 교수 박영돈, 조선은행이사 백두진, 특허국장 이채호, 공대 교수 황영모, 체신부 전무국장 황신성, 농사개량원 총재 현근, 그리고 중앙공업연구소연구회 측에서 이사장 안동혁, 경리부장이사 최인재, 편집부장 이사 백쌍암 등이 참석했다.

4) 기억 밖에 있던 석주명을 소환하여 대중들에게 널리 알리는 데는 이병철이 지은 평전의 역할이 절대적이었다. 이병철, 『위대한 학문과 짧은 생애-나비박사 석주명 평전』, 동천사, 1985. 이 책은 1989년 아카데미서적, 1993년에 성현출판사에서 다시 출판되었으나 내용의 변화는 없다. 2002년 그물코에서 『석주명 평전』이라는 제목으로 개정판이 나왔다.

석주명은 한국을 대표하는 나비 학자이지만 한국 에스페란토 운동의 선구자이며, 제주학 연구의 태두로도 꼽히고 있다. 이처럼 나비 연구에서 제주학, 에스페란토 등 역사, 언어에 이르기까지 다방면에서 활약했던 석주명의 폭넓은 학문적 여정에 대해 '융복합의 선구자'나 '한국의 르네상스인'이라는 평가가 내려졌다.[5] 하지만 필자는 여전히 석주명 학문 활동의 시작과 끝은 나비 연구라고 믿고 있다. 그런 의미에서 이 글은 석주명의 대표작인 *A Synonymic List of Butterflies of Korea*를 중심으로 그 후속편이라 할 수 있는『한국산 접류의 연구』와『한국산 접류 분포도』등 석주명의 '한국산 나비 연구 3부작'으로 돌아가 그와 관련된 석주명의 논문을 검토하면서 3부작의 관계와 의미를 되새기고자 한다. 물론 뒤의 두 권은 석주명의 사후 20여 년이 지나 그의 누이인 석주선이 편집하여 간행한 유고라는 근본적인 차이가 있다. 비록 두 권의 유고가 뒤늦게 출간된 '지연된 후속작'이고, 이 책의 구성이 석주명이 처음부터 의도한 방식이었는지도 불확실하지만 두 책이 담고 있는 내용은 *Synonymic List*와 긴밀하게 연결되기 때문에 함께 검토함으로써 석주명에 대한 이해의 폭을 넓일 수 있다고 믿는다. 사실 *Synonymic List*는 널리 알려진 책이지만 직접 살펴본 사람은 그리 많지 않을 것이며, 뒤의 두 권도 마찬가지다. 석주명의 한국산 나비 연구 3부작을 이해하기 위해 우선 석주명의 나비 연구사를 개관한 다음 세 권의 집필 과정과 내용을 살펴보면서 석주명의 학문을 새롭게 조명해 보겠다.

석주명의 나비 연구사

1929년 일본 가고시마(鹿兒島)고농을 졸업하고 1931년부터 모교인 송도고보의 박물 교사가 된 석주명은 주변의 나비 채집에서부터 나비 연구를 시작했다. 그즈음 일본에서 간행된 곤충도감을 이용하여 채집한 표본들을 동정하고 목록을 작성하여 1932년부터 논문을 발표하기 시작한 그는 점차 자신의 조사 결과와 참고 문헌 사이에 상당한 차이가 있음을 확인하게 되었다. 그가 같은 종으로 분류한 표본들이 도감에는 다른 종으로 구분되어 있었던 것이다. 그 이유를 찾던 그는 학자들이 같은 종의 개체변이에 불과한 표본들에게 새로운 학명을 부여했기 때문임을 파악했다. 많은 표본을 채집한 그의 눈에는 연속적인 변이가 보였지만 소수의 표본만을 살피고 변이가 심한 개체를 새로운 종이나 아종으로 발표한 해외 학자들이 드물지 않았다. 여기에는 학자들이 학명에 자신의 이름을 남기고자 하는 공명심과 만국 명명 규약이 지니는 문제도 작용했다. 결국 개체변이를 오해한 잘못된 연구가 적지 않음을 확인한 석주명은 많은 표본을 채집하여 개체변이의 범위를 밝혀 기존 연구가 개체변이에 포함됨을 보임으로써 잘못된 학명, 즉 동종이명(同種異名, synonym)을 학계에서 퇴출하는 것을 자신의 주된 연구 방향으로 잡았다.

하지만 스스로가 밝혔듯이 개체변이를 통해 이명을 제거하는 것은 석주명이 처음 창안한 것은 아니었다. 1893년에 Butterflies from China, Japan, Corea를 펴낸 리치(J. H. Leech)는 이미 개체변이에 관해 논한 바 있다. 또한 일본의 어류연구 권위자였던 도쿄제대 다나카(田中茂穗)는 1926년 말에 자신이 개체변이의 중요성에 대해 주장했으며, 이에 즉각 반응을 나타낸 사람이 석주명이라고 밝혔다. 석주명은 1950년에 완성한 유고 "한국산 접류의 연구(제3보)"에서 자신이 처음은 아닐지라도 자신의 연구 과정에서 독자적으로 그러한 연구 방법론을 인식했으며, 다나카는 자신보다 나중에 같은 결론에 도달했다고 주장했다. 석주명이 순전히 독자적으로 그같은 인식을 갖게 되었는지는 분명하지 않지만, 그가 자신의 채집·조사 과정에서 개체변이의 중요성을 분명하게 인식하게 되었음은 확실하다. 더 나아가 앞날개 길이, 뱀눈무늬의 수와 위치 등 개체변이의 범위를 객관적으로 보일 수 있는 정량적 형질을 추출하고 이를 통계적으로 처리하는 접근법은 그가 고안한 것이었다. 석주명은 배추흰나비의 변이 연구를 위해서 167,837 개체의 앞날개의 길이를 측정하여 정규분포곡선을 만들어 20여 개의 학명을 제거했다. 또한 굴뚝나비의 앞날개 길이와 뱀눈무늬의 양상을 규명하기 위해 34,235개의 표본을 조사하여 아종으로 보고된 10여 개의 동종 이명을 밝혀냈다.

석주명은 한 종마다 1만 개 이상의 개체를 조사해야 바람직한 개체변이 결과를 밝혀낼 수 있다고 보았는데, 이러한 연구방법은 현재 관점에서 볼 때 지극히 소모적인 것으로 보일 수 있다. 하지만 통계학적 지식을 생물분류학에 본격적으로 적용시킨 논의는 서구 학계에서도 1930년대 후반부터 나오기 시작했기 때문에 석주명이 활동했던 당시의 분류학 수준에서는, 그리고 통계학을 깊이 공부할 기회가 없었던 그의 처지에서는 가능한 한 다수의 개체를 모집하는 것이 중시될 수밖에 없었다. 중요한 것은 표본을 모으는 것도, 그것을 하나하나 꼼꼼히 정리하는 것도 쉬운 일이 아니었기에 아무나 그같은 연구 방법을 자신의 것으로 만들지 못했다는 사실이다.

석주명의 분류학 연구는 가능한 한 이미 인정된 체계에 포함시켜 분류군을 크게 나누려는 통합론자(lumper)의 것으로, 당시 많은 학자들이 택하고 있는 세분론자(splitter)의 대척점에 있었다. 그는 수년에 걸친 채집・조사 결과 자신도 모르게 극단적인 통합론자가 되었다면서 장차 학자들이 변이의 중요성을 인식하게 통합론자의 방식이 올바름을 알 수 있을 것이라면서, 이러한 분류학이 "참된 분류학(眞の分類學)"이라고 주장했다.[6]

형적인 통합론자였던 석주명의 나비 분류학은 *A Synonymic List of Butterflies of Korea*의 출간으로 그 정점을 이루게 되었다.[7] 이 책은 영국 왕립 아시아학회 한국지부(The Korea Branch of the Royal Asiatic Society)의 요청을 받아 집필된 것이었다. 그는 이 책에서 한국산 나비를 255종으로 정리하고 각각의 종에 대하여 그동안 발표되었던 모든 연구 문헌을 체계적으로 기록하였다. 그리고 일부 미기록종과 함께 212개에 달하는 동종 이명의 목록을 덧붙였다. 400쪽이 넘는 방대한 분량의 이 책은 한국인으로 최초이자, 일제강점기 한국인 과학기술자가 집필한 유일한 과학기술 분야 영문 저서였다. 이 책은 500부를 발행해 300부는 국내와 일본에, 200부는 유럽과 미국에 판매했으며, 이 책을 통해 석주명은 일본을 넘어 구미 학계에까지 자신의 이름을 알리게 되었다.

석주명식 나비 분류학은 *Synonymic List*의 완성으로 그의 표현대로 "정리의 시대"로 접어들었다. 물론 이후에도 다수 표본의 통계 처리를 통해 개체변이 범위를 밝힘으로써 동종 이명을 제거하는 연구 방식이 계속되었지만 연구 결과는 한두 종 나비를 다루는 소논문보다 한국산 나비 전체를 포괄하는 종합적 논문 형태로 발표되었다.

그리고 이 시기가 되면서 분포 연구라는 새로운 결과가 추가되었다. 1939년부터 등장한 분포 연구는 변이 연구를 다룬 논문 뒤에 분포지도를 덧붙이는 방식으로 진행되었다. 사실 분포 연구는 방대한 표본의 채집을 기본으로 하는 석주명식 분류학의 자연스러운 연장이었다. 변이 연구를 위해서는 다수의 개체를 채집해야 하고 그 과정을 통해 분포 양상도 파악할 수 있는 것이다. 하지만 변이 연구보다 분포 연구는 훨씬 넓은 범위의 자료 축적을 필요로 한다. 때문에 1939년부터 분포 연구를 담은 논문이 나오기 시작했다는 것은 10여 년에 걸친 채집·연구의 결과로 한국산 나비의 분포를 밝힐 수 있을 만큼 석주명의 조사 자료가 축적되었음을 뜻했다. 하지만 그의 생존 시에 분포 연구는 독립적인 논문이나 저작으로 간행되지는 못했다.

결국 석주명의 나비 연구는 주변에서 채집한 나비를 동정하는 작업에서부터 시작하여 개체변이의 중요성을 인식하게 되면서 개체변이의 범위를 밝혀 동종 이명을 제거하는 방식으로 정립되었고, 변이 연구 과정에서 확보한 각 종의 서식 정보는 분포 연구로 이어졌다. 이러한 연구를 수행하면서 그는 고전 문헌에 나오는 나비에 대한 기사를 찾고, 해방 이후에는 나비 이름의 우리말 이름 짓기에 나서는 한편 방언 등 제주도 연구에 몰두하면서 자신의 학문적 관심사를 확장시켰다. 토착성이 강한 생물학 연구를 국학의 차원까지 끌어올리려 했던 석주명이지만 그의 학문 활동의 핵심은 역시 나비 분류학이었다.

5) 윤용택 외, 『학문 융복합의 선구자 석주명』, 제주대학교 탐라문화연구소, 2012; 윤용택, 『한국의 르네상스인 석주명』, 궁리, 2018.

6) 石宙明, 「朝鮮産蝶類の研究(第二報)」, 『鹿兒島博物同志會研究報告』 5권 16호, 1942, 6쪽.

7) D. M. Seok, A Synonymic List of Butterflies of Korea(Tyôsen) Seoul: Korea Branch of the Royal Asiatic Society, 1939. 석주명은 이름의 영어 표기를 D. M. Seok으로 하였는데, 이는 '주명'의 평안도 발음인 '듀명'을 따른 것이라 한다.

A Synonymic List of Butterflies of Korea

*Synonymic List*는 10여 년에 걸친 석주명의 변이 연구의 한 정점이자, 그의 연구 성과가 세계에 알려지는 계기를 마련해 준 역작이었다. 1936년 즈음 송도고보 교장을 지냈던 슈나이더(L. H. Snyder)[8]의 주선으로 '왕립 아시아학회 한국지부'(The Korean Branch of the Royal Asiatic Society)는 석주명에게 조선산 나비에 관한 총목록의 작성을 요청하였다. 이에 석주명은 1937년에 왕립 아시아학회 한국지부의 잡지인 *Transactions of the Korean Branch of the Royal Asiatic Society*에 발표하기 위해 조선산 나비에 관해 150쪽 정도의 논문을 작성했다. 하지만 학회의 요청으로 이 논문은 별도로 발표되지 않고 *Synonymic List*의 기초가 되었다.

*Synonymic List*의 집필을 위해 석주명은 학교를 쉬고 넉 달 동안 도쿄제대(東京帝大)의 동물학회 도서관에서 작업에 몰두하여 1939년 3월에 탈고하였고, 이는 다음해 뉴욕에서 인쇄되어 서울에서 발간되었다. 석주명은 *Synonymic List*의 원고를 1939년 3월에 완성하였으며 책의 표지에도 1939년으로 기록되었으나 실제 인쇄와 발간은 1940년에 이루어졌다. 이 책에 실린 석주명 서문의 날짜는 1939년 3월 19일인데, 그 직후인 1939년 7월 1일 투고되어 8월에 출판된 "朝鮮産蝶類ノ硏究史(조산산 접류의 연구사)"에는 "왕립 아시아학회 한국지부의 의뢰를 받아 마무리한 Synonymic List의 작업에 2년 2개월이 걸렸다"고 밝히고 있다.[9] 역산하면 1937년 1월부터 본격적인 작업을 시작했을 것이며, 집필 의뢰를 받은 것은 1936년경으로 추정된다.

*Synonymic List*에는 석주명 연구의 적극적인 후원자이자 그의 연구가 널리 알려지게 했던 주인공 중의 한 명인 슈나이더의 서문이 실려 있다. 이에 따르면 미국의 지질학자로서 몽고 지역을 탐사하던 '앤드류즈(R. C. Andrews) 탐험대'의 일원이었던 모리스(F. K. Morris)가 고비사막에서 공룡 화석을 발굴한 뒤 일행과 떨어져 경성으로 오던 중 개성(일본어 발음: 가이조 Kaijo)을 경성(일본어 발음: 게이조 Keijo)으로 잘못 알아듣고 개성에서 기차를 내리게 되었다고 한다. 할 수 없이 개성에서 하루 머물게 된 그는 개성 전도단의 안내로 송도고보의 박물관 표본실을 방문하게 되었는데, 거기에 진열된 수많은 표본들을 본 모리스가 표본 수집 작업을 고무하면서 미국의 박물관과 표본을 교환할 것을 권유했으며, 그 결과로 송도고보 박물관은 "1930년부터" "조류, 포유류와 다른 표본들"을 미국의 여러 박물관에 보내기 시작했다고 한다.

그런데 석주명을 소개하는 여러 글들이 이러한 서술을 확대 해석하여 정확한 연도는 제시하지 않은 채 모리스가 송도고보에서 '석주명'과 만났고, 석주명의 화려한 '나비 표본'에 모리스가 감탄하여 미국의 여러 박물관과의 표본 교환 및 연구비 지원을 주선해 주기로 약속함으로써 1930년부터 표본 교환이 이루어졌다고 기술하였다. 석주명이 세계적인 나비 학자라는 명성을 형성하게 된 데에는 '모리스와의 우연한 만남'이 상당한 역할을 한 셈이다. 하지만 모리스가 송도고보를 방문했을 때 그 학교의 교장으로서 당시의 상황을 가장 정확하게 파악하고 있으리라 여겨지는 슈나이더는 모리스가 누구와 만나고 어떤 표본을 보았는지 정확하게 밝히지 않았으며, 앞에 인용한 것처럼 1930년부터, 그리고 나비 표본이 아니라 조류, 포유류와 다른 표본들을 미국에 보내기 시작했다고 기술하였다. 이에 따르면 모리스가 송도고보를 우연히 찾게 된 것은 늦어도 1930년 이전이 되는데 이때는 석주명이 송도고보에 부임하기 전이었다.

그리고 석주명도 자신이 모리스와 만났다고 공식적으로 언급한 적이 없고, 외국 기관의 지원은 슈나이더의 주선에 의한 것이라고만 밝혔다. 이러한 사실로 볼 때 모리스가 우연히 송도고보를 찾았을 때는 석주명과의 직접적인 만남이 없었으며, 모리스의 감탄을 자아낸 표본들도 원홍구가 채집한 조류 박제를 비롯하여 송도고보 박물관에서 수집한 동물 표본들이었을 가능성이 크다.[10] 때문에 그동안 세계적인 학자라는 석주명의 이미지를 형성하는 데 상당 부분 기여했던 석주명과 모리스와의 만남에 관한 이야기는 정정될 필요가 있다. 필자는 1999년에 발표한 논문[11]에서 이러한 사실을 구체적으로 밝혔지만 석주명과 모리스와의 만남에 대한 서술은 최근까지도 어렵지 않게 찾아볼 수 있다.

물론 석주명과 모리스와의 만남이 사실이 아니었다 해도 석주명이 송도고보와 외국 기관 사이에 맺어진 관계의 혜택을 본 것은 분명하다. 왜냐하면 1931년 이후로 진행된 표본의 교환과 1933년 하버드대학의 비교동물학 박물관 관장인 바버(T. Barbour) 박사로부터 받은 백두산 채집 여행에 대한 재정 지원 및 1936년 아메리카 자연사 박물관(American Museum of Natural History)의 제주도산 인시류의 채집 여행에 대한 지원 등은 석주명의 몫이었기 때문이다. 그는 워싱턴의 스미소니언협회(Smithsonian Institution), 다트머스의 윌슨 박물관(Wilson Museum),

클리블랜드 박물관(Cleveland Museum)과 조류 연구 재단(Cleveland Bird Research Foundation), 시카고의 필드 박물관(Field Museum), 프린스턴대학, 캘리포니아대학의 박물관 등 여러 기관과 교류를 가졌으며, 이를 통해 해외의 나비 표본을 받아 비교 연구를 할 수 있었다. 석주명이 외국에 보낸 표본들은 상태가 뛰어나고 채집 일시와 채집지 등의 기록이 정교하여 해당 기관들로부터 호평을 받았다. 뉴욕의 아메리칸 박물관의 왓슨(F. E. Watson)은 "한국으로부터의 나비 상자가 채집 일시와 채집지가 기록된 훌륭한 상태로 안전하게 도착하였습니다. 채집지와 지역을 보여주는 지도들은 매우 큰 도움이 될 것입니다"라는 답신을 보내왔으며, 프린스턴 박물관의 로저스(Chas. H. Rogers)는 "한국으로부터 아름다운 나비 표본이 도착했습니다. 그것들은 오래도록 우리의 곤충 컬렉션 중 대표작의 하나가 될 것입니다"라고 답해 왔다.[12)]

석주명과 모리스의 만남에 관한 이야기는 석주명의 학문적 성공이 서양인 학자와의 우연한 만남이라는 행운에서 비롯된 것이라는 그릇된 인상을 심어 주는 경향이 있다. 또한 당시 한국인들의 문화적 열등감과 자신의 학문적 업적을 평가해 줄 한국인 학자 사회의 부재 등에서 기인한 것이지만, 외국인, 특히 서양인의 호의적 평가를 절대화하는 경향도 그러한 이야기에서 잘 드러난다. 석주명의 표본(또는 원홍구의 표본)에 대한 모리스의 '극적인 감탄'은 곧 그들의 업적이 수준급임을 알려 주는 증거로, 당시의 또는 후대의 한국인의 인식에 자리 잡았던 것이다. 그러나 이러한 이야기 속에서 식민지라는 열악한 상황 속에서 이루어진 그들의 노력은 가려질 수도 있는 것이다. 석주명과 모리스의 만남이 사실이었다 하더라도 석주명의 학문적 성공이 모리스와의 만남, 그리고 외국 기관들의 지원이나 외국 학자들과의 교류에서 비롯되었던 것은 아니다. 그의 성공의 핵심은 다른 무엇보다도 적절한 방법론의 선택과 그를 뒷받침한 학문적 정진에 있었음을 *Synonymic List*를 통해 확인할 수 있다.

*A Synonymic List of Butterflies of Korea*라는 제목의 한국어 번역은 보통『조선산 나비 총목록』또는『조선산 접류 총목록』,『한국산 나비 목록』등으로 불린다. 하지만 그대로 직역한다면『한국산 나비의 동종이명 목록』이 된다. 서문에서 석주명은 "지금까지 조선산 나비는 많은 세분론자에 의해 분류되었으나 나는 통합론자로서 다시 분류하여 이 목록을 만들었다"고 밝혔다.[13)] 이 책에는 255종에 달하는 조선산 나비 각각에 대하여 그동안 발표되었던 모든 연구 문헌이 체계적으로 기록되었으며, 일부 미기록종과 함께 212개에 달하는 동종이명의 목록이 덧붙여졌다.[14)] 한국산 나비 총목록이라는 제목이 직질하지만 굳이 제목을 *Synonymic List*로 했다는 것은 그의 연구가 동종이명 제거를 주된 과제로 삼았음을 말해 준다.

이 책에는 일본곤충학회 회장을 지냈고, 가고시마고농에서 석주명에게 곤충학을 가르쳤던 오카지마(岡嶋銀次), 어류 학자 다나카(田中茂穂)의 서문과 일본 곤충학계의 태두이자 세계 곤충 분포구를 7개로 나눈 '에자키 라인(Esaki Line)'의 제창자였던 규슈제대(九州帝大) 에자키(江崎悌三)의 후기가 실려 있다. 오카지마는 석주명이 학생 시절부터 보인 곤충학에 대한 열의와 능력을 지적하고 "석주명의 정확성 덕분으로 조선산 나비의 올바른 이름과 산지를 알고자 하는 연구자는 큰 도움을 받을 것이며, 그동안 나온 이 분야의 저작 중에서 가장 가치 있는 최고의 것으로 이

---

8) 미국인 슈나이더(한국명 申道愛)는 1908년 남감리교 선교사로 내한한 이래 기독교 청년운동 등에 헌신했으며, 1926년부터 1933년까지 송도고보 6대 교장을 역임하였다. 그는 석주명의 연구를 적극 지원하였으며, 석주명은 1934년 함경북도 경원에서 발견한 네발나비과의 신종을 슈나이더를 기념하여 Meletaea snyderi Seok으로 명명한 바 있다.

9) 石宙明, 「朝鮮産蝶類ノ研究史」, 『朝鮮博物學會雜誌』 26호, 1939, 20쪽.

10) 원홍구는 가고시마고농을 졸업하고 1920년부터 송도고보 교사로 근무하면서 조류 채집을 시작했으며, 석주명의 스승이기도 하다. 1931년 그가 안주공립농업학교로 옮겨가고 그 후임으로 석주명이 부임한 것이다.

11) 문만용, 「'조선적 생물학자' 석주명의 나비분류학」, 『한국과학사학회지』 21-2, 1999, 151~193쪽.

12) L. H. Snyder, "Foreword", A Synonymic List of Butterflies of Korea , ix.

13) D. M. Seok, "Preface", A Synonymic List of Butterflies of Korea , xii.

14) 석주명은 1950년의 논문에서 Synonymic List 에 기록된 255종도 다시 정리하면 234종이 된다고 밝혔다. 石宙明, 『韓國産 蝶類의 研究』, 보진재, 1972, 45쪽.

책을 주저 없이 추천한다"고 밝혔다.[15] 다나카는 "석주명의 연구에서 무엇보다도 주목할 점은 그가 '개체변이'에 큰 중요성을 부여했다는 점으로, 1926년 말에 내가 주장했던 개체변이 중요성에 대해 즉각 반응을 나타낸 사람이 바로 석주명이었다"고 밝혔다.[16]

책 말미에 실린 후기에서 에자키는 "가장 평범해 보이는 한 마리의 나비가 어떤 종에 속하는지 전문가들조차 알아맞히기가 어려워진 것이 지금의 상황이다. 이는 지식이 쌓임에 따른 당연한 결과라 할 수 있지만 한편으로는 과학에의 공헌보다는 오히려 많은 혼란을 야기한 수많은 연구업적(?) 때문"이기도 하다고 꼬집었다. 그리고 "석주명에 의해 이룩된 이 책은 지금까지 이 분야에서 이룩된 어떤 저작보다도 이해하기 쉽고 누구에게나 추천할 만한 책이다. 지금까지의 어느 나비 연구가보다도 가장 뛰어난 인물"이라고 극찬하였다.[17] 그는 완전한 나비 카탈로그를 만드는 것은 저자가 실제 동물상과 그와 관련된 서지학(bibliography) 양쪽 모두에 능하지 않으면 세계 어떤 지역이든지 불가능하다고 설명하면서, 이런 면에서 도서 지역을 비롯해 한반도 전역을 다니면서 변이 연구와 분포 연구를 해왔던 석주명이 한국에서 유일하고 가장 적절한 인물이라고 밝혔다.

*Synonymic List*는 어떠한 내용을 담고 있기에 에자키는 서지학을 언급했을까? 책의 구성을 자세히 살펴보면, 석주명의 서문에 이어 200여 편에 달하는 참고 문헌의 목록과 255종의 학명을 나열한 리스트가 실려 있다. 그리고 제주왕나비과(Danaidae) 1종, 뱀눈나비과(Satyridae) 35종, 네발나비과(Nymphalidae) 82종, 뿔나비과(Libytheidae) 1종, 부전나비과(Lycaenidae) 64종, 흰나비과(Pieridae) 18종, 호랑나비과(Papilionidae) 17종, 팔랑나비과(Hesperiidae) 37종, 그리고 잘못 보고된(misreported) 5종의 순서로 각 종마다 세부 정보가 실려 있다. 우선 학명이 제시되고, 다음으로 그 종을 처음으로 보고한 저작의 서지 사항과 그때 사용된 학명이 나온다. 뒤이어 그 종을 다룬 문헌의 서지 사항과 학명이 나열되며, 서지 사항 뒤에는 그 문헌에서 해당 종이 발견된 위치에 대한 정보도 기록된다. 처음 보고된 학명이 변함없이 유지될 경우 학명 부분은 '______ ______'로 표기되며, 중간에 다른 종으로 보고된 경우 그 학명, 즉 동종 이명이 제시된다. 적은 경우 단 두 건의 문헌이 소개되기도 했고, 50개나 넘는 많은 자료가 제시된 종도 있다. 결국 이 책의 정보를 통해 특정 종의 나비에 대해 누가 제일 먼저 보고 했고, 이후 그 종을 다룬 연구가 어떤 것들이 있었으며, 다른 종이나 아종으로 보고되었다가 이후 같은 종으로 인정된 이명들도 확인할 수 있다. 아울러 발견된 위치를 통해 그 종의 분포 지역도 파악 가능했다.

---

15) G. Okazima, "Foreword", D. M. Seok, A Synonymic List of Butterflies of Korea , v.
16) S. Tanaka, "Foreword", D. M. Seok, A Synonymic List of Butterflies of Korea , viii.
17) T. Esaki, "Postscript", D. M. Seok, A Synonymic List of Butterflies of Korea , 407.
18) 국립수목원·한국식물분류학회, 『국가표준식물목록』, 국립수목원, 2007.

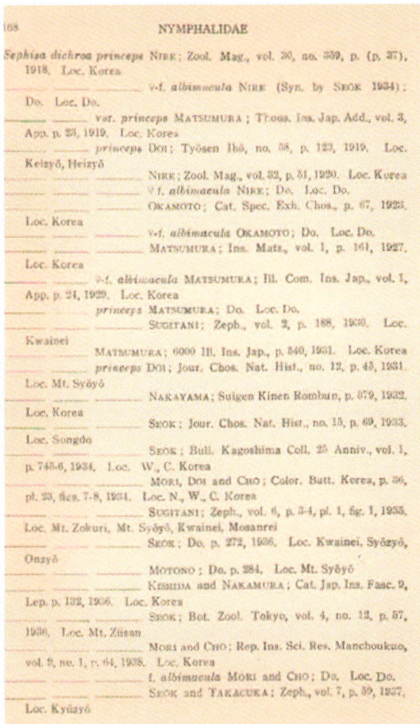
168 NYMPHALIDAE

Sephisa dichroa princeps NIRE; Zool. Mag., vol. 30, no. 359, p. (p. 37), 1918. Loc. Korea
——— ——— ——— ♀-f. *albimacula* NIRE (Syn. by SEOK 1934); Do. Loc. Do.
——— ——— var. *princeps* MATSUMURA; Thous. Ins. Jap. Add., vol. 3, App. p. 23, 1919. Loc. Korea
——— ——— *princeps* DOI; Tyôsen Ihô, no. 58, p. 123, 1919. Loc. Keizyô, Heizyô
——— ——— ——— NIRE; Zool. Mag., vol. 32, p. 51, 1920. Loc. Korea
——— ——— ——— ♀-f. *albimacula* NIRE; Do. Loc. Do.
——— ——— ——— OKAMOTO; Cat. Spec. Exh. Chos., p. 67, 1923. Loc. Korea
——— ——— ——— ♀-f. *albimacula* OKAMOTO; Do. Loc. Do.
——— ——— ——— MATSUMURA; Ins. Mats., vol. 1, p. 161, 1927. Loc. Korea
——— ——— ♀-f. *albimacula* MATSUMURA; Ill. Com. Ins. Jap., vol. 1, App. p. 24, 1929. Loc. Korea
——— ——— *princeps* MATSUMURA; Do. Loc. Do.
——— ——— ——— SUGITANI; Zeph., vol. 2, p. 188, 1930. Loc. Kwainei
——— ——— MATSUMURA; 6000 Ill. Ins. Jap., p. 540, 1931. Loc. Korea
——— ——— *princeps* DOI; Jour. Chos. Nat. Hist., no. 12, p. 43, 1931. Loc. Mt. Syôyô
——— ——— ——— NAKAYAMA; Suigen Kinen Rombun, p. 879, 1932. Loc. Korea
——— ——— ——— SEOK; Jour. Chos. Nat. Hist., no. 15, p. 69, 1933. Loc. Songdo
——— ——— ——— SEOK; Bull. Kagoshima Coll. 25 Anniv., vol. 1, p. 745-6, 1934. Loc. W., C. Korea
——— ——— ——— MORI, DOI and CHO; Color. Butt. Korea, p. 36, pl. 23, figs. 7-8, 1934. Loc. N., W., C. Korea
——— ——— ——— SUGITANI; Zeph., vol. 6, p. 3-4, pl. 1, fig. 1, 1935. Loc. Mt. Zokuri, Mt. Syôyô, Kwainei, Mosanrei
——— ——— ——— SEOK; Do. p. 272, 1936. Loc. Kwainei, Syôzyô, Onzyô
——— ——— ——— MOTONO; Do. p. 284. Loc. Mt. Syôyô
——— ——— ——— KISHIDA and NAKAMURA; Cat. Jap. Ins. Fasc. 9, Lep. p. 132, 1936. Loc. Korea
——— ——— ——— SEOK; Bot. Zool. Tokyo, vol. 4, no. 12, p. 57, 1936. Loc. Mt. Ziisan
——— ——— ——— MORI and CHO; Rep. Ins. Sci. Res. Manchoukuo, vol. 2, no. 1, p. 64, 1938. Loc. Korea
——— ——— ——— f. *albimacula* MORI and CHO; Do. Loc. Do.
——— ——— ——— SEOK and TAKACUKA; Zeph., vol. 7, p. 59, 1937. Loc. Kyûzyô

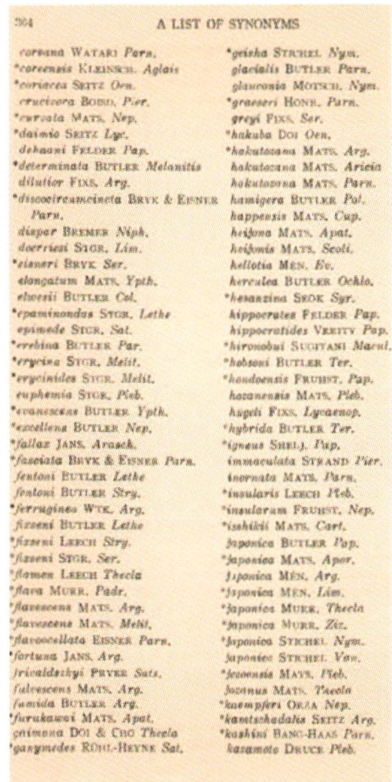
304 A LIST OF SYNONYMS

coreana WATARI *Para.*
**coreensis* KLEINSCH. *Aglais*
**coriacea* SEITZ *Oen.*
crucivora BOISD. *Pier.*
**curvata* MATS. *Nep.*
**daimio* SEITZ *Lyc.*
dehaani FELDER *Pap.*
**determinata* BUTLER *Melanitis*
dilutior FIXS. *Arg.*
**discocircumcincta* BRYK & EISNER *Parn.*
dispar BREMER *Niph.*
doerriesi STGR. *Lim.*
**eisneri* BRYK *Ser.*
elongatum MATS. *Ypth.*
elwesii BUTLER *Col.*
**epaminondas* STGR. *Lethe*
epimede STGR. *Sat.*
**erebina* BUTLER *Par.*
**erycina* STGR. *Melit.*
**erycinides* STGR. *Melit.*
euphemia STGR. *Pleb.*
**evanescens* BUTLER *Ypth.*
**excellens* BUTLER *Nep.*
**fallax* JANS. *Arasch.*
**fasciata* BRYK & EISNER *Parn.*
fentoni BUTLER *Lethe*
fentoni BUTLER *Stry.*
**ferruginea* WTK. *Arg.*
fixseni BUTLER *Lethe*
**fixseni* LEECH *Stry.*
**fixseni* STGR. *Ser.*
**flamen* LEECH *Thecla*
**flava* MURR. *Padr.*
**flavescens* MATS. *Arg.*
**flavescens* MATS. *Melit.*
**flavoocellata* EISNER *Parn.*
**fortuna* JANS. *Arg.*
frivaldszkyi PRYER *Sats.*
fulvescens MATS. *Arg.*
fumida BUTLER *Arg.*
**furukawai* MATS. *Apat.*
gaimona DOI & CHO *Thecla*
**ganymedes* RÜHL-HEYNE *Sat.*
**geisha* STICHEL *Nym.*
glacialis BUTLER *Parn.*
glauconia MOTSCH. *Nym.*
**graeseri* HONR. *Parn.*
greyi FIXS. *Ser.*
**hakuba* DOI *Oen.*
**hakutozana* MATS. *Arg.*
hakutozana MATS. *Aricia*
hakutozana MATS. *Parn.*
hamigera BUTLER *Pol.*
happensis MATS. *Cup.*
heijona MATS. *Apat.*
heijonis MATS. *Scoli.*
hellotia MEN. *Ev.*
herculea BUTLER *Ochlo.*
**hesanzina* SEOK *Syr.*
hippocrates FELDER *Pap.*
hippocratides VERITY *Pap.*
**hironobui* SUGITANI *Macul.*
**hobsoni* BUTLER *Ter.*
**hondoensis* FRUHST. *Pap.*
hozanensis MATS. *Pleb.*
hugeli FIXS. *Lycaenop.*
**hybrida* BUTLER *Ter.*
**igneus* SHELJ. *Pap.*
immaculata STRAND *Pier.*
inornata MATS. *Parn.*
**insularis* LEECH *Pleb.*
**insularum* FRUHST. *Nep.*
**ishikii* MATS. *Cart.*
japonica BUTLER *Pap.*
**japonica* MATS. *Apor.*
japonica MÉN. *Arg.*
**japonica* MÉN. *Lim.*
**japonica* MURR. *Thecla*
**japonica* MURR. *Zic.*
**japonica* STICHEL *Nym.*
japonica STICHEL *Van.*
**jezoensis* MATS. *Pleb.*
jezoanus MATS. *Thecla*
**kaempferi* OKA *Nep.*
**kamtschadalis* SEITZ *Arg.*
**kashini* BANG-HAAS *Parn.*
kazamoto DRUCE *Pleb.*

A Synonymic List of Butterflies of Korea, 1939.

사실 이 책에는 서문을 제외하고는 석주명이 작성한 완전한 문장이 존재하지 않는다. 본문은 255종의 나비를 다룬 연구 문헌의 서지 사항으로 가득 차 있다. 그런 의미에서 제목 그대로 목록집(List)이다. *Synonymic List*라는 제목은 완전히 새롭거나 아주 독특한 제목은 아니다. 분류학 연구의 진전에 따라 이명은 계속 나올 수 있기 때문에 최근의 저작에서도 *Synonymic List*라는 제목을 어렵지 않게 찾아볼 수 있다. 국립수목원과 한국식물분류학회가 함께 펴낸 『국가표준식물목록』도 영문명을 *A Synonymic List of Vascular Plants in Korea*로 표기했다.[18] 국내에 분포하고 있는 자생식물과 귀화식물 등 총 205과 4,881종의 식물명을 정리한 이 책은 각 종의 학명 아래 이명과 우리 이름(국명)을 열거하는 방식으로 구성되어 있다. 흥미롭게도 이 책을 소장하고 있는 전북대학교 도서관은 이 책을 식물학이나 생물학이 아닌 '서지학'으로 분류하고 있다. 이 책이 석주명의 책처럼 기존 연구의 서지사항을 포함하고 있지는 않지만 '목록'이라는 성격 때문에 이렇게 정리된 것으로 보인다.

이러한 사실을 통해 에자키가 생물 자체와 서지학에 능해야만 *Synonymic List*를 쓸 수 있다고 했던 평가를 이해할 수 있다. 석주명의 *Synonymic List*에는 193종의 참고 문헌이 기록되어 있지만 일부 목록은 연작으로 나온 성과를 하나로 기록했기 때문에 실제로는 200종이 넘는다. 따라서 이 책을 위해서는 단순히 계산해도 255(나비 종)×200(문헌 수)의 방대한 기록을 체계적으로 정리하는 과정이 필요하다. 컴퓨터의 도움을 받는다면 그리 어려운 일이 아니겠지만 수작업으로만 이러한 정리를 한다는 것은 결코 간단치 않은 과제일 것이다. 일단 관련 연구를 섭렵해 최대한 많은 문헌을 찾아야 하고, 각각에 기록된 개별 나비에 대한 서술을 모두 뽑아서 정리해야 된다. 그 과정에서 수백 개가 넘는 이명을 골라내서 착오를 없애야 한다. 그 결과물을 각 종마다 연대순으로 정리한 것이 *Synonymic List*이다.

석주명은 제주도와 관련한 기록을 총정리한 『제주도 문헌집』 등을 통해 수많은 자료를 정리하는 서지학자로서의 모습을 잘 보여주었다. 하지만 그에 앞서 *Synonymic List*에서부터 서지학에 다름없는 연구 결과인 *Synonymic List*를 내놓았던 것이다. 즉 이 책은 나비 분류학과 서지학을 결합한 결과물인 셈이다. 석주명은 한 사람의 분류학자가 다룰 수 있는 종 수는 200여 종이 적당하다고 하면서 이를 후학들에게 권유했다고 한다. 이는 개체변이 연구뿐 아니라 총목록을 작성하기 위해 살피고 정리해야 할 문헌의 양까지 감안한 판단이었다.

『한국산 접류의 연구』

석주명의 한국 나비 연구 3부작의 두 번째로, 그의 사후 간행된 『한국산 접류의 연구』를 살펴보도록 하겠다.[19] 이 책은 크게 3부분으로 구성되었다. ① "한국산 접류의 연구사(補訂版)", ② "한국산 접류의 연구"(제3보), ③ "한국산 이형 급 기형의 접"이 그것이다. 우선 "한국산 접류의 연구사"는 1939년 발표했던 "朝鮮産蝶類ノ硏究史"(조선산 접류의 연구사)의 증보판이다.[20] 그는 *Synonymic List*를 위해 논저 목록을 만들면서 이 연구사를 "부산물"로 완성했다고 밝혔다. 이 연구사는 한국산 나비와 관련된 주요한 문헌 목록을 연대순으로 배열하면서 각 문헌의 내용을 간단히 설명했으며, 학문적 의미가 떨어져 그 목록에 들어가지 못하지만 관련이 있는 문헌을 별도 장에 소개했다. *Synonymic List*가 나비 종 중심으로 문헌을 해체하여 재구성했다면, 이 논문은 연도별로 문헌을 정리하고 각 문헌에 대해 짤막한 해제와 평가를 덧붙인 것이다. 결국 "조선산 접류의 연구사"는 *Synonymic List*의 자매편이라고 할 수 있다.

이 논문에서 가장 흥미로운 부분은 "연구사 개론"으로, 한국산 나비의 역사를 5시기로 구분했다. 이에 의하면 1기는 '학명으로 기록되기 이전의 시대'로 1881년까지이며, 2기는 '서양인이 기록한 시대'(1882~1901), 3기는 '주로 일본인(本邦人)이 기록한 시대'(1905~29), 4기는 '內外人이 추록(追錄)한 시대'(1924~39)이고, 5기는 '정리의 시대'(1940~50)로 구분되었다. 1939년에 발표된 "朝鮮産蝶類ノ硏究史"에도 동일한 '연구사 개론'이 들어 있는데, 여기에서는 정리의 시대를 1934~39년으로 정하고, 이는 모리 다메조, 도이 히로노부, 조복성의 『原色朝鮮の蝶類』(원색 조선의 접류)[21]에서 Synonymic List가 완료된 때까지로 설명했다. 『원색 조선의 접류』는 조선산 나비 8과 271종에 대한 도감으로, 조복성은 284개체에 이르는 나비의 그림을 직접 그렸다. 하지만 1950년의 연구사 개론에서는 이 책에 대한 언급이 빠져 있고, 정리의 시대는 *Synonymic List*가 실제로 간행된 1940년부터 시작하는 것으로 바뀌었다. 석주명은 『원색 조선의 접류』에 대해 "획기적 대저(大著)"라고 평가했지만 동시에 이명을 정리하면 8과 214종 밖에 안되고 한국산으로 최초 기록도 없다고 덧붙였다. 결국, *Synonymic List*가 간행된 이후 『원색 조선의 접류』가 지니는 중요성이나 의미가 크게 반감되었다는 것이 석주명의 평가였다.

1950년에 완성되어 유고에 실린 "한국산 접류의 연구사"를 1939년의 "제1보"와 비교할 때 크게 달라진 것은 해방이 되었기 때문에 한글로 작성되었고, 이전에는 독립적인 논문으로 발표된 "나비에 관한 한국 고전의 해설" 등이 추가되었다는 점이다.[22] 이전 글과 마찬가지로 주요 문헌을 연대별로 정리한 목록, 기타 문헌, 그리고 다섯 시기로 구분한 한국산 나비 연구사가 들어있고, 여기에 "나비에 관한 한국고전의 해설", "저자가 정리한 이명의 목록", "한국산으로 오보된 종류들의 유래"가 추가되었다. 석주명은 서론에서 원판과 다른 점이 우리말로 바꾼 것과 "나비에 관한 한국고전의 해설"을 첨가한 것이라 밝혔는데, 이는 비록 석주선에 의해 유고로 간행되었지만 석주명이 곧 출판할 계획이 있었음을 말해 준다.

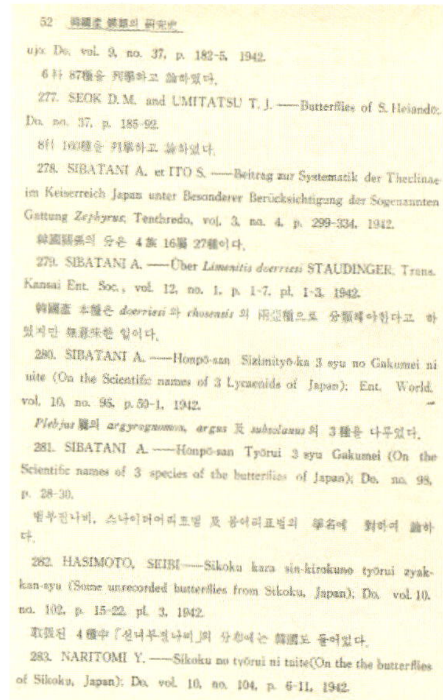
52

uja: Do. vol. 9, no. 37, p. 182-5. 1942.

277. SEOK D.M. and UMITATSU T. J. ——Butterflies of S. Heiando: Do. no. 37, p. 185-92.

278. SIBATANI A. et ITO S. ——Beitrag zur Systematik der Theclinae im Keiserreich Japan unter Besonderer Berücksichtigung der Sogenannten Gattung *Zephyrus*, Tenthredo, vol. 3, no. 4. p. 299-334. 1942.

279. SIBATANI A. ——Über *Limenitis doerriesi* STAUDINGER. Trans. Kansai Ent. Soc., vol. 12, no. 1. p. 1-7. pl. 1-3. 1942.

280. SIBATANI A. ——Honpō-san Sizimityō-ka 3 syu no Gakumei ni tuite (On the Scientific names of 3 Lycaenids of Japan): Ent. World. vol. 10, no. 95. p. 50-1. 1942.

281. SIBATANI A. ——Honpō-san Tyōrui 3 syu Gakumei (On the Scientific names of 3 species of the butterflies of Japan); Do. no. 98, p. 28-30.

282. HASIMOTO, SEIBI——Sikoku kara sin-kirokuno tyōrui zyakkan-syu (Some unrecorded butterflies from Sikoku, Japan): Do. vol. 10. no. 102, p. 15-22. pl. 3. 1942.

283. NARITOMI Y. ——Sikoku no tyōrui ni tuite(On the the butterflies of Sikoku, Japan): Do. vol. 10, no. 104, p. 6-11. 1942.

"한국산 접류의 연구사", 1950.

19) 석주명, 『한국산 접류의 연구』, 보진재, 1972.

20) 석주명, 「朝鮮産蝶類ノ硏究史」, 『朝鮮博物學會雜誌』 26호, 1939, 20-60쪽.

21) 森爲三 · 土居寬暢 · 趙福成, 『原色朝鮮の蝶類』, 朝鮮印刷株式會社, 1934. 조복성은 경성제대 예과 교수 모리의 조수로 일을 하고 있었고, 도이는 조복성의 평양고보 시절 은사였다.

22) 석주명, 「한국산 접류의 연구사」, 『한국산 접류의 연구』, 5-57쪽.

23) 석주명, 「朝鮮産蝶類の硏究(第一報)」, 『鹿兒島高等農林學校開校二十五周年記念論文集』 前篇, 1934, 631-784쪽.

24) 岡島銀次, 「特別號發刊の辭」, 『鹿兒島博物同志會硏究報告』 5권 16호, 1942, 3쪽.

『한국산 접류의 연구』에 실린 두 번째 글은 "한국산 접류의 연구(제3보)"로, 1942년에 발표된 2보의 후속편이다. 석주명은 1934년부터 특정 지역의 나비상이나 몇몇 종의 변이 등을 다룬 논문 외에 한반도 전체의 나비상을 취급하는 논문을 발표하기 시작했고, "朝鮮産蝶類の硏究(第一報)"(조선산 접류의 연구 제1보)가 그 시작이었다.[23] 이 논문은 아종을 포함해서 138종에 대해 16만 여 표본을 조사하여 개체변이를 밝힌 결과를 담고 있었다. 각각의 종에 대해 형태적 특징, 중요 선행 연구, 앞날개 길이 변이표, 채집 지역, 계절형에 대한 서술, 뱀눈무늬 표 등 다양한 정보를 포함했으며, 마지막에 169개의 동종이명 리스트를 덧붙였다. 150쪽이 넘는 방대한 분량의 이 논문은 당시까지 나온 조선산 나비 연구에 석주명이 직접 수행한 결과를 추가해 종합한 역작이었다. Synonymic List에는 각 종마다 기존 연구물의 서지 사항만 나와 있고, 각 종마다의 구체적인 특징이나 중요 연구 내용은 담겨 있지 않다. 그에 비해 "조선산 접류의 연구(제1보)"는 이 논문만으로 후속 분류학 연구를 위한 직접적이고 유용한 자료가 되었다. 이 논문의 가치를 인정한 왕립 아시아학회 한국지부가 석주명에게 Synonymic List의 집필을 의뢰하게 된 것이다.

1942년 석주명은 "朝鮮産蝶類の硏究(第二報)"(조선산 접류의 연구 제2보)를 발표했다. 흥미롭게도 이 논문은 『鹿兒島博物同志會硏究報告』(가고시마 박물동지회 연구보고)가 7년간 정간되었다가 다시 간행되는 특별호였다. 여기에는 가고시마 박물동지회 회장 오카지마의 서문과 석주명의 "朝鮮産蝶類の硏究(第二報)"과 "朝鮮産異型及畸型の蝶"(조선산 이형 및 기형의 접) 두 편의 논문만 실렸다. 즉 139쪽에 달하는 잡지가 석주명의 논문 두 편만을 위해서 발간된 셈이었다. 오카지마는 "조선산 접류의 연구에 관해 풍부한 자료를 획득하고, 정밀한 연구 방법을 사용하여 시종일관된 노력으로 사계의 경탄을 자아내고" 있는 석주명의 대단한 연구 업적 두 편으로 특별호를 내게 되었다고 밝혔다.[24] "조선산 접류의 연구 제2보"의 구성은 1934년에 나온 "제1보"와 동일하다. 이 논문은 7개과 108종을 다루고 있으며, 각 종마다 형태적 특징, 중요 선행 연구, 앞날개 측정표, 뱀눈무늬 분류표, 서식지 등을 담고 있으며, 마지막에 243개의 동종이명 목록을 덧붙였다.

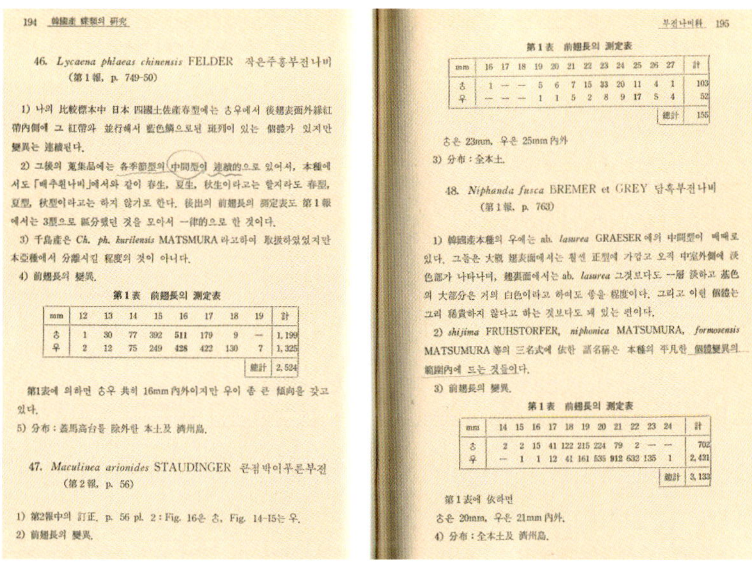

194 韓國產 蝶類의 硏究

46. *Lycaena phlaeas chinensis* FELDER 작은주홍부전나비 (第1報, p. 749-50)

1) 나의 比較標本中 日本 四國土佐產春型에는 ♂♀에서 後翅表面外緣紅帶內側에 그 紅帶와 並行해서 藍色鱗으로된 斑列이 있는 個體가 있지만 變異는 連續된다.

2) 그後의 蒐集品에는 各季節型의 中間型이 連續的으로 있어서, 本種에서도 「배추흰나비」에서와 같이 春生, 夏生, 秋生이라고는 할지라도 春型, 夏型, 秋型이라고는 하지 않기로 한다. 後出의 前翅長의 測定表도 第1報에서는 3型으로 區分했던 것을 모아서 一律的으로 한 것이다.

3) 千島產은 *Ch. ph. kurilensis* MATSMURA 라고하여 取扱하였었지만 本亞種에서 分離시킬 程度의 것이 아니다.

4) 前翅長의 變異.

第1表 前翅長의 測定表

mm	12	13	14	15	16	17	18	19	計
♂	1	30	77	392	511	179	9	—	1,199
♀	2	12	75	249	428	422	130	7	1,325
								總計	2,524

第1表에 의하면 ♂♀ 共히 16mm 內外이지만 ♀이 좀 큰 傾向을 갖고 있다.

5) 分布：蓋馬高台를 除外한 本土及 濟州島.

47. *Maculinea arionides* STAUDINGER 큰점박이푸른부전 (第2報, p. 56)

1) 第2報中의 訂正. p. 56 pl. 2：Fig. 16은 ♂, Fig. 14-15는 ♀.

2) 前翅長의 變異.

부전나비科 195

第1表 前翅長의 測定表

mm	16	17	18	19	20	21	22	23	24	25	26	27	計
♂	1	—	—	5	6	7	15	33	20	11	4	1	103
♀	—	—	—	1	1	5	2	8	9	17	5	4	52
												總計	155

♂은 23mm, ♀은 25mm 內外

3) 分布：全本土.

48. *Niphanda fusca* BREMER et GREY 담흑부전나비 (第1報, p. 763)

1) 韓國產本種의 ♀에는 ab. *lasurea* GRAESER 에의 中間型이 때때로 있다. 그들은 大體 翅表面에서는 훨씬 正型에 가깝고 오직 中室外側에 淡色部가 나타나며, 翅裏面에서는 ab. *lasurea* 그것보다도 一層 淡하고 基色의 大部分은 거의 白色이라고 하여도 좋을 程度이다. 그리고 이런 個體는 그리 稀貴하지 않다고 하는 것보다도 꽤 있는 편이다.

2) *shijima* FRUHSTORFER, *niphonica* MATSUMURA, *formosensis* MATSUMURA 等의 三名式에 依한 諸名稱은 本種의 平凡한 個體變異의 範圍內에 드는 것들이다.

3) 前翅長의 變異.

第1表 前翅長의 測定表

mm	14	15	16	17	18	19	20	21	22	23	24	計
♂	2	2	15	41	122	215	224	79	2	—	—	702
♀	—	1	1	12	41	161	535	912	632	135	1	2,431
											總計	3,133

第1表에 依하면

♂은 20mm, ♀은 21mm 內外.

4) 分布：全本土及 濟州島.

"한국산 접류의 연구", 1950.

그리고 1950년에 집필된 "한국산 접류의 연구(제3보)"는 그 후속편이자 마지막 종합판이다. 앞의 "제1보", "제2보"와 달리 한글로 집필되었으며, 그 밖의 구성은 동일했다. 이 논문에서는 7과 80종, 167,416개 표본을 다루었는데, 앞선 "제1보", "제2보"의 8과 192종 42,939개와 합하면, 총 8과 211종 201,367개체가 된다. 그는 이러한 조사·연구를 통해 석주명은 한국산 나비의 동종이명 921개 중 90%가 넘는 844개 학명을 정리하였다.

『한국산 접류의 연구』의 마지막에 실린 "한국산 이형 급 기형의 접"은 1942년에 발표된 글에 이후 확인한 일부 표본이 추가된 것이었다. 석주명은 이형 및 기형의 나비에 대해 여러 차례 발표한 일이 있으며, "조선산 접류의 연구"를 발표할 때마다 기형접, 이형접도 다량으로 평행하여 발표해 왔다면서, 이 글도 기존 발표된 형식에 따랐다고 밝혔다.

사실 석주명이 펴낸 "접류 연구사"와 "접류의 연구"는 그의 표현대로 자매편이자 상보적인 관계를 이루고 있다. 그 동안은 두 종류의 글이 별도의 논문으로 발표되었고 비록 유고지만 이 책에 와서는 한 편에 묶이게 된 것이다. 따라서 이 책은 석주명 나비 연구의 완결판이라 할 수 있다. 1950년에 집필된 『한국산 접류의 연구』가 실제 출판된 것은 그로부터 20년이 더 지나서였다. 그 사이에 한국산 나비 분류학도 꾸준히 발전하면서 변화했기 때문에 석주명의 유고가 지니는 가치는 크게 약화되고 말았다. 이 책에서 석주명은 한국산 나비가 8개과 234종이라고 밝혔지만, 현재는 5과 280여 종으로 정리되었다.[25] 60여 년 동안 나비분류학의 발전 속에서 석주명의 연구도 상당 부분 재조정을 피할 수 없었다. 『한국산 접류의 연구』에 실린 그의 논문이 집필되었던 1950년 당시에 바로 출간되었다면 한국산 나비 연구의 진전에 큰 힘이 되고, 그의 연구 경력도 훨씬 더 빛날 수 있었을 것이다.

『한국산 접류 분포도』

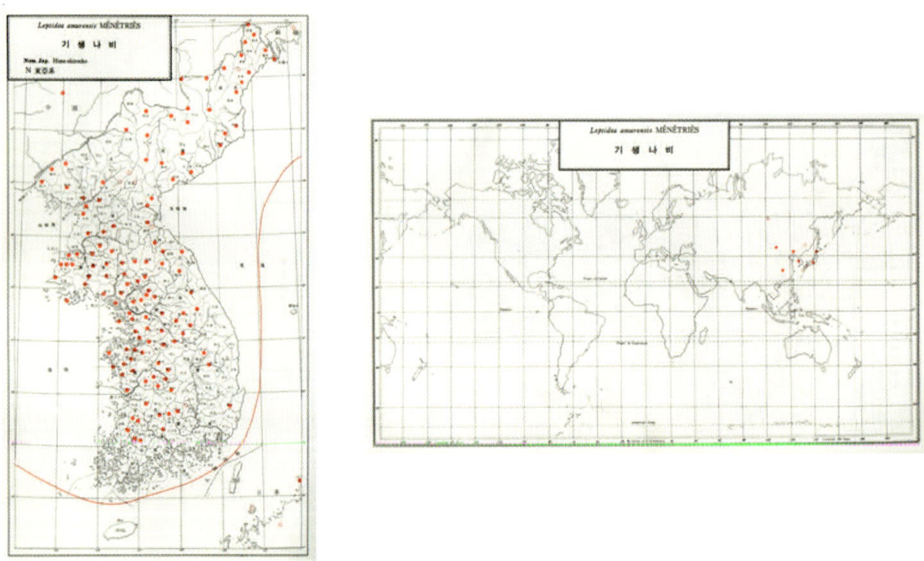

『한국산 접류 분포도』, 1973.

1942년 석주명이 "조선산 접류의 연구(제2보)"를 발표한 이후로 석주명의 나비 연구 논문은 크게 줄어든다. 이는 일제 말기의 폭압적 전시 체제 하에서 전쟁과 직접 관련된 일부 분야를 제외한 사회 전반의 학문 연구 활동이 위축되었던 상황과 무관하지 않을 것이다. 하지만 외형적인 양의 감소가 반드시 그의 연구가 부진했다는 것을 뜻하지는 않는다. 오히려 그의 변이 연구가 종합·정리의 단계에 들어섰으며 그와 함께 관심의 영역이 새로운 분야로 확대된 결과였고, 이는 변이 연구로 나타났다.

석주명은 자신이 채집 다닌 곳을 지도에 표시하는 동시에 나비를 채집한 장소를 지도에 기록하면서 분포 연구도 겸하였다. 각 종의 분포 상태를 기록하여 남방한계선과 북방한계선을 구하여 서식 범위를 설정하고 거기에 그 지역의 기온, 강수량 등의 자료를 덧붙인다면 특정 종과 환경의 관계를 이해하는 발판을 마련할 수 있기 때문에 분포 연구는 생태학·생물지리학적으로 상당한 중요성을 지닌다. 분포 연구가 실린 첫 논문은 "조선산 봄처녀나비의 변이연구"로,

이 논문의 뒷부분에는 3장의 도판이 첨부되어 있다. 그 중 마지막 장이 봄처녀나비의 분포 상태가 기록된 지도이다.[26]

이 지도에는 그동안 문헌상에서 채집되었다고 보고된 장소와 석주명 자신이 실제로 채집한 장소가 함께 표시되어 있다. 이와 같은 분포 연구가 석주명의 후기 나비 연구의 중요한 특징이라고 할 수 있다. 이는 10여 년 이상의 개체변이 연구가 어느 정도 정리 단계로 접어들자 분포 연구라는 관심을 초점을 확대한 결과라고 볼 수 있다. 그는 더 나아가 그러한 분포 연구와 변이 연구를 바탕으로 하여, 형태에만 치중하는 분류학에서 벗어나 유연 관계를 고려하여 계통을 세우고 환경과 분포의 관계까지도 밝혀 내는 곤충학을 추구하려 하였다.

비록 그러한 연구를 완성하기 전에 세상을 떠났지만 석주명이 수행한 분포 연구의 전체 결과물은 『한국산 접류 분포도』에서 확인할 수 있다.[27] 이 책은 1973년에야 출판되었는데, 250여 종의 한국산 나비가 한국과 세계에 분포하고 있는 양상을 나타내는 500여 장의 지도가 들어 있다. 각 종마다 그와 그의 제자들이 전국 각지에서 해당 종을 채집한 위치가 하나하나 표시된 한국 지도와 그가 세계 각지의 학자와 표본, 학술 자료를 교환하여 얻게 된 지식을 바탕으로 해당 나비가 발견된 지역을 표시한 세계 지도가 한 장씩 담겨 있다.

사실 석주명이 접류 분포도를 한 권의 책으로 펴내려 했는지, 출판을 결심했다면 언제쯤 계획을 했는지 확인할 수가 없다. 또 다른 유고인 『한국산 접류의 연구』에는 짧은 서론이 들어있고, 여기에는 "한국산 접류의 연구사" 보정판을 내기로 했다는 표현이 들어 있기 때문에 비록 그의 사후에 출판되었지만 1950년에 석주명이 출판을 계획했음을 알 수 있다. 하지만 접류 분포도에는 석주선의 서문만 실려 있고 석주명의 목소리는 담겨 있지 않다. 비록 환경과 분포의 관계를 밝힌다는 장기 목표에는 이르지 못했지만, 항상 연구의 단락을 짓고자 했던 그의 태도를 생각해볼 때 20여 년의 분포 연구가 집적된 이 책을 1950년 즈음에 출간할 계획이 있었을 가능성이 적지 않다. 그럼에도 불구하고, 1950년까지의 연구 결과가 담긴 분포도가 23년이 지나서야 인쇄되었기에 학계에 미친 영향은 제한적이 될 수밖에 없었다.

맺음말

나비 분류학에서 방언 조사, 고전 조사 및 박물학사 정리, 아직 개념조차 존재하지 않았던 제주학 연구, 그리고 에스페란토운동에 이르기까지 석주명의 학문 활동은 과학과 인문학을 넘나들었다. 자연에 존재하는 나비를 대상으로 한 석주명의 연구는 단순한 목록작성에서 개체변이 중요성을 확인하고 동종이명을 제거하는 방향으로 단계적인 발전을 이루었으며, 자연이 아닌 역사 속에 존재하는 나비를 찾는 단계로 나아갔다. 이 글에서는 다루지 않았지만 석주명은 자신의 나비 연구를 단순히 생물학 연구에 가두지 않고 국학의 한 분야로 자리매김하길 원했고, 이를 위해 나비

25) 국립생물자원관, 『국가 생물종 목록집 「곤충」 (나비목 II)』, 2014.
26) 石宙明, 「朝鮮産ヒメヒカゲの變異硏究」, 『關西昆蟲學會報』 8호, 1939, 72-80쪽.
27) 石宙明, 『韓國産 蝶類 分布圖』, 寶晋齋, 1973.

와 관련된 역사와 언어에 대한 탐구를 추가했다.[28] 한반도 전역을 누비던 자신의 연구 방법 덕분에 각 지역마다 독특한 방언이나 역사에 대해 흥미를 갖게 된 석주명은 '조선학운동' 흐름 속에서 조선학자들과 교류를 통해 자신의 관심을 더욱 구체화하여 이를 나비 연구와 결합시킴으로써 '조선적 생물학'이라는 개념을 만들었다. 여기에 제주도 채집을 계기로 갖게 된 흥미를 2년의 체류를 통해 6권에 달하는 제주도 총서로 이끌어냈고, 에스페란토 교과서 겸 소사전을 집필한 에스페란토운동의 선구자까지 그의 학문적 관심은 그가 채집한 나비 표본만큼이나 방대했다.

석주명 연구 활동은 상당 부분 문화적 민족주의 틀 안에 놓여 있었다. 일제강점기 학문 활동과 교육에서 우리말이 배제되어가는 상황에서 역사와 언어를 나비 연구에 결합시키고, 나비 등 곤충의 우리말 이름 정하는 데 나섰던 석주명의 조선적 생물학은 문화적 민족주의의 큰 흐름에 놓여 있었다. 여기에는 교사 겸 연구자로서 교육 문제를 고민했던 그의 경력이 영향을 미쳤다. 그러나 실제 연구에서 체득한 석주명의 경험적 민족주의는 민족의 우수성을 배타적으로 강조하는 국수적 민족주의와는 거리가 멀었다. 이는 그의 연구 활동에 나비 연구라는 딱딱한 중핵이 자리 잡고 있었기 때문이었다. 한국의 자연을 대상으로 왜곡되지 않은 생물상을 추구했던 그에게 한국적 우수성을 강조하는 것은 어울리지 않았다. 그는 한국 나비상이 특별히 다양하다거나 특산종이 많다거나 뛰어난 특성을 지닌다고 생각하지 않았다. 사실 특산종도 많은 경우에 충분한 연구가 되지 않아서 나타나는 현상이라고 생각했다. 중요한 것은 과장과 왜곡을 피하고 있는 그대로의 모습을 밝히고, 생물과 환경과의 관계를 이해함으로써 자연과 인생의 조화를 찾는 것이었다.

결론적으로 석주명의 학문은 나비 연구를 중심에 탄탄히 놓고 주변을 인문학으로 둘러싸면서 확대·보강하는 방식으로 진행되었다. 최근 융복합이 강조되면서 단순히 한 우물을 파기보다는 우물을 넓게 그리고 깊게 파라는 얘기를 많이 한다. 아직 융복합이라는 기치에 맞는 방법론의 확립이나 성과에까지 이르지는 못하고 있는 것이 사실이다. 현재로서는 '따로 또 같이'라는, 개별 분야의 접근에서 출발하여 공동의 목표로 나아가는 방안이 유력하다. 그렇게 본다면 넓게 팔을 벌린 석주명식 학문은 그같은 접근에 어울리는 방식이 될 수 있다. 그에게 나비 연구는 깊고 넓게 파는 우물의 중심부에서 지속적으로 주변에 물줄기를 공급하여 우물을 넓게 만드는 역할을 하고 있었다. 전국토를 누비는 채집 여행에서부터 시작한 석주명의 나비연구는 통계적 분류학과 생태학 초기단계인 분포 연구를 거쳐 국학적 생물학으로 이어졌으며, 더 나아가 역사·언어 연구까지 가지를 뻗쳐나갔다. 갑작스러운 죽음으로 상당 부분은 미완의 기획으로 남았지만 나비 연구, 제주 연구, 에스페란토 등 각각은 이후 개별적 발전의 굳건한 토대가 되었다. 다양한 방향으로 뻗어나간 석주명식 확산형 학문은 그의 설명에 의하면 자신의 학문 활동 출발점이었던 나비 연구의 가치와 위상을 세우기 위한 것이었다. 누가 뭐래도 석주명은 '나비 박사'였다.

석주명의 나비 채집 관련 유품 14점은 2014년 등록문화재 제610호로 지정되었다. "나비 연구가로서 세계적인 곤충학자로도 인정되는 큰 업적을 남긴 석주명 박사의 나비 채집 관련 물품이다. 기성품이 아닌 독창적으로 제작한 과학 도구와 연구 도구로써 석주명 박사가 활발히 활동한 1930~1940년대 우리나라 과학사 및 생활사를 밝혀 주는 자료"이기 때문이다.[29] 하지

28) 문만용, 「'조선적 생물학자' 석주명의 나비분류학」 참고.
29) 문화재청 국가문화유산포털(http://www.heritage.go.kr).

만 "세계적인 곤충학자로도 인정되는 큰 업적"인 *A Synonymic List of Butterflies of Korea* 역시 등록문화재로 지정될 가치가 있다고 여겨진다. 이 책이 지정되지 못한 것은 10여 곳이 넘는 대학 도서관이 소장하고 있어서 희소성이라는 측면에서 그리 높은 평가를 받지 못했기 때문으로 여겨진다. 영국 대영박물관 등 해외 중요 기관이 소장하고 있으며, 국내에는 석주명 관련 유물을 소장하고 있는 단국대 석주선기념박물관 외 13곳의 대학도서관이 소장하고 있기 때문이다. 그러나 일제강점기에 발행된 잡지인『과학조선』이나 한반도 주변 바다를 관측한 결과를 담고 있는 보고서인『해양조사연보』등도 등록문화재로 지정되었기 때문에 일제강점기 한국인 과학자가 펴낸 유일한 영문 단행본으로 *Synonymic List*가 지니는 역사적 가치도 그에 못지않다고 여겨진다.

*Synonymic List*는 석주명의 대표작이자 그의 이름을 국제 학계에 널리 알린 성과였다. 이 책은 나비 학자로서의 석주명의 면모 외에 스승인 오카지마가 지적했듯이 방대한 자료를 촘촘하게 정리하는 서지 학자로서의 면모가 잘 드러난다. 필자는 그간 석주명이 뛰어난 학문적 업적을 쌓을 수 있었던 요인으로 그가 택한 방법론이 자신의 여건에서 가능한 최선의 것이었으며, 당시의 분류학 연구 상황에서 볼 때 매우 적절했다는 점을 가장 먼저 꼽았다. 즉, 후발 주자로서 다수 표본을 바탕으로 기존 연구의 오류를 교정하려 했으며, 특히 개체변이를 밝힘으로써 동종이명을 정리하려 했던 접근법이 탁월한 판단이었다는 결론이었다. 아울러 그같은 연구 방법을 뒷받침했던 '정진 노력'이 결합된 결과였다고 주장했다. *Synonymic List*를 꼼꼼히 검토한 지금은 '정진 노력'이 부지런히 채집하고, 확보된 표본을 정리하는 분류학 연구 외에 관련된 방대한 자료를 체계적으로 정리하는 능력도 포함해야 함을 확인했다. 분류학 연구에 통계적 방법을 도입했던 선구적 인물이었던 석주명은 자료를 찾고 정리하는 서지학적 접근에서도 남다른 실력을 보여주었고, 그 결과물이 *Synonymic List*였다. 이 책을 준비하면서 단련된 자료 정리법은 이후 방언 등 제주학 연구에서도 충분히 활용되었다. 필드 워크를 통한 방대한 자료 수집은 도서관으로 자리를 옮겨 관련된 문헌을 찾고 체계적으로 정리하는 서지학으로 확장되었던 것이다.

석주명의 한국산 나비 연구 3부작 중 2권은 유고로서, 집필된 지 20여 년이 더 지나서 간행되었기 때문에 그것이 지니는 가치는 *Synonymic List*에 비견하기 어렵다. 하지만『한국산 접류의 연구』는 석주명의 나비 연구를 가장 종합적으로 보여주는 자료로서, 그의 학문을 이해하고 평가하는데 매우 중요한 가치를 지니고 있다. *Synonymic List*가 방대한 서지학적 정보를 담고 있지만 한국산 나비 각각에 대한 설명은 학명과 채집지 정도뿐이다. 그에 비해『한국산 접류의 연구』에는 연구사와 함께 개별 나비에 대한 구체적인 연구 내용이 함께 담겨 있기 때문에 한국산 나비 연구에 필요한 유용한 정보를 더 많이 담고 있다. 비록 집필 당시 바로 공개되지 못했기 때문에 그 의미를 충분히 인정받지 못했지만『한국산 접류의 연구』는 석주명의 나비 연구의 완결판이라 할 수 있다.

1948년 좌담회에서 보였던 석주명의 자신감, 그것은 근거는 *Synonymic List*뿐 아니라 그것을 뒷받침했던 "한국산 접류의 연구" 시리즈, 한국산 접류의 분포 연구였다. 해외 학자들이 Synonymic List를 통해 한국산 나비의 역사를 이해할 수 있겠지만 나비 각각에 대한 연구를 위해서는『한국산 접류의 연구』와『한국산 접류 분포도』에 실린 내용을 필요로 했을 것이다. 즉, 한국산 나비에 대해 "물어보고 배우기" 위해서는 유고인 두 권의 책에 실린 정보가 더 유용했다. 따라서 "지연된 후속작"이지만『한국산 접류의 연구』와『한국산 접류 분포도』도 석주명의 중요 업적으로 함께 평가를 해야 할 것이다.

석주명의 제주학 연구의 의의

윤 용 택 _ 제주대학교 교수

머리말

석주명(1908~1950)은 누구보다 제주도를 잘 알고 사랑했기에 스스로를 반(半)제주인이라 하였고, 제주학계에서는 그를 제주학의 선구자로 부르며, 세상 사람들은 그를 제주도 박사라 부른다. 그는 16권의 저서(유고 문집 포함), 120여 편의 학술 논문, 180여 편의 소논문과 기고문을 남겼는데, 그 가운데 제주도와 직접 관련된 것으로는 6권의 '제주도 총서'와 27편의 논문, 보고서, 기고문 등이 있다.

그는 진정한 한국의 자태를 찾으려면 제주도에서 그 자료를 찾아야 한다는 것을 깨달았다. 그러나 흔히 쓰는 물과 공기를 귀하게 생각하지 못하는 것처럼 제주 사람들은 제주도의 자연과 문화가 귀한 줄 모르고 있다는 사실에 안타까워하면서 하루바삐 한국의 지식인들이 금싸라기 같은 제주도의 자료를 수집하여 체계를 세울 것을 주장하였다. 그리고 누군가가 그것을 해주기를 기다리지 않고 곤충학자였던 그가 인문.사회 분야 연구를 직접 수행하여 마침내 '제주도 총서'를 남김으로써 제주학의 선구자가 되었다.

그는 1936년 여름에 나비 채집을 위해 제주도에 한 달간 머물면서 특이한 자연과 문화에 매료되었고, 1943년 4월부터 2년 남짓 동안 경성제국대학 부속 생약연구소 제주도시험장에 근무하면서 제주도 관련 자료 수집에 혼신의 노력을 기울였으며, 1948년 2월경에 제주도를 다시 찾아 고유 문화가 사라져 가는 것에 대한 안타까운 감회를 신문에 기고했다. 뿐만 아니라 그는 제주도를 떠나고서도 해방 직후부터 4년 동안 각종 신문에서 제주도 관련 기사들을 거의 빠짐없이 모으고 분석하였다.

그는 나비와 제주도 연구를 통해 지역적인 것이 민족적인 것이요, 국가적인 것이 세계적인 것이 될 수 있다는 것을 입증해 보였다. 그는 지역어인 제주어를 수집 연구하여 그 진가를 세상에 알림으로써 방언 연구의 중요성을 인식시켰고, 국제어인 에스페란토에 일가를 이루어 그것을 세상에 보급하기에 힘썼다. 그가 우리 민족이 새나라 건설에 박차를 가하던 1947년에『국제어 에스페란토 교과서 부 소사전』과『제주도 방언집』을 펴낸 것은 우연의 일치로만 볼 수 없다. 그는 세계주의자(globalist)인 동시에 지역주의자(localist)였고, 더 나아가 지역과 세계를 자유롭게 넘나든 세역주의자(glocalist)였다. 그 점에서 석주명은 세상을 떠난 지 70여 년이 지났지만, 세역화(glocalization) 시대를 사는 우리가 걸어가야 할 길을 제시하고 있다.

석주명은 세상이 제주도를 제대로 알지 못할 때 제주도의 가치를 깨닫고 수많은 자료를 수집하고 연구하여 세상에 알렸다. 그가 남긴 제주학 자료들을 분석하고, 그의 연구 성과를 평가하여 그 의미를 밝히고, 그의 한계를 극복하고 발전시키는 것은 후학들의 몫이다.

석주명과 제주도 인연

석주명은 제주도에 세 차례 방문하거나 체류했다. 그는 1936년 여름 제주도의 나비를 채집하기 위해 1개월간 남짓 체류했고, 1943년 4월부터 서귀포에 있는 경성제대 부속 생약연구소 제주도시험장에 부임하여 1945년 5월까지 2년 1개월간 근무했으며, 마지막으로 1948년 2월 조선산악회 한라산 겨울 등반대의 조난 사고를 수습하기 위해 산악회장을 대신하여 1주일간 제주도를 방문한 바 있다.

제주도 나비 채집(1936.7.22.~8.21.)

석주명은 송도고보 교사 시절 미국 자연사박물관의 지원을 받아서 1936년 7월 21일부터 8월 22일까지 한 달 남짓 제주도에서 나비를 채집하였다. 당시에 나비 채집에 동행한 이들은 제자인 우종인과 동생 석주일이었다. 그들은 제주도를 일주하고, 제주읍, 삼성혈, 사라봉, 별도봉, 열안지오름, 삼의양오름, 관음사, 칡오름, 한라산, 백록담, 영실, 서귀포, 미악산, 섶섬, 성산포, 덕수리, 모슬포, 가파도, 산방산, 한림 등을 답사하면서 총 7과 58종 나비를 채집하였다.

당시 그는 채집 여행을 기록한 「제주도산 나비 채집기」와 「제주도의 회상」에서 제주도의 특이한 풍토에 매료되었다고 밝히고 있다. 그 당시 조를 파종한 후 흙을 덮고 땅을 고르는 풍경은 다른 지역에선 보기 힘든 것으로 수십 마리 소와 말로 밟게 하는데 남녀 여럿이 우마를 따르면서 부르는 민요는 그 의미를 알 수 없지만, 어딘가 로맨틱한 데가 있었다. 그들은 곤충 채집을 하다가 포충망을 옆에 놓고 앉아서 황홀히 그 노래를 듣기도 하였다.

그리고 그는 제주섬의 경관을 보면서 감탄하면서 한라산을 해발 2,000m 가까운 크고 높은 산으로 깊은 계곡, 호수, 삼림, 초원, 암석 등의 아름다운 경관을 포함하여 주위의 푸른 바다와 어울려 흠잡을 수 없을 정도로 조건이 구비된 큰 공원이라 보았다. 그 가운데에도 성판악 근처 속밭 지역을 한라정원이라 칭하면서 배후의 한라상봉과 어울려 제주도의 자랑이라고 주장하였다. 정부에서는 한라산을 1970년 국립공원으로 지정하고, 유네스코에서 2007년 세계자연유산으로 등재하고, 2010년 세계지질공원으로 인증하였다. 하지만 석주명은 그보다 훨씬 이전인 1936년에 이미 제주도 한라산의 진가를 알아보았다. 그의 이러한 체험들은 훗날 그가 제주도 연구에 몰입하게 되는 계기가 되었다.

경성제대 생약연구소 제주도시험장 근무(1943.4.~1945.5.)

경성제국대학은 1938년 10월 고려인삼 원산지로 유명한 황해도 개성에 약초원을 개설하고, 이듬해인 1939년 12월 개성에 부속 생약연구소를 설치하였다. 생약연구소는 경성제대 의학부 소속으로 인삼을 비롯한 한방 약초를 시험재배하고 연구하였다. 그리고 1941년 11월부터 제주도에 생약연구소 제주도시험장(약초원)을 개설할 계획을 세우고 22,000평 규모 개설 준비에 들어갔다.

한편, 세계적인 나비 학자 반열에 오른 석주명은 1942년 3월 송도중학을 사직하고 7월부터 개성에 있는 경성제국대학 의학부 미생물학교실 부설 생약연구소에 촉탁으로 들어갔다. 그는 당시에 이미 제주도시험장이 머지않아 개장될 것이라는 걸 알고 있었다. 그는 1936년 여름 제주도에서 나비를 채집하면서 제주의 독특한 자연과 문화에 강렬한 인상을 받은 바도 있고, 자연과학자의 한 사람으로서 제주도에서 사계절을 지낼 수 있는 좋은 기회라고 생각해서 제주도시험장 근무를 자원하였다. 마침내 1943년 4월 서귀포에 제주도시험장이 개장되자 그는 책임자로 부임하여 1945년 5월 개성으로 복귀할 때까지 2년 남짓 근무하였다.

그는 개장 초기에는 디기탈리스와 계피 등을 재배하는 데 주력하였다. 그는 제주도시험장의 주된 목적이 약용 식물과 아열대 식물을 시험 재배 하는 것이었기 때문에 그는 시험 조건들 사이에 인과관계를 따지기 위해 정량적 방법을 사용했다. 그리고 1944년 봄에 제주도시험장을 둘러싼 1,230m 돌담 안쪽에 1m 간격으로 동백나무 1,230그루를 삽목하고, 아열대 식물인 탱자나무, 감귤나무, 비파나무, 무화과나무, 차나무, 올리브나무 등도 심었다.

그는 제주도시험장에 부임한 이후에 틈틈이 나비를 채집하여 1936년 나비채집 당시에 부족했던 점들을 보완하면서 제주도 곤충에 대한 자료를 정리하였다. 곤충에서 시작된 그의 제주도 연구는 언어, 역사, 문화, 사회문제 등으로 광범위하게 확장되어 갔다. 그는 육지와 판이한 모습에 흥미를 느끼고 '제주섬'을 자신의 연구 테마로 삼고, 방언, 전설, 역사, 문화 등과 관련된 자료를 수집하는 데 열정을 쏟았다. 그는 제주도에 도착한 직후부터 제주 방언(이하 제주어)을 수집하기 시작하였고, 우리나라 최남단 마라도를 방문하여 나비를 채집하고 본향당 유래와 마라도 개척 이야기를 채록하였다. 이후에도 그는 시간을 쪼개 제주도의 전설, 역사, 민속 자료를 수집하였다.

한편 그는 제주도 인구 구성의 특징을 밝히기 위해 1944년 2월부터 1945년 4월까지 1년 2개월 동안 제주섬 16개 마을, 4,689호, 4,851명의 남자(父)들로부터 인구조사를 시행하였다. 그에 대한 분석을 끝내고 『제주도의 생명조사서』가 발간된 것은 1949년 3월 30일이다. 그 사이에 제주도는 4.3사건 소용돌이에 빠져들고, 조사 대상지였던 중산간 마을 대부분이 불타고 수많은 인명이 희생되었다. 그 때문에 이 책은 그가 자평하고 있듯이 출판과 동시에 고전이 되었다.

1945년 5월 석주명이 제주도를 떠난 후 석 달도 안 되어 일제가 패망하였고, 이후 제주도시험장은 경성대학, 서울대학교 등의 소속으로 바뀌었다. 1962년 3월 제주대학이 도립에서 국립으로 변경되면서 제주도시험장은 제주대로 이관되었고, 1964년 3월부터 제주대학 농학부 식물원으로 사용되다가 2003년에 아열대농업생명과학연구소로 되었다. 그리고 구 경성제대 부속 생약연구소 제주도시험장 연구동 건물은 설립 당시인 1940년대 초기의 모습을 잘 간직하고 있어서 2020년 6월 24일 국가등록문화재 제785호로 지정되었다.

조선산악회 한라산등반대 적설기 조난 수습

석주명은 제주4.3 직전인 1948년 1월 30일부터 2월 6일까지 제주를 방문한 적이 있다. 조선산악회에서 1948년 1월 한라산에 전탁(田鐸)을 대장으로 하는 적설기 등반대를 파견하였다가 조난하여 전씨가 숨졌다. 제주도 지리에 밝은 석주명은 1월 30일 조선산악회 회장 대리 자격으로 한라산 등반대의 조난 사고를 수습하기 위해서 제주도를 찾았다. 하지만 결국 눈 때문에 시체를 수습할 수가 없어서 생존자들과 함께 2월 6일에 제주를 떠났다. 당시는 석주명의 제주도 총서 가운데 『제주도 방언집』이 막 출간되었고, 『제주도의 생명조사서』와 『제주도 문헌집』 발간을 한창 준비하던 때였다. 그는 머무는 동안 제주섬을 일주하였고, 제주신보에 자신이 제주도에 관심을 갖게 된 이유를 밝히는 칼럼 '조선의 자태'를 기고하였다.

> … 제주도에는 언어, 풍속, 관습, 기타에 있어서 예로부터 육지와는 다르다고 하여 왔지만, 자세히 살펴보면 조선의 옛날 모습 내지 진정한 모습을 말해 주는 자료가 많다. 진정한 조선의 자태를 찾으려면 제주도에서 그 자료를 많이 구할 수가 있겠다. 왜냐하면 제주도는 고도(孤島)이므로 육지에서와 같이 외래문화에 침윤(浸潤)받을 기회가 적었고, 그리 작지 않은 면적과 인구는 고유문화를 보존할 수 있었기 때문이다. 우리가 흔히 쓰는 공기와 물을 귀하게 생각하지 못하는 것처럼, 제주도 사람은 제주도의 특이성, 내지 한국의 고유문화성의 귀한 줄을 모른다. 육지인의 한 사람으로 내가 제주도에 2개년이나 생활한 경험으로는, 제주도에는 조선의 자태를 밝혀줄 금쪼각 같은 자료가 지극히 많이 흩어져 있음을 알 수가 있다. 이도(離島)후 4년 만에 다시 와 보니 해방과 38선 관계로 육지인들의 입도와 소위 육지문화의 침윤으로 제주도의 특이성이 없어져 감

> 을 느낀다. 그것도 필연적 현상이기는 하나, 하루바삐 조선의 식자들은 금쪼각 같은 제주도의 자료를 수집하여 계통 세우려고 노력해야 겠고, 제주도민들도 많이 성원해 주셔야 겠다(제주신보, 1948. 2. 6).

그가 제주도의 자연과 문화에 관심을 가졌던 이유는 한반도와 다른 제주 자연은 우리 민족의 터전을 확장해주고, 우리 문화의 옛 모습을 간직한 제주문화를 잘 보전하고 연구한다면 궁극적으로 우리 문화를 풍성하게 해줄 것이라고 확신했기 때문이다.

석주명의 제주도 총서

석주명은 1943년 4월부터 2년 남짓 경성제대 생약연구소 제주도시험장에 근무하면서 일상생활에서 보고 듣고 읽은 것 중에 제주도에 관한 것이 나오면 즉시 적당한 제목을 붙여 카드에 기록하면서 상당량의 제주학 자료를 수집하였고, 1945년 5월 제주도를 떠난 다음 개성과 서울에서 자료들을 분석하면서 '제주도총서'를 기획하였다. 하지만 6권의 '제주도총서' 가운데 『제주도 방언집』(1947), 『제주도의 생명조사서』(1949), 『제주도 문헌집』(1949)만 그의 생전에는 출간되었다. 그가 한국전쟁으로 1950년 10월 6일 갑작스레 세상을 떠남으로써 『제주도 수필』(1968), 『제주도 곤충상』(1970), 『제주도 자료집』(1971)은 발간되지 못하다가 누이동생인 석주선의 노력으로 뒤늦게 유고집으로 출간되었다.

『제주도 방언집』의 의의

석주명은 '제주도총서' 제1집으로 『제주도 방언집』을 구상하였고, 마침내 1947년 12월 30일 세상에 내놓았다. 그동안 곤충학자로만 알려졌던 그가 제주학의 선구자로 주목받기 시작한 것은 바로 이 책의 덕분이다.

그가 제주어를 조사하고 수집하게 된 동기는 「국학과 생물학」에 잘 나타나 있다. 그는 방언과 곤충 간에는 일맥상통하는 점을 발견할 수 있다는 것보다 지방차와 개체차로 보아 공통점이 많아서 곤충을 연구하는 방법으로 방언을 연구할 수도 있다는 것을 알고 제주어 연구에 뛰어들었다. 일제강점기 제주어 연구는 조선어 연구의 대가인 오쿠라(小倉進平)가 주도를 하고 있었다. 하지만 석주명은 제주도 현지에서 직접 어휘를 수집하고 연구함으로써, 그가 하지 못한 제주어 연구를 할 수 있었다.

『제주도 방언집』은 일반 사전이라기보다는 가나다 순으로 제주어를 표준어에 대응시킨 7,000여 어휘집이다. 이 책이 발간되면서 한낱 외딴 섬의 방언에 불과했던 제주어가 표준어와 어깨를 나란히 하게 됐고, 곤충학자 석주명을 언어학자의 반열로 끌어올렸다. 그는 어휘를 수집하는 데 그치지 않고 7,000여 어휘를 분석하여, 제주어와 다른 지방(전라도, 경상도, 평안도, 함경도) 방언과의 공통점을 찾고, 제주어 가운데 일부는 조선 고어에서 유래를 찾기도 한다. 그리고 그는 곤충학에서 사용하는 방법인 지방 곤충상 상호간의 유연관계를 연구하는 방법을 방언 연구에도 응용했다. 그 결과 그는 제주어에는 전라도와 경상도 방언 분자가 많이 들어와 있지만, 그는 자신이 수집한 제주어 어휘 가운데 전라도와 경상도 방언과 완전히 동일한 것은 각각 340개와 338개로 전체의 5퍼센트에 미치지 못하고 있다는 것을 확인하면서 제주어가 그만큼 특이하다는 점을 밝혔다.

제주어 학자 강영봉은 석주명이 '제주어'라는 명칭을 사용하고, 제주어를 남부어와 북부어로 구분하였으며, 제주어와 외국어를 비교한 것은 제주어에 대한 그의 공로라고 본다. 석주명은 제주어 가운데 외국어(중국, 몽골, 만주, 일본)에서 유래한 어휘가 어떤 것인지를 탐색하고, 더 나아가 말레이어, 필리핀어, 베트남어 등과의 관계도 따지고 있다. 이에 대해서는 언어학자들의 보다 면밀한 검토가 필요한 사항이다.

한편, 석주명은 제주어 7,000 어휘를 분석하는 과정에서 『용비어천가』(1445), 『두시언해』(1481), 『훈몽자회』(1527), 『송강가사』(1747) 등의 우리 고전들, 오쿠라의 『조선어방언의 연구(朝鮮語方言の硏究)』(1944) 등 일본 학자들의 연구 성과, 방종현, 이숭녕, 최현배 등 우리 학사들의 연구 성과를 포함하여 88권의 문헌을 참고하였다. 그 과정에서 곤충학자였던 그는 국어학에서도 상당한 수준에 이르게 되었고, 248개 종류의 우리 나비들에 우리말 이름을 지

을 수 있을 정도의 내공도 쌓이게 되었다.

『제주도의 생명조사서』의 의의

『제주도의 생명조사서-제주도 인구론』은 주제는 부제가 보여주듯이 제주도의 인구론이다. 석주명은 종래의 호구조사와 인구조사에 한계를 느껴 1944년 2월 7일부터 1945년 4월 5일까지 생명 조사를 실시하였다. 『제주도의 생명조사서』 출간일이 1949년 11월 1일이니 자료를 조사를 마치고 이를 분석하여 완성된 책으로 나오기까지는 4년 넘게 소요되었다. 그동안 제주도는 우리 현대사의 비극인 제주4.3을 겪게 되고, 조사 대상이었던 중산간 마을들은 폐허가 되었다. 그렇기 때문에 석주명은 이 책은 출판과 동시에 고전이 되었다고 자평하고 있다.

그는 제주도 전체 인구 특징을 확인하기 위하여 제주의 문화적 측면을 고려하면서 제주도 전체의 모습을 반영할 수 있도록 조사 대상 마을을 선정하였다. 즉 인구 이동이 심하지 않고 외래풍이 많이 수입되지 않은 마을 가운데 산남과 산북, 동부와 서부, 해안과 내륙 어느 한쪽에 치우치지 않도록 9개면 16개 마을을 선정하였다. 이는 제주도의 전체 마을 수의 10%에 해당하기 때문에, 당시의 인구 실상을 파악하는 데 중요한 단서를 제공해 준다. 그는 수십만 개체의 나비를 하나하나 측정하고 통계를 내어 분류했던 것처럼, 제주도의 마을별, 나이별, 성별, 생사별, 거주지별 등의 인원수를 조사하여 통계를 내고, 이를 바탕으로 제주도 전체 인구의 특징과 당시 제주 사회의 실태를 규명하였다.

우리는 『제주도의 생명조사서』를 통해 일제강점기 말기의 제주 사회를 다음과 같이 이해할 수 있다. 우선, 조사 마을의 호수와 조사표 수를 비교했을 때, 조사표 수(4,851)/호수(4,689)가 약 1.0이다. 이는 제주도에서는 결혼하여 자식을 두게 되면 대부분 세대를 분리하는 철저한 분가 제도를 실증적으로 보여주는 자료이다. 일제강점기 말기에 제주도에 거주하는 16세 이상 인구는 여자가 월등히 많아서 남자의 1.5배나 되었다. 그는 이처럼 여자가 많은 것은 돈벌러 집을 나가는 출가가 주원인이고, 출가자가 그처럼 많은 것은 자연이 그만큼 척박하기 때문이며, 제주도 여자가 노동을 많이 하는 이유도 자연이 척박하고 남자가 고기 잡으러 바다에 나가기 때문으로 진단한다.

종합하자면 제주도 전체적으로 볼 때, 남자가 더 많이 태어나고, 15세 이하의 유년기까지는 남자가 많지만 남자 사망률이 높아지면서 남녀 성비가 역전되고, 16세 이후가 되면 남자들이 외지로 많이 빠져나가고 여자 활동 인구가 많아져서 여자가 많아지는 현상이 나타난다. 그리고 『제주도의 생명조사서』는 제주4.3 이전의 인구조사여서 제주4·3 피해의 정도를 가늠하게 함으로써 사료적 가치가 크다고 할 수 있다.

『제주도 문헌집』의 의의

『제주도 문헌집』은 제주도와 직접 관련되거나 제주도에 대해서 언급한 단행본과 논문 총 1,000여 종의 문헌을 수록한 것으로 그가 직접 읽은 논저들을 후학들을 위해 서지학적으로 배열한 것이다. 이 책은 '제주도에 대한 연구', 즉 '제주학'을 위한 1, 2차 문헌들을 분류하고 그에 대한 자신의 입장을 정리한 것으로서 제주학을 위한 필수자료이다.

석주명은 『제주도 문헌집』에서, 제주섬를 많이 연구한 학자들로 '식물학'의 나카이(中井猛之進), '제주도학'의 석주명, '사회학'의 젠쇼(善生永助), '동식물학'의 모리(森爲三), '방언학'의 오쿠라(小倉進平) 등을 들면서, 자신을 제주도학 연구자로 명시하고 있다. 그는 제주도의 가치를 알고, 제주도를 전문적으로 연구할 필요성을 깨닫고 '제주도학'이라는 용어를 처음으로 도입했다. 그는 단순한 필드의 수집가가 아니라 제주도와 관련해서 양과 질에서 풍성하면서도 다양한 연구를 했다.

이 책은 저자명순, 내용순, 주요 문헌 연대기순, 서평, 총괄 등으로 이뤄져 있다. '저자명순'에서는 우리나라 저자들은 가나다 순으로, 일본인 저자들은 아이우(アイウ) 순으로, 서양인 저장들은 abc 순으로 문헌들을 정리하고 있어서 저자의 이름만 알면 쉽게 관련 자료들을 찾을 수 있도록 하였다.

'내용순'은 다시 총론부, 자연부, 인문부로 나뉘는데, 총론부는 제주도와 관련해서 총론적인 성격의 문헌들을 수록하고 있다. 자연부는 다시, 기상, 해양, 지질광물, 식물, 동물, 곤충 등 제주도의 자연을 6개 분야 총 433편을 다루고 있다. 여기서 곤충 부분을 따로 분류한 것은 석주명 자신이 곤충학자이기에 가능했던 것이다. 우리는 여기서 그가 자연과학 전반에 대해서 폭넓은 지식을 지니고 있음을 확인할 수 있다. 인문부에서는 다시, 언어, 역사, 민속, 지리, 농업, 기타 산업, 정치.행정, 사회, 위생, 교육.종교 등 총 11개 분야 총 599편을 다루고 있는데, 우리는 여기서 석주명이 제주도의 인문사회 분야에 대해서도 광범위한 관심과 해박한 지식을 가지고 있음을 알 수 있다. 이처럼 그는 제주도와 관련해서 거의 모든 분야에 관심을 가지고 자료를 모으고 천착하였다.

그는 자신이 읽었던 문헌들을 중심으로 주요한 문헌들과 저자들을 추려내고, 자신의 관점에서 질적인 평가를 하였다. 어떤 것을 잘 모르면서 그것을 평가할 수는 없다는 점을 고려할 때, 석주명은 제주도와 관련된 거의 모든 자연과학과 인문사회과학 분야의 문헌들을 섭렵했을 뿐만 아니라, 나름대로의 가치 기준을 확고하게 가지고 있음을 알 수 있다. 『제주도 문헌집』은 앞으로 제주학 관련 논저목록을 작성하는 경우에 필수 참고서가 될 것이다.

『제주도 수필』의 의의

『제주도 수필 -제주도의 자연과 인문』은 1950년 6월에 이미 교정 완료된 상태였으나 한국전쟁으로 나오지 못하다가 1968년 11월에야 그의 누이동생 석주선에 의해 발간된 첫 유고집이다. 이 책은 제목만 보면 수필집으로 착각하기 쉬우나 내용으로 볼 때, 제주도의 자연과 인문사회에 대한 다양한 자료들이 들어 있어서 작은 제주백과사전이라 할 만하다. 이 책은 서문, '오돌똑' 악보, 총론, 자연, 인문 등으로 나뉘고 있다.

총론에서는 제주도의 과거와 현재 모습을 이야기하고 있다. 우선 육지부에는 있지만 제주섬에는 없는 당시 풍경으로 까치와 포플러를 들고, 반대로 육지부에는 없고 제주섬에만 있는 풍태로 밭밟기와 해녀를 들고 있다. 하지만 제주도가 한반도의 다른 지역과 다르기는 해도 동식물의 성립 분자를 놓고 볼 때 일본보다 한반도의 분자가 많을 뿐만 아니라 중요 분자의 대부분이 한반도와 공통되어 생물학상으로 한국의 부속섬임을 분명히 하고 있다.

'자연'에서는 제주도의 기상, 해양, 지질.광물, 식물, 동물, 곤충 등 제주 자연의 전 분야에 걸쳐 자신이 보고, 듣고, 읽고, 직접 연구한 것들을 각각의 분야에서 가나다 순으로 스케치하고 있다. 우리는 여기서 석주명이 제주의 자연을 이해하기 위해 선행 연구자들의 문헌들을 꼼꼼히 서로 비교해가면서 읽었고, 아직 밝혀지지 않은 것들에 대해서는 자신이 직접 관심을 가지고 연구했다는 것을 확인할 수 있다.

'인문'에서는 제주의 전설.종족, 방언, 역사, 외국인과의 관계, 관계 인물, 민속, 의식주, 일상생활, 지리, 도읍.촌락, 산악, 도서, 지도, 교통.통신, 농업, 임업, 축산, 수산, 기타산업, 정치·행정, 사회, 인구, 특수부락, 위생, 교육, 종교, 문화 등으로 나뉜다. 이 책 전체를 놓고 볼 때 '자연' 분량이 50쪽인 데 반해, '인문'은 그보다 훨씬 많은 278쪽에 이른다. 그리고 '자연' 분야에서는 일본 학자들의 성과를 많이 인용하였으나, '인문' 분야에서는 주로 석주명 자신이 직접 원자료를 읽고 연구한 것을 바탕으로 하고 있다는 점에서 차이가 있다. 그 점에서 그는 제주학과 관련해서는 인문학자라 할 수 있다.

석주명은 언어, 풍속, 문화 등에서 한반도(육지부)의 다른 지역에서는 찾기 힘든 '제주다움'과 '제주적인 것'을 찾지만, 그것들 가운데 다른 지역의 것들과 공통적인 요소들을 찾는 것을 게을리하지 않는다. 그는 제주도와 멀리 떨어진 평안도, 일본, 몽고와의 공통점을 제시하면서 제주도의 언어, 풍속, 문화에서 고유한 것이라 생각되어온 것들 가운데 우리의 옛것이거나 외부로부터 들어온 것도 있을 수 있다는 것을 의미한다. 석주명은 외지인이면서 제주도를 아끼는 반(半)제주인으로서 제주도의 자연과 문화를 좀 더 객관적으로 보면서 그것을 바탕으로 '제주다움'과 제주도의 가치를 찾으려고 하였다.

『제주도 곤충상』의 의의

『제주도 곤충상』은 1950년 6월에 편집이 완료 되었지만 한국전쟁으로 출간되지 못하고, 20년이 지난 1970년 8월에야 유고집으로 출간되었다. 이 책은 곤충학자이자 제주학자인 석주명이 할 수 있는 최선의 것으로, 연구사, 총목록, 총괄 등으로 이뤄져 있다.

'연구사'에서는 제주도 곤충과 관련된 논저 100여 편을 연대순으로 배열하고, 각각에 대한 간략한 해제를 덧붙이고 있다. 석주명은 1847년 우리나라 생물종 가운데 최초로 학명이 붙여져서 세계에 알린 제주홍단딱정벌레(Coptolabrus monilifer)를 발표한 타텀(Tatum T.)의 논문에서부터 1950년 제주도산 모라윗왕버섯벌레(E. moravitzi moravitzi)를 다룬 아라키(荒木東次)의 논문에 이르기까지 제주도 곤충과 관련된 100여 년 동안 100여 편의 논저에서 다뤄진 제주도산 곤충에 대해서 설명하고 있다. 그는 제주도 곤충을 연구한 이들 가운데 석주명 22편, 무라야마(村山釀造)의 13편, 조복성 8편 등 주요 곤충학자들의 성과를 제시하면서 제주도 곤충과 관련해서는 자신이 독보적 존재임을 자부하고 있다.

'총목록'에서는 제주도산 곤충 19목 141과 737종에 대해서 등장하는 출처, 즉 학술지, 보고서, 곤충도감 등에 대해 상세히 밝히고 있어 후학들에게 검증의 기회를 주고 있다. 그리고 '총괄'에서는 제주도 곤충 19목 141과의 한국명, 학명, 각 과에 대한 737종의 수를 기록하고 있다. 그 가운데 나비목은 30과 255종에 이르며, 나방을 제외한 제주도의 나비는 73종이다. 그는 이들 가운데 제주 대표 나비로 '제주왕나비(Danaus tytia)'를 꼽고 있다. 제주왕나비는 A

Synonymic List of Butterflies of Korea와 『한국산 접류 분포도』에서도 첫머리에 자리매김하고 있다.

석주명은 제주도 총서 가운데 『제주도 곤충상』은 자신의 주전공 분야여서 가장 자신 있어 한다. 하지만 그는 여기에서도 나비목 부분만 상세할 뿐 나머지는 그렇지 못하다면서, 후학들이 그의 부족한 부분을 메우고, 그가 미처 발견하지 못해서 생긴 오류들을 바로 잡아서 제주도 곤충들에 대해서 보다 정확하고 상세한 연구를 하도록 기대하고 있다. 이는 단순한 겸손이 아니라 학자적 양심에서 나온 것이다.

『제주도 자료집』의 의의

『제주도자료집』은 제주도총서의 마지막 권으로 제주도와 관련된 34편의 글들을 모은 것으로 1950년 6월 탈고되었지만 1971년 9월에야 유고집으로 발행되었다. 그런데 이 책은 전체의 3분의 2가 제주어와 관련된 글들이다. 석주명은 "제주도명 지명을 포함한 동식물명"에서는 학명, 국명, 일본명에서 제주, 제주도, 탐라, 영주, 한라산 등이 포함된 식물명 100여 개, 동물명 40여 개를 열거함으로써 생명종 다양성 측면에서 제주도의 생물학적 가치가 높다는 것을 간접적으로 보여 주고 있다. 그리고 농민으로부터 직접 듣고 수집 제주도의 식물명 550여개, 동물명 330여 개, 농업 관련 550여 개, 임업 관련 90여 개, 목축 관련 300여 개, 어업 관련 110개 등의 제주어를 수집하여 남겼다. 그는 한자의 음훈(音訓)에서 표준어와 다른 제주어 200여 개와 지금은 한자어로 뒤바뀌어 거의 잊혀진 190여 개의 마을 이름을 기록해 놓았다. 그는 제주어의 기원을 밝히기 위해 조선고어와 외국어(몽고어, 일본어, 중국어, 말레이어, 만주어, 필리핀어, 베트남어 등)를 고찰하고 있는데, 이 부분은 『제주방언집』을 보완한 것으로 보인다. 『제주도 수필』의 인문 분야에서는 그의 박학다식함이 유감없이 발휘되었다면, 『제주도 자료집』의 "제주시조 고양부 삼씨고(濟州始祖 高良夫 三氏考)", "탐라고사(耽羅古史)", "토산당유래기(兎山堂由來記)" 등은 인문 분야에서 그의 전문성을 잘 보여주는 글들이다.

그는 자신의 연구 업적 목록을 몇 차례 정리한 바 있는데, 『제주도자료집』 부록에 그의 생전(1950.7.1.)에 연구 업적을 최종 정리하고 해설을 달았는데, 석주명 연구자들에게 필수 자료가 되고 있다.

해방 이후 4년간 제주 관련 신문기사 정리

석주명은 1945년 5월 제주도를 떠난 후에도 제주도에 대한 관심을 놓지 않았다. 그는 무엇을 보든 듣든 제주도에 관한 것이라면 수집 정리하였다. 그는 해방 이후 서울에서 당시 발행되던 신문에서 제주도 관련된 기사가 나오면 닥치는 대로 수집하였다. 그리고 그는 서울에서 발행되는 신문들 가운데 자유신문, 서울신문, 대동신문, 중앙신문, 경향신문, 조선일보, 동아일보, 한성일보, 현대일보, 조선인민보, 매일신보, 독립신보, 조선의약신보 등에 실린 제주 관련 기사를 해방 후 1년 단위로 정리해서 네 차례 발표하였다.

그가 해방 후 1년(1945.8.~1946.8.) 제주도 관련 최초의 기사는 UP특파원 '크렘플러'가 제주도를 시찰하러 떠났다(매일신문, 1945.9.28.), 조선 주재 미군 부대가 제주도의 일본군 제58군의 투항을 받았다(1945. 10. 2)는 보도이다. 해방 후 1년간의 제주도 관련 큰 뉴스거리는 '한라산학술등산대 탐사', '제주도의 도(道) 승격', '호열자(콜레라) 발생' 등이었다.

해방 후 둘째 해(1946.8.~1947.8.)에는 사회 형세가 변하면서 각 신문에서도 뉴스를 다루는 방식이 달라졌다. 자유신문 1946년 10월 22일자에 '제주도는 장차 서부 태평양 지구에 있어서 지브롤터처럼 전략적 요충지로 될 가능성이 있다'는 미국 시사평론가 화이트 씨의 견해가 게재되었고, 다음날인 23일에는 그에 대한 사설까지 다뤘다는 점이 특이하다. 제주 4.3의 계기가 된 1947년 3.1절 시위 경찰발포 사망한 사건에 대한 항의로 3월 10일부터 제주도 공무원들이 벌이게 된 총파업에 대해서는 신문마다 보도 태도가 조금씩 달랐는데, 석주명은 그에 대한 각 신문들의 태도에 대해 분석하고 있다.

해방 후 셋째 해(1947.8~1948.8)의 제주도 관련 주요 기사로 1947년도 하곡 수집과 추곡 수집에서 제주도 성적이 매우 저조하다는 것이 있다. 자유신문에서는 1948년 1월 조선산악회에서 파견한 한라산 겨울 등반대의 조난 사고를 상세히 다뤘고, 4월 3일 이후에는 각 신문들이 제주4.3에 대한 미군정의 대처 과정에 대해 언급하고 있다. 그리고 5월 31일 국방군과 인민군 간 유혈 대참사가 있었고, 6월 19일까지 인명 피해는 800여 명, 소실된 가옥은 420호이라는 보도가 있고, 6월 21일 서울 제우회(濟友會)에서 '정치적 환경 개혁만이 제주사건 해결의 열쇠'라는 요지의 청원서를 하지(Hodge, J. R.) 중장을 비롯한 요로에 제출하였다는 기록이 있다.

석주명이 해방 이후 4년간 서울에서 발행되는 20여 종의 신문에서 수집하여 정리한 제주 관련 기사들은 당시 제주 사회 상황, 미국이 제주도를 보는 시각, 제주도가 전남에서 분리되어 도(道)로 승격되는 과정, 1947년 3.1절사건 이후 총파업에 대한 중앙신문들의 입장, 제주4.3의 전개 과정 등을 엿볼 수 있는 귀한 자료이다. 이 밖에도 그는 정부수립 이후 제주신보(1948.10.20.)에 기고한 「제주도청론」에서 자신은 누구보다 제주를 잘 아는 반(半)제주인임을 스스로 밝히고 있다.

그는 제주도의 특이한 자연과 문화가 귀하다는 것을 깨닫고, 그것들이 사라지는 것을 안타까워했다. 그리고 누군가 그것을 연구할 것을 기다리지 않고, 곤충학자인 그가 제주도의 자연뿐만 아니라 인문사회 분야의 자료를 수집하고 연구하여 제주학 연구의 초석이 되는 제주도 총서를 결집해 냄으로써 자타가 공인하는 제주학의 선구자가 되었다.

맺는말

석주명은 '제주적인 것'의 가치를 가장 먼저 알아본 인물이다. 그는 일찍이 제주도의 특이한 자연과 문화가 귀하다는 것을 깨닫고, 그것들이 사라지는 것을 안타까워하면서 하루바삐 한국의 식자들이 금싸라기 같은 제주도의 자료를 수집하여 체계를 세울 것을 주장하였다. 그리고 누군가 그것을 행할 것을 기다리지 않고, 곤충학도였던 그가 직접 제주도의 자연뿐만 아니라 인문사회 분야 연구에 직접 뛰어들어 제주학 연구의 초석이 되는 '제주도 총서'를 결집해 냄으로써 자타가 공인하는 제주학의 선구자가 되었다.

어떤 것의 가치는 그것을 매일 보는 사람보다는 처음 보는 사람이 더 잘 알게 되는 경우가 적지 않다. 그리고 이미 다른 많은 것을 보았던 사람은 그들과 비교를 통해 좀 더 객관적으로 그것의 가치를 알 수 있다. 석주명은 나비채집을 하느라 전국을 거의 다 섭렵하였다. 그러기에 그는 제주도의 자연과 인문의 가치를 먼저 알아차릴 수 있었고, 2년간 제주도에 상주하면서 제주도에 관련해서 보고, 듣고, 읽고, 직접 조사한 자료들을 철저하게 기록하여 분류하고 분석하였으며, 그것들을 엮어 '제주도 총서'를 만들어냈다.

그의 제주학 연구는 자연 분야뿐만 아니라 인문사회 분야의 거의 모든 영역을 망라한다. 그는 이방인이었고, 곤충학을 제외한 나머지 분야에서는 비전공자였다. 그러기에 그는 제주인들이 미처 보지 못한 것들을 볼 수 있는 참신성과 과감성을 가졌지만, 그만큼 잘못 볼 수 있는 가능성도 있다. 한 분야의 대가(大家)는 다른 비전문 분야에서도 큰 성과를 낼 수 있다는 장점도 있지만, 경우에 따라서는 부적합한 권위에의 오류를 범할 수 있는 약점도 지닌다. 즉 나비 연구의 대가였기에, 그가 범한 잘못들마저도 대중들은 사실과 진실로 받아들여지는 경우도 생겨난다. 석주명의 제주학 연구의 한계가 바로 그것이다. 따라서 석주명의 제주학 연구의 성과를 계승하고 그의 오류를 바로잡는 것은 각 분야의 전공자들이 몫이다.

석주명의 제주학 연구는 다음과 같은 의의가 있다. 첫째, 그가 남긴 자료들은 제주도 연구를 위한 기초 자료가 된다. 제주도와 관련해서 그가 수집하고 기록한 자료들은 제주도 근현대사에서 가장 큰 비극인 제주4.3 직전의 것들이어서 제주도의 옛 모습을 간직한 것들이다. 그는 제주도의 가치를 먼저 알고 일찍 연구를 시작하여 제주학의 선구자가 되었다.

둘째, 일제강점기에 한국인에 의해 종합적으로 제주도 연구가 이뤄졌다. 당시 일본 어용학자들이 제주도 연구를 많이 했지만 그들의 연구 목적은 자원을 수탈하고 사회를 지배하기 위한 것이었다. 그러나 석주명의 제주도 연구는 양과 질에서 일본 학자들을 압도했을 뿐만 아니라, 반(半)제주인의 입장에서 제주도를 바라보면서 연구했다. 그는 제주학 연구를 우리나라의 정체성을 규명하는 국학(國學) 연구의 연장으로 삼았다.

셋째, 자연과학의 방법론을 인문사회 분야에도 적용하는 선례를 남겼다. 그는 나비 연구에서 사용하는 통계, 분류,

분석 방법들을 방언연구, 인구조사, 자료 분류 등에서도 응용하였다. 그는 최근 화두가 되고 있는 학문 융합을 이미 오래 전부터 시도하였다는 점에서 우리나라 학문 융합의 선구자라 할 수 있다.

넷째, 석주명은 제주도 연구를 통해 통합 학자가 되었다. 그의 학문 전체를 놓고 볼 때, 제주도 연구 이전과 이후는 다르다. 그가 제주도 연구를 하기 전까지는 에스페란토 관련 글들을 빼고는 대부분 나비와 관련된 것이었다. 그는 제주어를 수집하고 연구하면서 인문학으로, 제주인구를 조사하고 분석한 사회학으로 그 영역을 넓혔다. 곤충학자였던 그는 제주학 연구를 통해 자연 분야와 인문사회 분야를 모두 아우르는 명실상부한 통합 학자가 된 것이다.

그가 세상을 떠난 지 70년이 지났다. 늦었지만 석주명 학문 전체에서 그의 제주학 연구가 차지하는 위치를 입체적으로 조명하는 작업이 필요하다. 그동안 학문 전반에서 연구 방법과 내용이 많이 달라졌고, 제주학 분야에서도 양과 질에서 상당한 성과가 나왔다. 그에 걸맞게 석주명의 제주학 연구에 대해서도 다양한 분야에서 좀 더 객관적이고 냉정한 평가가 이뤄져야 할 것이다.

한국 근현대사의 타임캡슐, 석주명 선생 유물

오호석_ 단국대학교 석주선기념박물관 학예연구원

석주명 선생 유물의 기증

석주명 선생은 한국전쟁이 일어나고 북한군에 의해 서울이 점령되었어도 의연하게 국립과학박물관의 나비 표본을 지키며, 발간을 앞둔 많은 원고의 정리에만 몰두하였다. 석주명 선생이 죽음의 순간에도 스스로를 "나비밖에 모르는 사람"이라고 했지만, 그는 나비 학자인 동시에 국학자, 언어학자, 지역학자, 에스페란토 운동가, 산악인 등 실로 다방면에서 활약하였던 다재다능한 인물이었다. 석주명 선생에게는 1964년 대한민국 정부 건국공로훈장이 추서되었으며, '빛을 남긴 사람'(KBS 라디오, 1955), '한국근대인물백인'(강영선, 1970), '한국의 명가'(김덕형, 1976), '나비 박사'(이병철, 1984)[1], '조선적 생물학자'(문만용, 1997), '제주학 연구의 선구자'(2000, 제주전통문화연구소), '한국에스페란토 선구자'(홍성조 외, 2005), '명예로운 과학자'(한국과학기술한림원, 2008), '학문융복합의 선구자'(제주KBSTV, 2011), '한국의 르네상스인'(윤용택, 2018), '대한민국 과학기술유공자'(대한민국, 2018) 등 수많은 평가가 이어져 왔다.

석주명 가방에서 나온 원고와 소지품

그러나 석주명 선생 사후 61년이라는 오랜 시간 동안 석주명 선생의 유품은 대중의 관심 밖으로 잊혀 있었다. 석수명 선생이 남기고 간 유품은 석수선 선생과 조카 손녀 박성실 교수가 대를 이어 지켰다. 평생 수집한 한국의 전통 복식과 출토 복식 연구 자료를 단국대학교에 기증하신 석주선 선생은 오빠 석주명 선생의 유품 일부를 석주선기념박물관에 기증하였는데,[2] 이는 2014년 국가 등록문화재 제610호로 지정되었다. 석주선 선생이 미처 정리하지 못했던 석주명 선생의 유품은 박성실 교수에 의해 정리되었고, 242건에 달하는 유물이 외동딸 석윤희 교수의 결심과 박성실 교수의 노력으로 2021년 8월 24일 단국대학교 석주선기념박물관에 기증되었다.

석주명 선생의 유물은 근현대사의 다양한 생활상을 보여주는 생생한 자료와 역작의 토대가 된 나비 연구 자료, 제주도 연구 자료, 한국에스페란토 운동 관련 자료와 기타 자료로 분류된다.

근대사의 다양한 생활상을 보여 주는 생생한 사진 자료

석주명 선생의 사진 자료는 가족 사진과 석주명 선생의 개인 사진, 활동과 관련된 사진, 그리고 석주선 선생이 남긴 석주명 추도회 사진 등 1920년대부터 1960년대까지의 사회 생활사를 살펴볼 수 있는 사진 130여 장이다. 그동안 석주명 선생을 조명하는 책자의 발간에 소개된 사진들이 포함되어 있다.

1920년대 촬영된 사진은 석주명의 가고시마고등농림학교(鹿兒島高等農林學校) 유학 생활과 관련이 있다. 촬영 시기는 대부분 1929년으로 기록되어 있어 졸업을 앞둔 시기에 촬영되었던 것으로 판단된다. 1930년대 사진은 송도고등보통학교 재직 시절 사진들과 나비 채집 관련 사진, 그리고 에스페란토 활동과 관련된 사진이다. 1940년대 사진은 송도고보를 사직하면서 60만 마리의 나비 표본을 소각한 1942년 사진이 대부분이며, 이후 사진은 가족 사진을 제외하면 1948년 광릉(光陵)에서 촬영된 단체 사진이 유일하다. 1942년 송도고보 사직 이후 제주도에서의 생활(1943~1945)이나 해방 이후 사진은 남아 있지 않다. 1950년 이후 사진은 사후 1955년 5주기 추도식 사진, 그리고 1968년 유고집 출판 기념회를 기념한 추도회 사진 등이 남아 있다.

석주명 역작의 토대가 된 연구 자료

석주명 선생은 가고시마고농을 졸업하며 지도교수의 권유를 받아들여 나비 연구를 평생의 업으로 삼았다. 자연의 조화 속에서 아름다운 재료인 나비를 통해 자연법칙을 추구했던 석주명 선생은 10년의 노력 끝에 1936년 미국자연사박물관 지원을 시작으로 일본 학술진흥회의 추천으로 국고 연구비 지원을 받았고, 영국왕립아시아학회로부터 『조선산 나비 총목록』

1) 석주명 선생을 '나비 박사'로 칭한 것은 1984년 이병철이 월간 『한국인』 3월호에 「외곬 인생의 나비박사 석주명」이라는 글을 게재한 것이 처음으로 확인된다.

2) 공식적인 기증 일자는 1997년 9월 1일이다.

유학 생활 관련 사진_1929년

1934년_맨앞 왼쪽
에서 2번째

1930년대_맨앞줄 왼쪽에서 3번째

1940년_나비 채집 조사

1948년_광릉에서

1955년_5주기 추도회

1968년_유고출판기념회

의 집필 의뢰를 받는 조선을 대표하는 나비학자가 되었다. 상해자연과학연구소 동방문화사업상해위원회(1938년), 영국왕립아시아학회(1939년), 규슈대학 농학부(1938년8월6일), 교토대학 이학부 동물학교실, 후쿠오카대학, 가고시마박물동지회(1942년), 만주생물학회(1943년), 조선박물학회(1942~1943) 등의 우편물을 통해 석주명 선생이 나비 학자로서 국제적 명성을 떨쳤음을 알 수 있다.

석주명 선생의 나비 연구 관련 친필 원고는 한국전쟁 당시 한국산 나비에 대한 측정학, 분류학상의 연구를 마무리하여 출판을 위해 준비했던 원고들이다. 그는 나비 분포 지도를 완성함으로써 본격적으로 생태학적 나비 연구를 시작하려고 했다. 전쟁 속에서 500여 장에 달하는 분포 지도를 배낭에 넣고 자나 깨나 지니고 다녔을 만큼 그의 연구는 자신의 혼이자 생명과도 같은 것이었다. 그의 유품으로 남은 서류 가방에는 수많은 원고와 미처 채우지 못한 원고지가 그대로 남아 있다.

【표1】 나비 연구 관련 석주명 선생 주요 유물(2021년 9월 기준)

번호	유물명	년도	크기
1	조선 나비분포도 21종	1938	31.4×47.4, 36.5×26.2
2	접류 분포구획선도	1938	29×45.8
3	나비 앞날개 개체변이 통계 작성 자료_석주명	미상	35.7×26
4	한국 나비 간단 목록(타이핑)	1930년대	15×23
5	ZEPYRUS 3-1호(접류동호회 잡지)	1931	15×22
6	석주명 친필_蝩[나비] 분포지 열거한 메모	1940년대	25×17.5
7	수필 '나비' 원고	1940년대	34×25
8	나비 기록지	1930년대	22×28.2
9	나비 연구 원고	1930년대	20×27
10	나비 조사 카드	1930년대	18×26(내지)
11	한국 나비 일괄 목록	1930~40년대	22×29
12	나비 분포 통계 표 등	1942년대	25×35.5
13	나비 통계 표_ , ,	1930년대	27.5×39.5
14	나비 목록 원고	1949	25.5×17.5
15	<蝶類研究史> 원고	1940년대	25×19
16	<조선산접류분포론> 초고	1947	19.2×26.5
17	한냥과 각씨 원고	1949	34×25
18	꼬마멧팔랑나비 표본 카드	1931	9×10.5
19	나비 보관용 종이	1950	지름30cm
20	나비 보관용 봉투(異型)	1930년대	9.5×14.5
21	석주명 저 논문 목록 및 해설(잡부)	1940년대	18×26
22	석주명 저 논문 목록 및 해설(잡부)-70번 부터	1940년대	18×26
23	나비 명칭 목록	1940년대	26.5×19
24	나비 분류표	1940년대	25.5×17.5
25	한국 산접류 연구 원고 모음	1950년 이전	18.7×26.3
26	石宙明著 主要 業績 目錄及 解說 별쇄본	1941.1.14	15×22.5
27	조선박물학잡지 제9권 제35호 별쇄본	1942.07.30	18×25.6
28	조선박물학잡지 제26호(朝鮮産蝶類ノ研究史) 별쇄본	1939	19×26
29	조선박물학잡지 제26(蝶ニ關スル朝鮮古典ノ解說) 별쇄본	1939	19×26
30	가고시마박물동지회보고 제1호(朝鮮産異型及び畸形の蝶)	1942.6.1	18.5×26

제주학 선구자의 자료

1942년 3월 송도고보를 사직한 석주명 선생은 같은해 4월 개성에 있었던 경성제국대학 의학부 미생물학교실 소속 생약연구소에 촉탁으로 들어갔다. 그는 그동안 채집하여 송도고보 박물관에 보관하던 60만 마리의 나비 표본을 화장하였다. 그가 60만 마리에 달하는 많은 나비 표본을 왜 화장했는지 정확한 이유는 알 수 없지만, 찬란한 교사 생활을 뒤로하고 새로운 직장을 찾은 것은 더 넓은 연구의 시작이 되었다. 그는 비교적 자유로운 신분으로 그동안 미진하였던 나비 채집과 연구를 시작하였다. 특히 1936년 미국 자연사박물관의 제주도 채집 여행을 통해 인연을 맺었던 제주도에 대한 관심은 생물학자, 나비 박사가 아닌 국학자, 지역학자로서의 새로운 삶과 연구를 펼치게 되었다. 석주명 선생은 1943년 4월부터 생약연구소 제주도시험장으로 자진 전근하여 제주도 관련 자료를 수집하여 여러 분야의 제주학 연구를 진행하였다. 현재 그를 '제주적인 것'의 가치를 가장 먼저 알아본 제주학 연구의 선구자이자 학문 융복합의 선구자로 평가하는 이유가 바로 2년 간의 제주 생활을 바탕으로 한 제주도 연구에 있다고 할 수 있다.

석주명 선생은 제주도 생활에서 방언과 곤충간의 일맥상통하는 점을 간파하고 곤충을 연구하는 방법으로 방언을 연구할 수 있다는 생각하였고, 하나의 방언이라도 더 모아서 한글학자들에게 제공하기 위한 마음으로 방언 수집에 상당한 시간을 할애하여 2년간 7,000여 개의 단어를 수집하였다고 한다. 그는 제주도에서 본 것, 들은 것, 읽은 것들을 개별 조사 카드에 제목과 내용을 기록하였고, 각각의 카드를 제목별 가나다의 순서로 정리하였다. 여기에는 제주도 방언, 제주도 문헌, 제주도 나비와 곤충 등 제주도 총서와 관련된 것 등이 망라되어 있다.

해방 이후 석주명은 제주도 총서의 발간에 집중하였다. 그는 1942년부터 2년간 수집한 내용에다 부족한 부분을 제주도 사람들을 통해 계속해서 추가 수집하였음이 제주도 방언추가분(方言追加分), 고어추가(古語追加) 원고를 통해 확인된다. 1947년 제1집『제주도방언집』(서울신문사)를 시작으로 1948년 제2집『제주도의 생명조사서-제주도인구론』(서울신문사)에 이어 1949년『제주도관계문헌집』(서울신문사)를 펴냈다. 그는 1950년 나머지 제주도 총서 발간을 준비하고 있었다. 그가 에스페란토어로 남긴 탁상일기에는 제주도 총서와 관련된 내용이 여러 차례 확인된다. 2월 8일 일기에는 제주도 총서 문제로 제주도지사와 제주도 의원을 만났으며, 2월 24일에는 서울인쇄소에서 제주도 총서 제4집『제주도 수필』의 가인쇄본을 받아와서 교정 작업을 시작했다. 5월 31일에는 제주도 총서 제5집『제주도 곤충상』의 원고를 서울인쇄소에 넘겼음이 확인된다. 그러나 석주명 선생의 제주도 총서는 3권까지만 발간되었고 그가 준비했던 제4집~제6집은 발간되지 못했으나 동생 석주선 선생에 의해 유고집으로 발간되었다.

석주명 선생의 제주도 관련 업적 가운데 빼놓을 수 없는 것은 구전으로만 전해오던 제주도의 민요를 채보하여 널리 알린 일이다. 기증 유물 중에 제주도 민요 '오돌또기'와 신민요 '개나리고개'의 친필 악보가 남아 있는데, 석주명 선생은 연구실에서도 늘 '둥구데당실 둥구데당실…'하며 조그맣게 '오돌또기'를 부르며 지낼 만큼 좋아했다고 한다.

【표 2】제주도 연구 관련 석주명 선생 주요 유물(2021년 9월 기준)

번호	유물명	년도	크기
1	제주도 방언학 추가분 / 도서 요약본	1949	17.7×24.5
2	제주도	1940년대	18×24.5
3	제주도 생명 조사서	1947	24.5×35
4	제주 관련 식물 명칭 자료(기타글1)	1940년대	26×27.5
5	제주도 방언과 몽고어	1940년대	25×17.5
6	제주도 방언과 안남어	1940년대	26×17.8
7	제주도 생물조사서	1940년대	25×17.5
8	악보<개나리고개-신민요>	1948.5.28	23×30.8
9	악보<오돌똑_제주도 민요>	1947.9.15	23×15.5
10	제주도카드 5종	1949	9×6.5
11	제주도 방언집 초고 원고	1947	17.5×25.5
12	제주도 곤충상 초고 원고	1950.6	22×31
13	제주도 수필 원고 모음	1949.5.15	18.5×28
14	제주도 자료집 원고 모음	1950.6.18	25×33.5

에스페란토 관련 자료

석주명 선생은 가고시마고농에서 에스페란토 연구회에 참여한 이후 평화와 희망이라는 에스페란토 정신을 가슴에 새기고 세계공통어인 에스페란토로 어려운 강대국의 언어를 대체하자는 에스페란토 운동을 실천하였다. 식민지 조선인으로서 우리말을 지키면서도 일본어 사용의 강압을 피하는 방법을 에스페란토에서 찾았다고 할 수 있다. 동시에 에스페란토를 통해서 세계 여러 나라의 에스페란토 인들과 편지로서 교류하였고,[3] 그들의 주선을 통해 세계의 나비 표본을 수집하고 외국 학자들과 소통하는 기회를 삼을 수 있었다. 이와 같은 이유에서 석주명 선생은 에스페란토를 적극 사용하였다.

과학자 석주명은 에스페란토를 통해 힘에 의한 국제 질서가 아니라 평등에 의한 평화를 추구했다. 그의 이러한 생각은 1949년 작성한 대한에스페란토학회 잡지 창간사에 잘 드러난다.

> "인지가 발달함에 따라 지구는 상대적으로 작아가니 지구 위의 각 민족들은 그 환경이 좋던 나쁘던 간에 국제생활을 하지 않을 수가 없게 되었다. 과도기에 있어서는 강한 민족의 말이 강요되고 있지만 수많은 약한 민족들은 찬송하는 바가 아니다. 우리는 먼저 평등에서부터 시작하여 세계 평화를 구하려는 것이 과학적임을 알아야 한다"

석주명 선생은 귀국 후 송도고보에 에스페란토 클럽을 만들어 학생들을 지도하였으며, 에스페란토를 활용하여 연구 논문을 발표하였다. 해방 이후에는 에스페란토 교과서를 간행하였으며, 신흥대학, 국학대학, 홍익대학 등에서 에스페란토를 가르쳤다. 무엇보다도 대한에스페란토학회의 창립을 주도하였는데, 특히 에스페란토학회 통합과 대한에스페란토학회 창립을 위한 준비와 그 과정을 상세히 보여 주는 자료철과 에스페란토학회 일기장은 그가 왜 한국에스페란토 운동의 공헌자로 평가받고 있는지를 알려 주고 있다.

석주명 선생의 유품 가운데 에스페란토 관련 자료가 많은 것은 그가 에스페란토를 통해 추구하고자 했던 뚜렷한 목표와 목적을 보여 주는 것이라 하겠다.

석주선 선생에 의해 보존된 『제주도수필』 원고

3) 석주명 유품에서 확인되는 에스페란토 편지들의 발송처는 스페인 산탄테르(Santander), 네델란드, 러시아 모스크바와 상트페테르부르크, 영국 런던과 버밍엄, 체코슬로바키아, 이탈리아 로마와 밀라노,핀란드, 폴란드, 덴마크, 헝가리 부다페스트, 벨기에, 스웨덴, 에스토니아 등 다양하다.

4) 윤용택, "석주명의 산악회 활동과 국토구명사업"(서귀포신문) 참조.

【표 3】 에스페란토 관련 석주명 선생 주요 유물(2021년 9월 기준)

번호	유물명	년도	크기
1	국제어 에스페란토 교과서 부 소사전	1947	13×18
2	에스페란토 속성강좌(김억 저)	1947.10.1	12.5×18
3	대한 에스페란토협회 강령	1950년 이전	39.5×27.5
4	세계 에스페란토협회 기관지 모음	1949.11~1950.4	18.5×24.5
5	신입생 학습자료_La Nove-Bakito Vol 2. No 3~5	1950.3	21×33
6	해외 편지	1932~1936	15.3×12.3 외
7	해외 편지	1937~1939	16×11 외
8	해외 엽서 모음	1936~1950	14×9
9	에스페란토 한국어의 로마가 표기법	1949	26.5×37
10	신흥대학시간표 1	1949.1학기	36×26.5
11	성균관대학시간표	1949	60×46
12	동국대학 시간표 -외국어학부1학기(1부)시간표	1950	35.5×25.5
13	동국대학 시간표 -외국어학부1학기(2부)시간표	1950	39×26.5
14	신흥대학 에스페란토 시험지(주간부)	1940년대	27×38.5
15	신흥대학 에스페란토 시험지(야간부)	1940년대	27×39.5
16	대한에스페란토회 1949년 결산 자료	1949	18.5×22.5(표지)
17	대한에스페란토학회 입회 원서	1950	19×22.5
18	대한에스페란토학회 회원증	1950.1.1	18.5×6.3
19	한국에스페란토학회 발족 결과 회의록	1949.11.16~1950.6.10	16×12.5
20	한국에스페란토학회 회계장부	1949.10.3.~1950.3.22	18.5×26
21	한국에스페란토학회(KEI) 일기장	1949.11.16~1950.2.28	17.5×26
22	한국에스페란토학회 자료철	1949	20×26
23	대한에스페란토학회 회비납입대장	1950	16×19.5
24	대한에스페란토학회 명부	1945.5.10이후	21×16
25	대한에스페란토학회 회원주소록_2건	1950	15.5×22
26	에스페란토학회 사진	1949	12.5×17.5(봉투)
27	에스페란토학회 창간사-서기장 석주명	1950	17.7×25
28	일본 에스페란토어잡지 <エスペラント>	1949/1950	15×21
29	시 “즐거운 농부” 에스페란토어와 번역본	1950년 이전	23.3×27외
30	김만종의 에스페란토어 악보와 편지 및 우표 2매	1949 봉투	(10×18.5)
31	에스페란토 강습증명서	1949	9×14.5
32	제34회 세계대회 전야제_ANTAUKONGRSA LIBRO	1949.8.3~5	14×21.3
33	에스페란토학회 국내 회원이 보낸 편지글 모음	1949년 전후	
34	세계 에스페란토 학회 봉투	1949년 전후	17×12.5
35	에스페란토학회 국내회원 서신 일괄	1949년 전후	17.5×25.5(봉투)
36	에스페란토학회 국내회원 서신 일괄	1949~50년	
37	동경제국대학 기요	1908	19×26
38	서울신문 광고	1949.12.15	40.5×55

한국 학술탐사대와 한국산악회 자료

석주명 선생은 8 · 15 광복 후 창립된 조선산악회에 가입(1946)하였고 1949년부터 부회장을 맡아 연구 분야의 확대 및 과학의 대중화에 노력하였다. 특히 조선산악회 학술담당 상임이사로서 1946년부터 국토구명사업 학술탐사대 활동에 적극 참여하였다. 국토구명사업은 오대산, 태백산맥, 소백산맥, 울릉도·독도, 차령산맥, 선갑도·덕적군도, 다도해 등을 대상으로 매년 여름에 진행되었으며, 1949년에는 제6회와 제7회 등 2회의 조사가 실시되었다. 석주명 선생은 치안 문제로 조사를 하지 못한 제3회를 제외하고 모두 5차례에 걸쳐 참여하였는데, 제4회~7회 조사에는 조사대장을 맡았다.

1949년 6월에 있었던 '선갑도·덕적군도 학술조사대'는 지질, 식물, 동물, 의학, 언어, 사학, 사회 등 각계 전문학자들을 비롯, 보도진과 일반 참가자를 합쳐 총 56명이 참가하였다. 석주명은 보고서 서문에 덕적군도는 우리나라 서해 수산업계에서 가장 중요한 곳으로 의외로 산림이 울창하고 집집마다 라디오 안테나가 있어서 외딴섬의 가난한 모습은 볼 수 없어서 마음이 든든했으며, 서울 유학생들이 많고 작부들의 침입이 불가하다는 면장의 이야기를 듣고 실로 유쾌하였다고 하였다. 또 거의 무인도에 가까운 선갑도의 자연이 비교적 잘 보호되어 있고 자연 항만과 해수욕장이라 할 수 있는 지형 지세가 좋아서 이 섬 전체를 보호 구역으로 지정하는 게 바람직하다고 생각하여 그곳의 나무를 베어내지 않도록 면장에게 신신부탁하였다고 한다.[4)]

【표 3】 한국산악회 관련 석주명 선생 주요 유물(2021년 9월 기준)

번호	유물명	년도	크기
1	서울신보 제87호_전북학술도서 탐사대 수행기	1949.12.14	39.5×54
2	서울신보 제88호_전북도학술탐사보고 외	1950.1.2	39.5×54
3	서울신보 제89호_전북도서 학술탐사보고	1950.1.21	39.5×54
4	서울신보 제90호_전북도서 학술탐사보고	1950.2.10	39.5×54
5	서울신보 제91호_학회보고 "전북도 탐사"	1950.3.31	39.5×54
6	국학학보 제3호	1948.11.10	54×39.5
7	조선산악회 회칙	1945. 12	18×38
8	조선산악회 참가신청서	1947	19×25

석주명 추도 관련 자료

석주명 선생은 오직 학문을 향한 노력으로 수많은 업적을 이루어낸 우리 현대사 초창기의 몇 안되는 별 중에 별로 평가된다. 안타깝게도 42세의 젊은 나이에 세상과 이별했지만, 그의 업적은 암흑기를 찬란히 빛낸 눈부신 것이었다고 할 수 있다. 석주명 선생 5주기를 맞이하여 미승우 선생은 석주명 선생의 업적과 나비 연구의 노력에 대해 "한국산 접류의 연구를 비롯하여 에스페란토, 제주도의 연구에 이르기까지 선생이 남겨 놓은 공적은 비단 한국에서만 높이 평가되어 있는 것은 아니며, 세계적으로 가장 많은 나비를 취급한 석주명 선생의 '60만 마리의 나비의 화장'은 세계적 기록일 뿐만 아니라 정세(精細)한 연구법과 종시일관(終始一貫)된 선생의 '노력'을 여실이 증명하고도 남음이 있을 것이다"라고 평가하였다.

석주명 선생 추도 관련 자료는 동생 석주선 선생이 소중히 남긴 자료로 석주명 선생의 49제, 5주기, 10주기, 유고 출판기념회 관련 자료들이다.

【표 4】 석주명 선생 추도 관련 주요 유물(2021년 9월 기준)

번호	유물명	년도	크기
1	고 석주명 49제 노트 (49제 참석자 명단, 신문광고)	1950.11.22	12.5×17.5
2	석주명 5주기 애도사-대한생물학회 회장 김성산	1955	7.8×25.5
3	석주명 5주기 조전_백갑용, 이원식·김용성	1955	13.3×19.2
4	석주명 5주기 추도회 필름	1955	14.5×20.5
5	석주명 5주기 추도사_김병윤	1955	170×21.2
6	석주명 5주기 추도문_김정현	1955.10.6	214×26
7	석주명 5주기 추도식 식순지 초고	1955.10.6	35×26
8	석주명 5주기 투도식 향료록	1955.10.6	19.5×27
9	석주명 5주기 추도식 참석자 방명록	1955.10.6	27×20.3
10	석주명 5주기 추도식 광고-조선일보	1955.10.4	79×54.5
11	석주명 5주기 추도식 기사-조선일보	1955.10.6	79×54.5
12	석주명 추도식 엄수 기사-조선일보	1955.10.7	79×54.5
13	석주명 5주기 추도문_이숭녕-한국일보	1955.10.5	79×54.5
14	석주명 5주기 추도_강영선-동아일보	1955.10.6	79×54.5
15	석주명 추도 기사_미승우-서울신문	1955.10.8	79×54.5
16	석주명 10주기 추도문(영문)_정한모·미승우	1960.12.17	19.5×26
17	석주명 총서 출판 취지_정한모	1960.8.1	25.6×17.8
18	석주명 약력_미승우	1960.1.10	25.8×7.3
19	석주명 사후 관계 기록 메모 노트 _석주선	1953	15×21.3

석주명 유물의 가치

석주명 선생의 유물 가운데 가방을 비롯한 일부 유물 12건 14점은 1999년 석주선 선생이 기증하였고, 기성품이 아닌 독창적으로 제작한 과학 도구와 연구 도구로써 석주명 박사가 활발히 활동한 1930~1940년대 우리나라 과학사 및 생활사를 밝혀 주는 자료로서 그 가치를 인정 받아 국가 등록문화재 제610호로 지정되어 있다.

석주명 선생은 1950년 10월 6일 전소된 국립과학관에 가겠다며 집을 나섰다가 총격에 의해 사망하면서 다시는 돌아오지 못하였다. 42세라는 짧은 인생을 살았던 한 과학자에 대한 수많은 평가는 그의 업적이 우리나라 근현대사에 얼마나 큰 것이었는가를 단적으로 보여 주는 것이라고 하겠다. 석주명 선생에 대한 평가가 지금까지 지속되고 있는 것은 동생 석주선 선생의 희생과 노력으로 여러 권의 책으로 세상에 빛을 보게 되었기 때문이다.

2021년 석주명 선생의 외동딸 석윤희 교수와 조카 손녀인 박성실 교수의 결단과 노력으로 기증된 석주명 선생의 원고와 연구 자료들은 에스페란토로 작성된 석주명 선생의 1950년 탁상일기와 주변 인물들의 여러 증언에 따르면, 석주명 선생의 생명이자 혼과도 같은 것이었다. 1950년 6월 서울이 함락되자 그간의 원고와 연구 자료 등은 국립과학관, 집, 동생들 집 등 상황에 따라 안전하다고 판단되는 곳으로 옮겨졌고, 땅을 파고 묻고 꺼내기를 여러 번 할 정도로 매우 소중한 것이있다. 특히 504장의 나비 분포 지도는 항상 가방에 넣어 가지고 몸에 지닐 만큼 실로 생명과도 같은 것이었다.

석주명 선생이 미처 발간하지 못한 연구서와 지도는 동생 석주선 선생에 의해 40여 년에 걸쳐 출판되었다. 그 결과 석주명 선생에 대한 세간의 주목과 업적에 대한 평가가 이루어졌고, 2018년 대한민국의 과학기술유공자로 인정될 수 있었다. 세계적인 나비 학자 석주명의 유품은 천재성이 아닌 열정과 노력이 고스란히 담겨있는 자료로서 암흑과 혼돈의 시기에 지나쳐버리고 잃어버린 우리나라의 과학사와 생활사 등 많은 분야의 공간을 채워줄 수 있는 자료로 주목된다.

부록

석주명 연구 논저 목록
석주명 관련 논저 목록

Appendix

부록
석주명 연구 논저 목록
석주명 관련 논저 목록

Appendix

List of Research Thesis of Seok Du Myung
List of Thesis related to Seok Du Myung

석주명 연구 논저 목록

1927 「에스페란토學習에 대하여」, La Espero jar.1, no.1.
Unu Peco de mia Travivaĵo pri Esperanto, La Espero jar.1, no2.
1928 Du Impresoj, La Espero jar.w, no.1.
「理解하라 에스페란토를」,『思想樹』創刊號.
Sentoj en Insulo Tane,『土』(鹿兒島高農校友會誌) 2.
1930 「國際語 에스페란토」, 평양 每日新聞, 1930.
1931 「에스페란토論1」,『松友』4.
1932 「朝鮮球場地方産蝶類の部分的目錄」, Zephyrus 4(4).
Papilioj en Songdo, Koreuĵo,『松京昆虫研究會報』1.
1933 「開城地方ノ蝶類」,『朝鮮博物學會雜誌』15.
「에스페란토論」,『松友』6.
「朝鮮産蝶類ノ未記錄種, 異常型及ビ「ウラギンヘウモン」ノ斑紋ノ變異性」,『朝鮮博物學會雜誌』15.
1934 「白頭山地方産蝶類採集記」, Zephyrus 5(4).
「白頭山地方動物採集記 [附] 開城産しべりあまむし」,『朝鮮博物學會雜誌』18.
「本年度第二學年生徒採集の蝶類目錄」,『松友』 8.
「朝鮮球場地方産蝶類目錄(第二報)」, Zephyrus 5(4).
「朝鮮産蝶類の研究(第一報)」,『鹿兒島高等農林學校開校二十五周年紀念論文集』前篇.
1935 「新種スナイダ-ヘウモンモドキに就いて」, Zephyrus 6.
「ヒメウラナミジャノメの變異研究竝に其學名に就て」,『動物學雜誌』47.
1936 「朝鮮産 Aphantopus hyperantus Linnéに就て[附]眼狀紋及其他の斑紋研究上の一樣式」,『動物學雜誌』48.
「智異山の蝶類」,『植物及動物』4(12).
「ヲカジマミスヂ及びギンジシジミなる2新種の蝶に就て [附] 金剛山蝶類目錄」,『動物學雜誌』48.
Ankoraŭfoje pri la Varieco de Pieris repae LINNÉ de Koreujo,『日本動物學雜誌』49.
1937 「附記」,『松友』10.
「朝鮮球場地方産蝶類目錄(第三報)」, Zephyrus 7(1).
「二新亞種の蝶に就いて(第4圖版)」, Zephyrus 7(1).
「濟州島産蝶類採集記(一新亞種の記載を含む)」, Zephyrus 7(2·3).
「朝鮮産珍稀蝶の新産地」, Zephyrus 7(2·3).
「濟州島の思ひ出」,『地理學研究』14(5)
「再び朝鮮山モンシロテフの變異研究」,『動物學雜誌』49.
「內地産2個の蝶」,『昆虫界』36.
「多物里島の蝶類・莞島の蝶類」,『昆虫界』40.
「慶州吐含山でアカボシウスバシロテフを採集す」,『昆虫界』43.
1938 「朝鮮産蝶の二新型に就いて(第19圖版)」, Zephyrus 7(4).
「朝鮮産Neptis thisbe Menetriesオホキミスヂに就いて」, Zephyrus 7(4).

「朝鮮産ホソヲテフに就て」,『動物學雜誌』50.
「朝鮮産 Hesperia maculata チャヌダラセセリに就て」,『動物學雜誌』50(2).
「朝鮮産ウラジャノメの變異研究」,『動物學雜誌』50(2).
「朝鮮産ヒメヒカゲの變異研究」,『關西昆蟲學會會報』8.
「樺太・北海道蝶類採集記」,『昆虫界』48.
「拙著主要論文目錄及解說」,『昆虫界』51.

1939 「一濠南啓宇の蝶圖に就て」,『朝鮮』284.
「六十萬種의 動物界의 奇現象」,『朝光』5-6.
『朝鮮産蝶類ノ研究史」,『朝鮮博物學會雜誌』26.
「朝鮮産ヒメヒカゲの變異研究」,『關西昆蟲學會會報』8.
「蓋馬高臺産蝶類採集記」,『昆虫界』60.
「蓋馬高臺産蝶類採集記(續き」,『昆虫界』61.
「外地産崎型異型の蝶集報〔Plate 289 附屬〕」,『昆虫界』63.

1940 「蓋馬高台産蝶類」, Zephyrus 8(3-4).(王鎬 공저)
「朝鮮産蝶類概論」上, 조선일보, 1940.7.21.
「朝鮮産蝶類概論」下, 조선일보, 1940.7.22.
A Synonymic List of Butterflies of Korea(Tyōsen), Seoul: Korea Branch of the Royal Asiatic Society.

1941 「蓋馬高台産蝶類」, Zephyrus 9(2).(王鎬 공저)
「寶塚昆蟲館に陳列せる朝鮮産蝶類の目錄」,『宝塚文芸図書館月報』59.
「世界的 昆蟲生態 畫家 '南나비傳'」,『조광』7(3).
「濟州島の昆蟲」,『文化朝鮮』3(4).
「再び朝鮮産ヒメウラナミジャノメの變異研究」,『動物學雜誌』53(8).
「朝鮮ニ饒産スル五種ノ蝶ノ變異及ビ分布ノ研究」,『朝鮮博物學會雜誌』8(32).
「朝鮮半島の特殊性な現する數種の蝶類に就て」,『日本學會協會報告』16(1).
「朝鮮産モンキテフの變異研究」,『動物學雜誌』53(9).
「Prof Tacuiciro Sigemacu, 故重松達一郎先生」, La Revuo Orienta, jar 22.
「一濠南啓宇에 蝶圖에 對하여」, 고려시보, 1941.1.1.

1942 「故禹鍾仁君の採集による臺灣蝶類目錄」,『昆蟲界』10(105).
「三たび朝鮮産モンシロテフの變異研究」,『動物學雜誌』54(6).
「永興地方ノ蝶類」,『朝鮮博物學會雜誌』37.
「朝鮮産蝶類の研究(第二報)」,『鹿兒島博物同志會研究報告』5(16).
「朝鮮産異型及畸形の蝶」,『鹿兒島博物同志會研究報告』5(16).
「朝鮮産テウセンタカホヒカゲの變異研究」,『動物學雜誌』54(10).
「アヲクチブトカメムシとマツケムシ」,『採集と飼育』4(7).

1943 「南啓宇の蝶圖に就て」,『寶塚昆蟲館報』28.
「北朝鮮蝶類採集記」,『朝鮮博物學會雜誌』38.

「朝鮮産蝶類標本目錄(水原農事試驗場所藏)」,『朝鮮農事試驗場彙報』15(1).
1944 「마라도エレヂー」,『城大學報』80.
1945 「濟州島の蝶類」,『科學時代』19.
「濟州島의 蝶類」,『조광』11(1).
「濟州島의 女多現象」,『朝光』11(2).
1946 「京城大學付屬生藥硏究所 濟州道試驗場附近의 蝶相」,『국립과학박물관동물학연구보고』1(1).
「博物學者의 傳記 린네」,『科學時代』7.
「生活科學化」,『現代科學』3.
「兒名考」,『鄕土』8월호.
「兔山堂由來記」,『鄕土』9월호.
「濟州島 南端部의 自然 더욱이 그곳의 蝶相에 對하여」,『국립과학박물관동물학부연구보고』1(1).
「京城大學附屬生藥硏究所濟州島試驗場附近의 蝶相」,『국립과학박물관동물학부연구보고』1(1).
「濟州島地名을 包含한 動植物名」,『국립과학박물관동물학부연구보고』1(1).
1947 「國際語 에스페란토教科書 附小辭典」, Lernolibro de Esperanto kun Vortareto.
「科學과 協力」,『新天地』2(3).
「박물학자 린네」,『새동무』10.
「에스페란토 創案者 자멘호프博士30週忌」, 서울신문.
『濟州島方言集』, 濟州島叢書 第1輯, 서울신문사.
「제주도와 울릉도」,『소학생』51.
「濟州島의 蝶類」,『국립과학박물관동물학부연구보고』2(2).
『朝鮮 나비 이름의 由來記』, 白楊堂.
「朝鮮産蝶類總目錄」,『국립과학박물관동물학부연구보고』2(1).
『중등과학 생물: 제4·5학년용』, 을유문화사.
『중등동물: 일반과학 동물계 교과서』, 교육연구사.
「耽羅古史」,『국학』3.
「창간사」,『과학나라』창간호.
「국립과학관의 하는일」,『과학나라』1-2.
「남나비 선생」,『주간소학생』45.
「朝鮮的教育體制」, 자유신문 6.30.
「世界的인 天然記念物 光陵의 伐木은 大犯罪」, 자유신문 7.31.
「崔鉉培氏著『글자의 혁명』評(上)」, 동아일보 8.23.
「山岳과 昆蟲」, 서울신문 8.16, 8.19.
「崔鉉培氏著『글자의 혁명』評(2)」, 동아일보 8.23.
「鬱陵島의 自然」, 서울신문 9.9.
「登山과 採集」, 서울신문 9.27.
「鄕土와 生物」, 서울신문 10.28, 11.1.
「工業과 學校」, 공업신문 11.28.

「生殖과 生活史」, 서울신문 12.23, 12.30.
「續 朝鮮的教育體制」, 자유신문, 12.1.
「朝鮮產シベメシジミの變異研究」, Zephyrus 9(4).
1948 「나의 長壽法」,『學風』創刊號.
「동물학 연구실 소개」,『과학나라』2-1.
「사랑과 자살」,『新天地』3(7).
「安長官에게 보내는 公開狀」,『週間서울』8.
「우리 國號와 年號」,『신천지』3(2)*필명 金永石).
「鬱陵島와 개구리」,『科學時代』5.
「鬱陵島의 人文」,『新天地』3(2).
「濟州島의 象皮病」,『朝鮮醫報』2(1).
「學術界에 있어서의 에스페란토의 地位」,『新天地』3(5).
「生物學界의 進路」, 서울신문 1.6.
「朝鮮의 姿態」, 濟州新報 2.6.
「方言과 昆蟲」, 서울신문 2.8.
「國學과 生物學」,『現代文化讀本』, 文榮堂.
濟州道廳論」, 濟州新報 10.20.
「좌담회: 새과학을 이야기하는 밤」,『현대과학』8호.
1949 「에스페란토論」,『新天地』4(2).
「科學과 에스페란토」,『新天地』4(6).
「'男女數의 支配線'의 位置, 附, 濟州道統計에 대하여」,『대한민국통계월보』5.
「教師와 學者」,『새교육』5.
「新聞記事로 본 解放 後 1年間의 濟州島」,『學風』2(1).
「新聞記事로 본 解放 後 둘째 해의 濟州島」,『學風』2(2).
「新聞記事로 본 解放 後 셋째 해의 濟州島」,『學風』2(3).
「에스페란토論」,『신천지』4(2).
『濟州島關係文獻集』, 서울신문사.
「濟州島方言과 比島語」,『조선교육』3(3).
「世界 各國 人口」,『朝鮮教育』3(4).
『濟州島의 生命調査書-濟州島 人口論』, 서울신문사.
「濟州名産 '不老茶' 禮讚」, 불로차 제조본포 서울출장소선전지.
「평화를 사랑하는 비둘기 이야기」,『학생신문』80.
「學究의 辯」, 太陽新聞 1949.12.30.
1950 「나비採集 20年 回顧錄(2)」,『新天地』5(1).
「可居島 脫出記」,『新天地』5(2).
「나비 分布圖」,『월간아메리카』1950.5.
「貧書禮讚」,『民聲』6(3).

「新聞記事로 본 解放 後 넷째 해의 濟州島」, 제주신보, 부록 제1호(1950.4.5.).
「濟州島 方言과 馬來語」, 『語文』 2.
「濟州始祖 高良夫 三氏考」, 『주간서울』 87.
「한국산 접류의 연구」 제3보.
「放射線生物學의 새로운 胎動」.
「德積群島의 學術調査隊報告」, 『新天地』 5(6).
「天然記念物 保存에 對하여」, 『新天地』 5(6).
「生物學과 英韓辭典」, 『新天地』 5(6).
1968 『濟州島隨筆』, 보진재.
1970 『濟州島昆蟲相』, 보진재.
1971 『濟州島資料集』, 보진재.
1972 『韓國産 蝶類의 硏究』, 보진재.
1973 『韓國産 蝶類 分布圖』, 보진재.
1992 『韓國本位 世界博物學年表』, 신양사.
『石宙明 나비채집 二十年의 회고록』, 신양사.
『석주명의 과학나라』, 현암사.

석주명 관련 논저 목록

1955 이숭녕, 「고 석주명 씨의 제주도 연구-나비학자의 5주년 기를 맞이하여」(한국일보)
1960 미승우, 「나비학자 석주명 선생 10주기를 맞아」(조선일보)
1965 김광협, 「어느 곤충학자의 죽음」(서울대학교 대학신문)
1969 한창영, 「석주명 선생」(『제주도』 통권 41호)
1970 강영선, 「석주명」(『한국근대인물백인선』)
1972 석주선, 「석주명의 생애와 업적」(부산에스페란토 고려소학회 강연)
1976 김덕형, 『한국의 명가』(일지사, 『주간조선』에 연재된 「석주명」 기사 묶음)
미승우, 「나비연구에 바친 일생」(『세대』 6월호)
미승우, 「잊을 수 없는 사람, 석주명」(『열매』 6월호)
서광운, 「석주명과 우장춘」(월간 『뿌리깊은나무』)
오봉환, 『나비 연구가의 나라사랑』(『한국인물사』 전집)
1977 박행신, 「제주도곤충연구사에 대한 소고, 석주명 선생의 업적을 중심으로」(『교육제주』 35)
1983 이병철, 월간 『열매』 12월호에 「나비와 더불어 한평생」(1984년 1·2월호)
1984 이병철, 월간 『한국인』 3월호에 「외곬 인생의 나비박사 석주명」
1985 이병철, 평전 『석주명』(동천사)
시바타니 아츠히로, 일본시인학회 『야도리가』 123호에 「석주명」
신유, 「해방40년 한국인물 40선, 석주명」(『정경문화』 239)
1987 시바타니 아츠히로, 일본시인학회 『야도리가』 128호에 「재설 석주명」
1989 이병철, 『나비박사 석주명 평전-위대한 학문과 짧은 생애』(아카데미서적)
1990 이병철, 제주도 연구회 44회 발표회에서 「석주명과 제주도」
1991 유문선, 「파시즘의 억압과 과학주의, 그리고 정태현과 석주명: "화상보", 유진오 저(서평)」(『문학정신』 57)
1994 박상률, 『석주명』(사계절)
이병철, 『석주명』(계몽사)
1997 이병철, 『과학사상』 21호에 「나비박사 석주명의 생애와 학문」
문만용, 「조선적 생물학자 석주명의 나비분류학」(서울대학교 석사학위 논문)
1999 문만용, 「'조선적 생물학자' 석주명의 나비분류학」(『한국과학사학회지』 21-2)
2001 전경수, 「석주명의 학문세계: 나비학과 에스페란토, 그리고 제주학」(『민속학연구』 8)
2002 이병철, 『석주명 평전』(그물코) 개정 신판 발간
강영봉, 「제주어와 석주명」(『탐라문화』 22)
2004 오성찬, 석주명 선생 소설 『나비와 함께 날아가다』(푸른사상)
이희곤, 『석주명』(두산동아)
2005 박종길, 『세계적인 나비 연구가』(키즈랜드)
홍성조·김경자, 『나비박사 석주명 선생』(한국에스페란토협회)
2006 김용주, 『세계가 인정한 나비박사 석주명』(기린동화)
2007 최낙진, 「석주명의 '제주도총서'에 관한 연구」(『한국출판학연구』 52)
2008 박현수, 『나비박사 석주명에게 배우는 몰입』(뜨인돌어린이)

2010 이병철, 『열정의 나비박사 석주명』(작은씨앗)
2010 채영숙, 『나비사랑에 바친 한평생, 석주명』(한국슈바이처)
이석창, 「제주도를 빛낸 석주명 선생과 문화유산 보존·활용 방안」(Journal of Asian agriculture and biotechnology. vol.26 no.1)
정광철, 「과학기술전시 컨텐츠로서 「한국 과학기술인물 석주명」 연구」(『한국과학예술포럼』 7)
홍현선, 「과학자 석주명의 한국과학기술사적 의미」(Journal of Asian agriculture and biotechnology. vol.26 no.1)
2011 석주명, 『석주명의 과학이야기』(북스타)
김치완, 「석주명의 제주도 자료에 나타난 제주문화」(『한국출판학연구』 61)
윤용택, 「석주명의 제주학 연구의 의의」(『탐라문화』 49)
2012 윤용택, 『학문 융복합의 선구자 석주명』(보고사)
강영봉, 「석주명의 제주어 연구 의의와 과제」(『탐라문화』 40)
김윤미, 「석주명과 나비 이야기: 김의경의 뮤지컬<신나비찬가>에 대하여」(『한국희곡』 46)
문만용, 「나비분류학에서 인문학까지: 석주명식 확산형 학문의 전개와 의미」(『탐라문화』 40)
신동원, 「한국과학사에서 본 석주명」(『탐라문화』 40)
2013 이주희, 「우리 나라 이름은 어떻게 만들어졌을까?: 석주명과 <조선 나비이름의 유래기>」(『말과 글』 134)
전경수, 「석주명의 비명횡사와 학계손실: '6·25'정전협정 60주년의 회고」(『근대서지』 7)
2014 김경민, 『나비박사 석주명의 포충망』(그레이트피플)
황보연, 『나비박사 석주명』(교원올스토리)
2016 박민호, 『우리나라를 사랑한 나비박사 석주명』(현대출판사)
윤용택, 『반제주인 나비박사 석주명』
이종미, 『나비 잡는 박사님, 석주명』(한국글렌도만)
2017 박상률, 『나비박사 석주명』(사계절)
윤용택, 「석주명의 학문이념에 관한 여구: 동재와 융섭의 측면을 중심으로」(『철학·사상·문화』 25)
2018 윤용택, 『한국의 르네상스인 석주명, 석주명의 삶과 사상』(궁리)
윤용택, 「제주학 선구자 석주명의 '제주도 총서' 해제와 평가」(『서귀포문화』 22)
문만용, 「석주명의 한국산 나비 연구 3부작」(『애산학보』 45)
서민우, 「교사와 학자: 해방기 과학 보급과 과학연구, 그리고 석주명의 교과서 정치」(『애산학보』 45)
신동원, 「석주명의 『한국본위세계박물관연표』에 대하여」(『애산학보』 45)
윤용택, 「석주명의 『제주도의 생명조사서』 분석과 평가」(『애산학보』 45)
윤용택, 「석주명의 '제주도 총서' 해제와 평가」(『애산학보』 45)
이용구, 「석주명과 에스페란토」(『애산학보』 45)
정승철, 「석주명의 방언연구, 『제주도방언』을 중심으로」(『애산학보』 45)
정승철, 「석주명의 생애와 학문」(『애산학보』 45)
2019 신지현, 『석주명』(흙마당어린이)
이광열, 『한국의 나비 박사 석주명』(삼성비엔씨)

	전경수, 「석주명의 야학과 가고시마고등농림학교의 교육과정」(『근대서지』 19)
2020	김성수, 『생각쟁이인물, 석주명: 나비박사 세상을 향해 날다』(씽크하우스)
	윤용택, 「석주명이 본 제주문화 속의 몽골적 요소에 대한 재검토」(『제주도연구』 53)
2021	박민호, 『한국의 나비 박사 석주명』(금성출판사)
	윤용택, 「제주의 근대인물유산으로서 석주명」(『제주도연구』 21)

| 펴 낸 이 김수복
| 기 획 김남필
| 제 작 성두현
| 마 케 팅 김민배
| 엮 은 곳 단국대학교 석주선기념박물관
전화_031 8005-2390 팩스_031 8021-7157
| 펴 낸 곳 단국대학교출판부
등록_1968.2.27. No. 제03-00095호
주소_경기도 용인시 수지구 죽전로 152
전화_031 8005-2404 팩스_031 8021-7154
| 디자인 & 인쇄 네오프린텍(주)

2021년 12월 27일 인쇄
2021년 12월 31일 발행

값 40,000원
Published by Dankook University Press

ISBN 978-89-7092-781-7 93380